ネイティブが教える<small>と出会</small>
カタコトから一歩進んだ
フランス語

旅行会話編

フランク・デルバール
アレクサンドル・グラ
大湾宗定
著

SURUGADAI-SHUPPANSHA

装丁・本文デザイン：小熊未央

まえがき

　本書は皆さんが観光旅行でフランス滞在中に，きっと出会うだろうと思われる場面での典型的な会話の要素を取り上げ，フランスを訪れる皆さんの便利な旅のお供となれることを願いながら執筆いたしました．

　全8章で構成され，フランスの地に到着したその時から，日本への帰路に着くまでのあいだに体験するフランスでの日々を，ホテルで，タクシーに乗る，レストランでの食事，デパートでの買い物，薬局に行く，そして最悪の事態での警察での対応まで様々なテーマで扱っています．

　各章は同じ構成で成り立っています．いくつかの基本的な会話で始まり，ついで"基本のひとこと"が続きます．提示されている，同様な状況で必要になってくる語彙で置きかえをしながら実際に即した基本的な表現を身につけることができます．"役に立つフレーズ"のコーナーでは旅行中に必要に応じてそのまま使える文章を紹介しています．ここでは，それぞれの場面で現地のフランス人から旅行者に向けられる可能性のある質問と，それに対する旅行者の返答を網羅するように注意をはらいました．それぞれの章の最後には，取り扱われたテーマに対応する用語一覧，"役に立つ単語"を付けました．いくつかの章では"Renseignements"のコーナーで旅行者が滞在中に役に立つ情報を，インターネットの関連リンクも含め紹介しています．各章の会話，語彙，表現には，フランス語をまだ学んだことのない方でも発音ができるように，すべてフリガナが付けられています．また別冊で，読者―旅行者が単語を探しやすいように仏和と和仏の単語集を付けました．単語集は街中や機内で，またフランス旅行中のすべての活動の場へも手軽に持っていけるものと思います．

　皆様の次回のフランス滞在に本書がお役に立ちますことを著者一同願っております．

2016年夏

著者

もくじ

挨拶と基本表現　　6

Partie 1　　L'arrivée 到着　　11

1. Dans l'avion 飛行機内で　　12
2. À la police aux frontières 入国審査　　19
3. La réception des bagages 荷物の受け取り　　25
4. Le change 両替　　31
5. Quitter l'aéroport 空港から市内へ　　40

Partie 2　　L'hôtel ホテル　　49

1. À l'hôtel ホテルのフロントで　　50
2. La vie à l'hôtel ホテルでの生活　　61
3. Le temps お天気　　67
4. Faire le check-out ホテルでのチェックアウト　　75

Partie 3　　Les transports 交通機関　　83

1. Prendre le métro 地下鉄に乗る　　84
2. Acheter un billet de train 電車の切符を買う　　92
3. Prendre le train 電車に乗る　　101
4. Prendre le taxi タクシーに乗る　　110

Partie 4　　Dans la rue 通りで　　117

1. Demander son chemin 道を尋ねる　　118
2. À l'office du tourisme 観光案内所で　　125

Partie 5	**Le restaurant** レストラン	135
①	Au restaurant レストランで	136
②	Commander 注文する	144
③	Régler la note レストランでの支払い	155

Partie 6	**Les magasins** ショッピング	163
①	À la boulangerie パン屋で	164
②	Au grand magasin デパートで	170
③	Au supermarché スーパーで	183

Partie 7	**En cas de problème** 困った時	193
①	À la pharmacie 薬局で	194
②	En cas de maladie 急病	206
③	En cas de vol ou de perte 盗難・紛失の時	216

Partie 8	**Le retour** 帰国の前に	225
①	L'enregistrement 空港でのチェックイン	226
②	Le contrôle de sécurité セキュリティーチェック	239

仏和／和仏単語集（別冊）

挨拶と基本表現

まずは挨拶を．どこの国でも，どの言葉でも，挨拶の一言はマジックです．
« Sésame, sésame ouvre-toi ! »「開けゴマ！」，「こんにちは」« Bonjour »
で新しい世界を開きましょう．

♠会った時に

Bonjour.	おはようございます．こんにちは．
Bonjour, monsieur.	おはようございます．こんにちは．（男の人に丁寧に）
Bonjour, madame.	おはようございます．こんにちは．（女の人に丁寧に）
Bonsoir.	こんばんは．

♠別れる時に

Bonne journée !	よい一日を！
Bonne soirée !	よい夕べを！
Bonsoir.	さようなら．（夕方・夜に）
Bonne nuit !	おやすみなさい！
À bientôt !	また近いうちに！
À tout à l'heure !	またのちほど！また後でね！
À plus tard !	では後で！
À ce soir !	では今晩！
À demain !	では明日！また明日ね！
À la semaine prochaine !	では来週！

Amusez-vous bien ! アミュゼ　ヴー　ビヤン	楽しんでくださいね！
Faites attention au retour ! フェットゥ アタンスィヨン オ ルトゥール	気をつけてお帰りください！
Faites attention en voiture ! フェットゥ アタンスィヨン アン ヴォワテュール	車に気をつけてくださいね！

♠ 謝る時に

Excusez-moi, monsieur. エクスキュゼ　モワ　ムスィユー	すみません．（男の人に）
Pardon, monsieur. パルドン　ムスィユー	ごめんなさい．（男の人に）
Je vous en prie. ジュ ヴ　ザン プリ	どういたしまして．
De rien. ドゥ リヤン	なんでもないですよ．
Ce n'est pas grave. ス ネ　パ グラーヴ	たいしたことはありません．

♠ 「どうぞ」と言う時に

Passez devant, je vous prie. パセ　ドゥヴァン ジュ ヴ プリ	どうぞ，お先にお通りください．
Je vous en prie. ジュ ヴ　ザン プリ	どうぞ．
Après vous ! アプレ　ヴー	お先にどうぞ！
Asseyez-vous, je vous prie. アセイエ　ヴー　ジュ ヴ プリ	どうぞ，お座りください．

♠ 物を渡す時に

Tenez ! トゥネ	（物を手渡しながら）どうぞ！
Voilà mon passeport. ヴォワラ モン　パスポール	はい，パスポートです！
Voici mon passeport ! ヴォワスィ モン　パスポール	はい，パスポートです！

♠頼む時に

S'il vous plaît !
スィル ヴ プレ

お願いします！

♠お礼を言う時に

Merci.
メルスィ

ありがとう．

Merci bien.
メルスィ ビヤン

どうもありがとう．

Merci beaucoup.
メルスィ ボク

どうもありがとうございます．

Je vous remercie.
ジュ ヴ ルメルスィ

お礼を申し上げます．

♠答える時に

Oui.
ウイ

はい．

Oui, c'est ça.
ウイ セ サ

はい，そうです．

Non.
ノン

いいえ．

Non, ce n'est pas ça.
ノン ス ネ パ サ

いいえ，そうではありません．

Avec plaisir.
アヴェック プレズィール

喜んで．

Volontiers.
ヴォロンティエ

喜んで．

D'accord.
ダコール

了解しました．

Entendu.
アンタンデュ

かしこまりました．

Très bien.
トレ ビヤン

結構です．

どのような状況でも丁寧な対応を心がけましょう。フランスでは，たとえばお店の店員やホテルの従業員もお客と同等とみなされています。お店に入ったらすれ違った店員にまたレジで支払いのときに単純に « Bonjour »(ボンジュール) と言いましょう。またお店を出るときも « Merci. Au revoir »(メルスィ オル ヴォワル) または « Merci. Bonne journée »(メルスィ ボヌ ジュルネ) も忘れずに言いましょう。

ドアを出るとき，あとから人が来るときはドアを支えて待ちましょう。何も気にせず手を放し，あとの人の前でドアをバタンと閉じてしまうことはフランスではとても無作法とみられます。人が来るのに手を放してしまったときは，« Excusez-moi »(エクスキュゼ モワ) または « Pardon, monsieur / madame »(パルドン ムスィユー マダム) と言って謝りましょう。

もし自己紹介をしなければならないときは，« Je m'appelle / Je suis + 名 + 姓 »(ジュ マペル / ジュ スュイ + 名 + 姓)。たとえば，« Je m'appelle Naomi Suzuki »(ジュ マペル ナオミ スズキ) あるいは « Je suis Naomi Suzuki »(ジュ スェイ ナオミ スズキ)。もしほかの人を紹介しなければならないときは，まず女性に男性を，年上の人に年下の人を紹介するという順になります。

挨拶するときは相手の目を見ながら軽く短めに，握手をするのが一般的です。（しかし相手の目を長く見つめすぎたり，街中や公共交通機関の中で知らない人を執拗に見つめたりしてはいけません。悪くとられてしまうこともあります）。

ビズをしあうこともよくあります（一般的に頬に一回，地方によっては何度も！）女性同士で，女性と男性で，大人と子供で，男性同士でも多くなっています。初めての出会いのときでもあり得ます。しかしこの習慣が気まずいようでしたら，自分からやるのではなく相手がやってきたときに受けて返してあげるということでよいでしょう。握手やビズは客とお店の従業員の間ではもちろんやりません。最後にもし病気や風邪をひいているときは « Excusez-moi, j'ai un rhume. Je préfère ne pas faire la bise »(エクスキュゼ モワ ジェ アン リューム ジュ プレフェル ヌ パ フェール ラ ビズ) と言ってビズを断るとよいでしょう。

フランス人は家族や友だち以外の相手に呼びかけるときは普通 « vous »(ヴー) を使います。« tu »(テュ) を使うのは相手からの誘いがあるまでは待ちましょう。その場合，相手は次のように言ってくるでしょう。« On peut se dire tu »(オン プ ス ディル テュ) とか « On peut se tutoyer »(オン プ ス テュトワイエ) または « vous pouvez me dire tu »(ヴー プヴェ ム ディル テュ)。判断に迷うときは « vous »(ヴー) を続けましょう。フランスへの短い旅行の場合だと親しい友人を見つけることはめったにないことでしょうから « tu »(テュ) を使う機会はまずないことかもしれません（子供たちとの会話の場合は別です），それゆえにこの本の会話の文章はすべて « vous »(ヴー) が使われたものになっています。

9

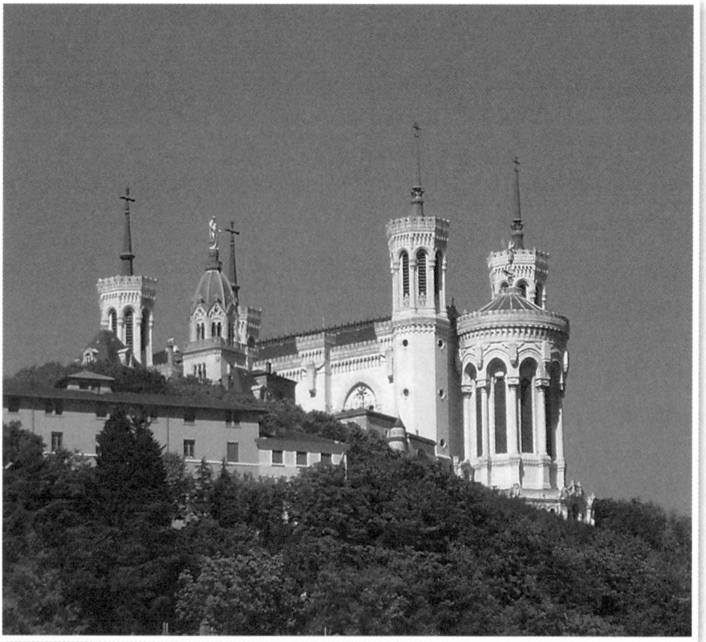

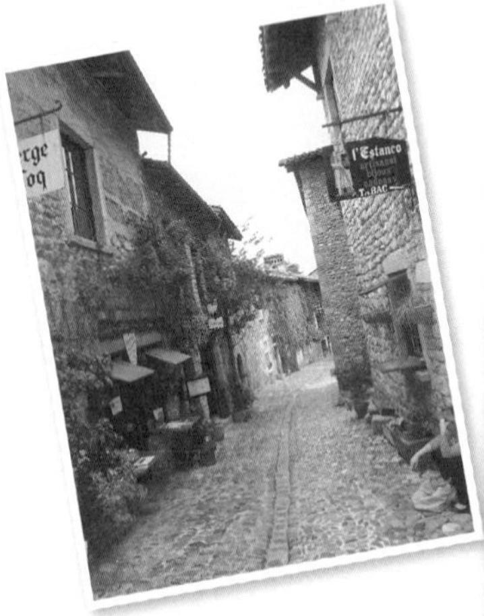

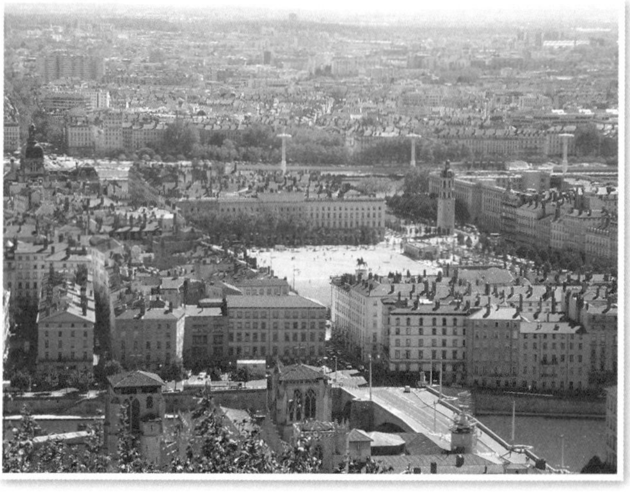

Partie 1

L'arrivée

到着

1-1 飛行機内で
Dans l'avion

L'hôtesse
Pardon, monsieur, vous désirez une boisson ?
パルドン　ムスィユー　ヴー　デズィレ　ユヌ　ボワッソン

Shô
Oui, **donnez-moi** un jus de pomme, **s'il vous plaît**.
ウイ　ドネモワ　アン ジュ ドゥ ポム　スィル ヴ プレ

L'hôtesse
Voilà, monsieur.
ヴォワラ　ムスィユー

Shô
Merci.
メルスィ

客室乗務員：お飲み物はいかがですか？
翔　　　　：リンゴジュースをお願いします．
客室乗務員：はい，どうぞ．
翔　　　　：ありがとう．

Shô
Je voudrais le plateau-repas de viande, **s'il vous plaît**.
ジュ ヴードレ　ル　プラトルパ　ドゥ ヴィアンドゥ スィル ヴ プレ

L'hôtesse
Je suis désolée, monsieur, mais il ne reste que du poisson.
ジュ スイ デゾレ　ムスィユー　メ イル ヌ レストゥ ク デュ プワソン

Shô
Ça ne fait rien. Donnez-moi le poisson. **Je voudrais** aussi un verre de vin blanc, s'il vous plaît.
サ ヌ フェ リヤン　ドネ モワ ル プワソン　ジュ ヴードレ オスィ アン
ヴェール ドゥ ヴァン ブラン スィル ヴ プレ

L'hôtesse
Voilà, monsieur.
ヴォワラ　ムスィユー

Shô

Je peux avoir un jus de pamplemousse aussi ?
ジュ　プ　アヴォワール　アン　ジュ　ドゥ　パンプルムス　オスィ

L'hôtesse

Oui, bien sûr.
ウイ　ビヤン　スュル

到着

翔　　　　：肉料理をお願いします．
客室乗務員：すみません，魚料理しか残っておりません．
翔　　　　：仕方ありません．魚料理をください．あと白ワインをください．
客室乗務員：はい，どうぞ．
翔　　　　：グレープフルーツジュースももらえますか？
客室乗務員：はい，もちろんです．

Naomi

Excusez-moi, je voudrais passer, s'il vous plaît.
エクスキュゼ　モワ　ジュ　ヴードレ　パセ　スィル　ヴ　プレ

Le passager

Je vous en prie.
ジュ　ヴー　ザン　プリ

Naomi

（通りながら）Pardon.
　　　　　　　　　パルドン
…
Merci.
メルスィ

直美：すみません，通して頂けますでしょうか．
乗客：はい，どうぞ．
直美：（通りながら）ごめんなさい．
…
直美：ありがとう．

Dans l'avion

基本のひとこと

●〜をください．
Donnez-moi ［（名詞）］**, s'il vous plaît.**
ドネ　モワ　　　　　　　　　　　　スィル　ヴ　プレ

●〜がほしいのですが．〜したいのですが．
Je voudrais ［（名詞，不定詞）］**, s'il vous plaît.**
ジュ　ヴードレ　　　　　　　　　　　　スィル　ヴ　プレ

●〜をもらえますか？
Je peux avoir ［（名詞）］**, s'il vous plaît ?**
ジュ　プ　アヴォワール　　　　　　　　スィル　ヴ　プレ

- un verre de vin blanc　白ワイン1杯
  アン　ヴェール　ドゥ　ヴァン　ブラン
- un verre de vin rouge　赤ワイン1杯
  アン　ヴェール　ドゥ　ヴァン　ルージュ
- un verre de champagne　シャンパン1杯
  アン　ヴェール　ドゥ　シャンパーニュ
- une bière　ビール
  ユヌ　ビエール
- un café　コーヒー
  アン　カフェ
- un thé　紅茶
  アン　テ
- de l'eau　水
  ドゥ　ロ
- de l'eau gazeuse　炭酸水
  ドゥ　ロ　ガズーズ
- un jus de raisin　グレープジュース
  アン　ジュ　ドゥ　レザン
- un jus d'orange　オレンジジュース
  アン　ジュ　ドランジュ
- des snacks　おつまみ
  デ　スナック
- du sel　塩
  デュ　セル
- du poivre　コショウ
  デュ　ポワーヴル
- du sucre　砂糖
  デュ　スュクル
- un sandwich　サンドイッチ
  アン　サンドウィトゥシュ
- une couverture　膝掛け
  ユヌ　クーヴェルテュール
- une aspirine　アスピリン
  ユナスピリン
- des médicaments pour l'estomac　胃薬
  デ　メディカマン　プール　レストマ
- des écouteurs　イヤフォン
  デ　ゼクトゥール
- des journaux　新聞
  デ　ジュルノ
- un journal japonais　日本語の新聞
  アン　ジュルナル　ジャポネ
- des magazines　雑誌
  デ　マガズィーヌ
- une serviette chaude　おしぼり
  ユヌ　セルヴィエット　ショード
- un mouchoir en papier　ティッシュ
  アン　ムショワール　アン　パピエ

役に立つフレーズ ー飛行機内でー ④

● 何かご用でしょうか？
Qu'est-ce que vous désirez ?
　　　ケスク　　　　ヴー　　デズィレ

● すみません．お水をいただけますか？
Excusez-moi, *je voudrais* / *donnez-moi* / *je peux avoir* un verre d'eau,
エクスキュゼ　モワ　ジュ　ヴードレ　　　ドネ　　モワ　　ジュ　プ　アヴォワール アン ヴェール　ド
s'il vous plaît.
スィル　ヴ　プレ

● すみません．この荷物を下ろすのを手伝ってもらえませんか？
Pardon, pourriez-vous m'aider à descendre ce bagage, s'il vous plaît ?
パルドン　　プリエ　　ヴー　メデ　ア　デサンドル　ス　バガージュ スィル　ヴ　プレ

● すみません．新聞 / 雑誌を貸してもらえますか？
Excusez-moi, je peux emprunter *votre journal* / *votre magazine* ?
エクスキュゼ　モワ　ジュ　プ　　アンプランテ　　ヴォトル　ジュルナル　　ヴォトル　マガズィーヌ

● お客様のお飲み物 / 膝掛 / 雑誌です．
Voici *la boisson* / *la couverture* / *le magazine* que vous avez
ヴォワスィ ラ ボワッソン　　ラ　クヴェルテュール　　ル　マガズィーヌ　ク　ヴー　ザヴェ
demandé(e).
ドゥマンデ

● お呼びですか？
Vous avez appelé ?
ヴー　ザヴェ　アプレ

● すみません，テレビをつけるにはどうすればよいのか教えてもらえますか？
Excusez-moi, expliquez-moi comment marche l'écran de télévision,
エクスキュゼ　モワ　エクスプリケ　モワ　　コマン　　マルシュ　レクラン ドゥ テレヴィズィオン
s'il vous plaît.
スィル　ヴ　プレ

● すみません．コップ / トレイを落としてしまいました．
Excusez-moi. J'ai renversé *mon verre* / *mon plateau-repas*.
エクスキュゼ　モワ　ジェ　ランヴェルセ　モン　ヴェール　　モン　プラト　　ルパ

Dans l'avion　15

● この荷物を座席の下に入れてもいいですか？

Est-ce que je peux mettre ce sac sous mon siège ?
　　エスク　　ジュ　プ　　メットル　ス　サック　スー　　モン　スィエージュ

● すみません．席を変えてもいいですか？

Excusez-moi, puis-je changer de place, s'il vous plaît.
　エクスキュゼ　モワ　ピュイ　ジュ　シャンジェ　ドゥ　プラス　スィル　ヴ　プレ

● よろしければ，こちらに移ってもよろしいです．広くなっております．

Si vous le souhaitez, vous pouvez vous mettre ici. C'est libre.
　スィ　ヴー　ル　　スエテ　　　ヴー　　ブヴェ　ヴー　メットル　イスィ　　セ　　リブル

Vous aurez plus de place.
　ヴー　　ゾレ　プリュス　ドゥ　プラス

● すみません．エコノミークラスのお客様はビジネスクラスの方へは行けません．

Pardon, monsieur, les passagers de classe économique n'ont pas le
　パルドン　　ムスィユー　　レ　パサジェ　ドゥ　クラス　　エコノミック　　ノン　パ　ル

droit d'aller en première classe.
　ドゥロワ　ダレ　アン　プルミエール　クラス

● お下げしてもよろしいでしょうか？

Puis-je débarrasser ceci ? / Puis-je vous débarrasser ?
　ピュイ　ジュ　　デバラセ　　　ススィ　　ピュイ　ジュ　ヴー　　デバラセ

● テーブルとお席を元の位置に戻してください．

Veuillez redresser votre tablette et votre siège.
　　ヴイエ　　　ルドレセ　　ヴォトル　タブレットゥ　エ　ヴォトル　スィエージュ

● 電気機器類と携帯電話の電源をお切りください！

Éteignez vos appareils électroniques et téléphones portables !
　エテニェ　　ヴォ　ザパレイユ　　エレクトロニック　　エ　　テレフォン　　　ポルタブル

● シートベルトをお締めください！

Attachez votre ceinture de sécurité, s'il vous plaît !
　アタシェ　　ヴォトル　サンテュール　ドゥ　セキュリテ　スィル　ヴ　プレ

● すみません．電気を消してもらえますか？

Excusez-moi. Pourriez-vous éteindre la lumière, s'il vous plaît ?
　エクスキュゼ　モワ　　プリエ　　　ヴー　　エタンドル　ラ　リュミエール　スィル　ヴ　プレ

16　　1-1　飛行機内で

● すみません．窓のシェードを閉めてもらえますか？
Excusez-moi. Pourriez-vous fermer le volet du hublot, s'il vous plaît ?
エクスキュゼ　モワ　　プリエ　　　ヴー　フェルメ　ル　ヴォレ　デュ　ユブロ　スィル　ヴ　プレ

● すみません．背もたれを戻していただけますか？
Excusez-moi. Pourriez-vous relever votre siège, s'il vous plaît ?
エクスキュゼ　モワ　　プリエ　　　ヴー　ルルヴェ　ヴォトル　スィエージュ　スィル　ヴ　プレ

● すみません．トイレをお待ちですか？
Excusez-moi, est-ce que vous attendez pour les toilettes ?
エクスキュゼ　モワ　　エスク　　ヴー　ザタンデ　プール　レ　トワレットゥ

役に立つ単語 －飛行機内で－

l'appareil / l'avion　飛行機
ラパレイユ / ラヴィオン

la queue de l'appareil / l'arrière　後方
ラ　クゥ　ドゥ　ラパレイユ　　ラリエール

l'avant　前方
ラヴァン

la cabine　客室
ラ　キャビン

la classe affaires　ビジネスクラス
ラ　クラス　アフェール

la classe économique　エコノミークラス
ラ　クラス　エコノミック

la première classe　ファーストクラス
ラ　プルミエール　クラス

l'allée / le couloir　通路
ラレ / ル　クロワール

côté hublot / côté fenêtre　窓側
コテ　ユブロ / コテ　フネートゥル

côté couloir　通路側
コテ　クロワール

le personnel de cabine　客室乗務員
ル　ペルソネル　ドゥ　キャビン

une hôtesse de l'air / un steward　乗務員(女/男)
ユ　ノテス　ドゥ　レール　アン　スティワルト

la cabine de pilotage　操縦室
ラ　キャビン　ドゥ　ピロタージュ

l'équipage　乗務員
レキパージュ

le commandant de bord　機長
ル　コマンダン　ドゥ　ボール

le pilote　操縦士
ル　ピロットゥ

un accoudoir　肘掛け
アン　ナクドワール

un oreiller　まくら
アン　ノレイエ

un repose-pieds　足置き
アン　ルポーズ　ピエ

une tablette　座席のテーブル
ユヌ　タブレットゥ

le compartiment à bagages　手荷物入れ
ル　コンパルティマン　ア　バガージュ

un siège　座席
アン　スィエージュ

le dossier d'un siège　背もたれ
ル　ドスィエ　ダン　スィエージュ

la pochette du siège　座席ポケット
ラ　ポシェット　デュ　スィエージュ

une ceinture de sécurité　シートベルト
ユヌ　サンテュール　ドゥ　セキュリテ

un gilet de sauvetage　救命胴衣
アン　ジレ　ドゥ　ソヴタージュ

un masque à oxygène　酸素マスク
アン　マスク　ア　オクスィジェーヌ

la sortie de secours　非常口
ラ　ソルティ　ドゥ　スクール

到着

Dans l'avion

Renseignements

　フランス語には日本語のようにデリケートな丁寧な表現のシステムがあるとは言えませんが，礼儀作法は日常生活の中で大事なこととされ，それは会話の中でも同じです．いつでも繰り返し使って欲しいキーワードをいくつか挙げてみましょう．

- お店などで何かお願いする，また単に買い物をする時も言葉の後には « S'il vous plaît, monsieur / madame. » を付けましょう．フランス人はこの言い回しを，日本人が「お願いします」と言うよりもさらに多く使います．「～をください」，「～してくださいますか」等と言うたびにこの表現を使いましょう．
- フランス人は日本人ほど謝らないとはいえ，微妙なシチュエーションではできる限り謝ったほうがよいでしょう：交通機関内，エレベータ内での押し合い（ほんの軽いものでも），後から来る人の前でドアが閉じた場合，遅れた場合，他．その時は « Excusez-moi, monsieur / madame. » または « Pardon, monsieur / madame. » と言いましょう．
- 場所を開けてもらうために，人ごみの中で通り道を開けてもらうために (Excusez-moi / pardon) が使えます．知らない人に道を聞く時，何か尋ねる時 « S'il vous plaît. » の意味あいでも使えます．
  他人から何かしてもらった時，または何かもらった時は必ず « Merci. »（ありがとうございました）を言いましょう．
- もしあなたがそのような状況の中で，これらの言い回しを使えなかった場合，たとえ残念ながらあなたがフランス語を話せなかったからだとしても，育ちの悪い人だと見られてしまうかもしれません．

　これらの魔法の表現は「開けゴマ」のように皆さんの前の扉を開いてくれるでしょう．ですから遠慮せずにどんどん使いましょう．

1-2 入国審査
À la police aux frontières

La policière
Pardon, monsieur. Vous avez un passeport européen ?
パルドン ムスュー ヴ ザヴェ アン パスポール ウロペアン

Non.
ノン

La policière
Alors vous n'êtes pas dans la bonne file. Ici, c'est la file
アロール ヴ ネット パ ダン ラ ボンヌ フィル イスィ セ ラ フィル
pour les passeports européens. Vous devez prendre la file
プール レ パスポール ウロペアン ヴ ドゥヴェ プランドル ラ フィル
pour les possesseurs de passeports hors Union Européenne.
プール レ ポッセスール ドゥ パスポール オール ユニョン ウロペエンヌ

Merci bien.
メルスィ ビアン

警官：すみません、EUのパスポートをお持ちですか？
客：いいえ。
警官：それならこの列ではありません。この列はEUパスポート専用の列です。EU以外のパスポートの列に行ってください。
客：ありがとうございました。

La policière
Monsieur, votre passeport, s'il vous plaît.
ムスュー ヴォトル パスポール スィル ヴ プレ

Voilà.
ヴォワラ

La policière
Vous venez pour le tourisme ?
ヴー ヴネ プール ル トゥリスム

La policière
Oui, je viens pour visiter la France.
ウィ ジュ ヴィアン プール ヴィジテ ラ フランス

La policière
Vous restez combien de temps ?
ヴー レステ コンビアン ドゥ タン

Une semaine.
ユヌ スメヌ

La policière
Très bien. Avancez... Au suivant !
トレ ビアン アヴァンセ オ スイヴァン

係員：パスポートをお願いします。
翔　：はい。
係員：観光旅行ですか？
翔　：はい、フランス観光です。
係員：どれくらい滞在ですか？
翔　：1週間です。
係員：結構です。お進みください…次の方！

基本のひとこと

● 〜のために来ています．

Je viens pour （名詞，不定詞）．
ジュ ヴィヤン プール

- [ ] les affaires 商用
  レ ザフェール
- [ ] raisons personnelles 私用
  レゾン ペルソネル
- [ ] le tourisme 観光
  ル トゥリスム
- [ ] faire du tourisme 観光旅行をする
  フェール デュ トゥリスム
- [ ] visiter 観光する
  ヴィジテ

- [ ] voir des amis 友人に会う
  ヴォワール デ ザミ
- [ ] voir ma famille 家族に会う
  ヴォワール マ ファミーユ
- [ ] étudier 勉強する
  エテュディエ
- [ ] un stage 研修
  アン スタージュ
- [ ] un stage linguistique 語学研修
  アン スタージュ ランギュイスティック

役に立つフレーズ

― 入国審査 ―

●ラインを超えないでください。
Ne dépassez pas la ligne sur le sol ! / Ne franchissez pas la ligne !
ヌ デパセ パ ラ リーニュ シュル ル ソル ヌ フランシセ パ ラ リーニュ

●ラインの後ろでお待ちください。
Attendez derrière la ligne !
アタンデ デリエール ラ リーニュ

●順番を待ってください。
Attendez votre tour !
アタンデ ヴォトル トゥール

●すみません。
Excusez-moi, monsieur.
エクスキュゼ モワ ムシュー

●進んでください。
Avancez, s'il vous plaît.
アヴァンセ スィル ヴ プレ

●下がってください。
Reculez, s'il vous plaît.
ルキュレ スィル ヴ プレ

●指紋のチェックのために人差し指を置いてください。
Veuillez placer vos deux index là, sur le scanner.
ヴイエ プラセ ヴォ ドゥ ザンデクス ラ シュル ル スキャネール

●カメラを見てください。
Regardez la caméra.
ルギャルデ ラ カメラ

●パスポート／身分証明書を見せてください。
Montrez-moi votre passeport / vos papiers.
モントレ モワ ヴォトル パスポール ヴォ パピエ

● こうぞ。
Voilà.
ヴォワラ

● どれくらいの期間滞在のご予定ですか？
Combien de temps restez-vous ?
コンビアン ドゥ タン レステ ヴー

● 10日間 / 1週間滞在します。
Je reste dix jours / une semaine.
ジュ レスト ディ ジュール / ユヌ スメヌ

● 滞在先の住所はどこですか？
À quelle adresse restez-vous ?
ア ケル アドレス レステ ヴー

● オリンピア通りの3番地のホテル・オペラに泊まります。
Je reste à l'hôtel Opéra, 3 rue des Oliviers.
ジュ レスト ア ロテル オペラ トロワ リュ デ ゾリヴィエ

● 訪問の目的は何ですか？
Quel est le but / Quel est l'objet de votre visite ?
ケ レ ル ビュット / ケ レ ロブジェ ドゥ ヴォトル ヴィジット

● フランスを観光します。
Je viens visiter la France.
ジュ ヴィアン ヴィジテ ラ フランス

● 一人で旅行していますか？/ 一人ですか？
Vous voyagez seul(e) ?
ヴー ヴォワヤジェ スル

● はい、一人です。
Oui, je voyage seul(e).
ウィ ジュ ヴォワヤージュ スル

●申告する物品はありますか？
Vous avez quelque chose à déclarer ?
ヴ ザヴェ ケルク ショーズ ア デクラレ

●いいえ、何もありません。
Non, je n'ai rien à déclarer.
ノン ジュ ネ リヤン ア デクラレ

●はい、タバコ 10 箱と日本酒を 5 本です。
Oui, dix paquets de cigarettes et cinq bouteilles de saké.
ウィ ディ パケ ド スィガレット エ サンク ブテイユ ド サケ

●現金はいくらお持ちですか？
Combien d'argent liquide avez-vous sur vous ?
コンビヤン ダルジャン リキッド アヴェヴ スュル ヴ

●25 万円持っています。
J'ai 250 000(deux cent cinquante mille) yens.
ジェ ドゥサン サンカント ミル イェン

●フランス語がわかりません。
Je ne comprends pas le français.
ジュ ヌ コンプラン パ ル フランセ

●もう一度繰り返して言えますか？
Pouvez-vous répéter, s'il vous plaît ?
プヴェヴ レペテ スィル ヴ プレ

●行ってもいいですか？
Je peux partir ? / y aller ?
ジュ プ パルティル イ アレ

●いいえ、一人では ありません。主人 ／ 妻 と子供たちと一緒です。
Non, je ne voyage pas seul(e). Je suis avec mon mari / ma femme et mes enfants.
ノン ジュ ヌ ヴォワヤージュ パ スル ジュ スュイ ザヴェック モン マリ マ ファム エ メ ザンファン

Lexiques
仏和・和仏単語集

ネイティブが教える
カタコトから一歩進んだ
フランス語
・ 旅行会話編 ・

SURUGADAI-SHUPPANSHA

Lexiques
仏和・和仏単語集

- 本書の内容にそって訳を載せた（最初の数字は章番号．例えば 1.1 は Partie 1 の 1）．
- 「形容詞・男名・女名・動詞・副詞・前置詞・疑問詞」と品詞を示した．「名詞」は男性名詞と女性名詞両方の形を持った語を示す．
- 名詞は男性名詞，形容詞は男性形を見出し語とし，女性形は付け加える文字を括弧の中に入れるか（例：ami(e)），特別な綴り字の場合にはスラッシュを入れ，男性形の後に載せた（例：acteur / actrice）

仏和単語集

A

- 2.2 abat-jour [男名] ランプシェード
- 2.2 abimer [動詞] 壊す
- 6.3 abricot [男名] アプリコット
- 7.3 abus [男名] 悪用，悪質販売
- 2.1 à partir de [前置詞] 〜から
- 1.4 accepter [動詞] 受け入れる
- 4.1 accès [男名] アクセス，入場
- 2.1 accessible [形容詞] 入れる，空く
- 6.2 accessoires [男名複数] アクセサリー
- 7.2 accompagner [動詞] 連れていく
- 1.1 accoudoir [男名] 肘掛
- 1.1 accrocher [動詞] （壁に）かける
- 4.2 accueil [男名] 受付
- 7.3 accusé(e) [名詞] 被告
- 1.5 acheter [動詞] 買う
- 5.3 acide [形容詞] すっぱい
- 4.1 à côté de [前置詞] 〜のそばに
- 2.3 actuellement [副詞] 現在
- 5.3 addition [女名] お勘定
- 8.2 admettre [動詞] 受け入れる
- 1.2 adresse [女名] 住所
- 1.3 (s') adresser 尋ねる
- 1.5 adulte [名詞] 大人
- 1.4 aéroport [男名] 空港
- 8.2 aérosol [男名] スプレー
- 1.2 affaires [女名複数] 商用
- 8.2 affaires de toilette [女名複数] 化粧品
- 8.1 affaires personnelles [女名複数] 持ち物，私物
- 7.2 (s') affaler [動詞] 倒れこむ
- 1.4 affichage [男名] 表示板，掲示板
- 7.2 (s') affoler [動詞] パニックになる
- 1.5 agence de location de véhicule [女名] レンタカーショップ
- 3.1 agent(e) [名詞] 係員
- 8.1 agent au sol [男名] 地上係員
- 1.5 agent d'accompagnement [男名] 付き添い係
- 1.4 agent de change [男名] 両替係
- 4.1 agent de police [男名] おまわりさん
- 5.2 agneau [男名] 子羊肉
- 7.3 agresser [動詞] 暴力を振るう
- 7.3 agresseur [男名] 加害者，犯人
- 7.3 agression [女名] 暴力
- 1.3 aider [動詞] 手伝う
- 7.2 aigu(ë) [形容詞] 激しい，鋭い
- 6.3 ail [男名] ニンニク
- 8.2 aile [女名] 翼
- 4.1 aimable [形容詞] やさしい，親切な
- 3.1 ajouter [動詞] 加える
- 4.1 à l'angle de [前置詞] 〜の角に
- 1.1 allée couloir [女名] 通路
- 8.1 alléger [動詞] 軽くする
- 1.3 aller [動詞] 行く
- 6.2 aller bien [動詞] 似合う

Lexiques 1

7.2	aller bien [動詞] 元気だ	2.4	appartement hôtel [男名] アパートメントホテル
2.4	aller chercher [動詞] 取りに行く	8.1	appel [男名] 通話
7.2	aller mal [動詞] 元気ではない	1.5	appeler [動詞] 呼ぶ
7.2	aller mieux [動詞] 元気になった	8.1	appliquer [動詞] 当てる
7.1	allergie [女名] アレルギー	5.3	appoint 小銭
1.5	aller simple [男名] 片道	5.1	apporter [動詞] 持ってくる・いく
1.5	aller retour [男名] 往復	2.3	(s') approcher [動詞] 近寄る
7.1	aller voir un médecin お医者さんに診てもらう	3.3	appui-tête [男名] ヘッドレスト
6.2	alliance [女名] 結婚指輪	2.4	appuyer [動詞] 押す
7.2	(s') allonger [動詞] 横になる	2.3	après-midi [男名] 午後
6.2	alors [副詞] それでは	1.4	argent [男名] お金
5.3	ambiance [女名] 雰囲気	7.3	arme [女名] 武器
7.2	ambulance [女名] 救急車	7.3	arnaque [女名] 詐欺
7.3	amende [女名] 罰金	2.2	arracher [動詞] 破く
1.3	amener [動詞] 持ってくる・いく	7.3	arrestation [女名] 逮捕
1.2	ami(e) [名詞] 友だち	1.5	arrêt [男名] バス停
6.2	ample [形容詞] 大きい	3.4	(s') arrêter [動詞] 止まる
2.2	ampoule [女名] 電球	8.1	arrière [男名] 後方
7.1	ampoule [女名] 水ぶくれ	1.5	arrivée [女名] 到着
5.2	amuse-gueule [男名] おつまみ	3.1	arriver [動詞] 着く
6.3	ananas [男名] パイナップル	7.1	arthrite [女名] 関節炎
5.2	anchois [男名] アンチョビ	6.3	artichaut [男名] アーティチョーク
1.3	anglais [名詞] 英語	6.2	article [男名] 品物
1.3	anglais(e) [形容詞] イギリス (人) の	7.2	articulations [女名複数] 関節
5.2	anguille [女名] ウナギ	1.3	ascenseur [男名] エレベーター
6.2	anneau [男名] 指輪	6.3	asperge [女名] アスパラガス
2.1	année [女名] 年	2.4	aspirateur [男名] 掃除機
2.4	anniversaire [男名] 誕生日	1.1	aspirine [女名] アスピリン
3.1	annonce [女名] アナウンス	7.3	assassin [男名] 殺人者
6.2	anorak [男名] ウインドブレーカー	5.1	assiette [女名] お皿
7.1	antibiotique [男名] 抗生物質		assiette creuse [女名] 深皿
7.1	anti-démangeaison [男名] かゆみどめ	3.3	(être) assis(e) [形容詞] 座っている
7.1	anti-inflammatoire [男名] 抗炎症剤	5.1	s'assoir (s'asseoir) [動詞] 座る
7.1	antiseptique [男名] 消毒剤	7.1	asthme [男名] ぜんそく
2.1	août 8月	8.1	attaché-case [男名] アタッシュケース
2.1	à partir de [前置詞] 〜から	1.1	attacher [動詞] 締める
5.1	apéritif [男名] 食前酒	7.2	atteint(e) (de) [形容詞] (病気に) かかっている
5.2	à point ミディアム	1.2	attendre [動詞] 待つ
1.1	appareil [男名] 電気製品	1.5	attente [女名] 待ち時間
8.2	appareil [男名] 機体	1.1	atterrissage [男名] 着陸
7.3	appareil photo [男名] カメラ	6.3	aubergine [女名] ナス

4.1	au bout de [前置詞] 〜の果てに	6.2	basket [女名] スポーツシューズ
4.1	au coin de [前置詞] 〜の角に	2.3	beau / belle [形容詞] 美しい
4.1	au fond de [前置詞] 〜の奥に	1.5	beaucoup (de) [副詞] 多くの
1.4	aujourd'hui [副詞] 今日	7.1	béquilles [女名複数] 松葉杖
3.4	au moins [副詞] 少なくとも	6.2	béret [男名] ベレー帽
4.1	au pied de [前置詞] 〜のふもとに	6.2	bermuda [男名] バーミュダ
1.2	au revoir さようなら	1.4	(avoir) besoin (de) [動詞] 〜が必要である
7.1	ausculter [動詞] 聴診する	1.3	bien [副詞] よい
4.1	au sommet de [前置詞] 〜のてっぺんに	1.3	bien [男名] 私物
8.1	automatique [形容詞] 自動の	1.3	bien sûr もちろん
4.2	autour de [前置詞] 〜の周りに，〜の辺りに	5.1	bientôt [副詞] もうすぐ
3.4	autre [形容詞] 他の	1.1	bière [女名] ビール
2.3	avalanche [女名] 雪崩	6.2	bijou [男名] 宝石
1.2	avancer [動詞] 進む	3.1	billet [男名] 切符
1.1	avant [男名] 前方	1.4	billet [男名] 紙幣
8.1	avant [前置詞] 〜の前に	1.3	billet électronique [男名] eチケット
7.1	avant-hier [副詞] おととい	6.1	bio [形容詞] 天然酵母の
1.1	avion [男名] 飛行機	6.2	blanc / blanche [形容詞] 白い
6.2	avis [男名] 意見	7.1	(se) blesser [動詞] けがをする
7.3	avocat [男名] 弁護士	7.1	blessure [女名] けが
1.4	avoir [動詞] もらう，手に入れる	6.2	bleu(e) [形容詞] 青い
2.1	avril 4月	6.3	bloc [男名] ブロック
		6.2	blouson [男名] ジャンパー
	B	5.2	bœuf [男名] 牛肉
7.2	bactérie [女名] バクテリア	5.1	boire [動詞] 飲む
8.2	bagages [男名複数] 荷物	1.1	boisson [女名] 飲み物
8.1	bagage à main [男名] 手荷物	7.1	boîte [女名] 箱
1.3	bagage perdu [男名] 紛失荷物	6.2	bon d'achat [男名] 商品券
6.2	bague [女名] 指輪	1.3	bon(ne) [形容詞] よい
6.1	baguette [女名] バゲット	1.3	bonjour こんにちは
5.1	baguettes [女名複数] お箸	6.2	bonnet [男名] 縁なし帽
2.1	baignoire [女名] 浴槽	2.1	bonsoir 今晩は
7.1	bain de bouche [男名] うがい薬	3.1	bordure [女名] 縁
4.2	balade [女名] 散歩	1.3	borne wifi [女名] 公衆無線 LAN
6.3	balance électronique [女名] はかり	3.2	borne de retrait [女名] 自動換券機
6.3	banane [女名] バナナ	6.2	botte [女名] ブーツ
7.1	bandage [男名] 包帯	2.2	bouché(e) [形容詞] 詰まっている
4.1	banque [女名] 銀行	6.3	boucherie [女名] 肉屋
2.4	bar [男名] バー	2.3	bouchon [男名] 渋滞
6.3	barquette [女名] 一パック	6.2	boucle d'oreille [女名] イヤリング
6.2	bas [男名] ストッキング	6.1	boulangerie [女名] パン屋
6.3	basilic [男名] バジル	8.2	bouteille [女名] ボトル

Lexiques 3

2.4	bouton [男名] ボタン		10枚つづりの(割安)チケット
7.1	bouton [男名] 吹き出物	4.1	carrefour [男名] 交差点
6.2	bouton de manchette [男名] カフスボタン	1.4	carte [女名] カード
4.1	boutique [女名] 店	5.1	carte [女名] メニュー
6.2	bracelet [男名] ブレスレット	5.3	carte bancaire [女名] クレジットカード
6.2	bretelle [女名] サスペンダー	3.3	carte d'abonnement [女名] 定期券
6.1	brioche [女名] ブリオシュ	7.3	carte de crédit [女名] クレジットカード
2.2	briser [動詞] 割る	8.1	carte d'embarquement [女名] 搭乗券
6.2	broche [女名] ブローチ		
4.2	brochure [女名] パンフレット	6.3	cassoulet [男名] カスレ
2.2	brosse à dents [女名] 歯ブラシ	6.2	casquette [女名] キャップ
7.2	brûlure [女名] やけど	2.2	casser [動詞] 壊す
2.3	brume [女名] 霧	7.3	casseur [男名] 暴動者
2.3	brumeux [形容詞] 霧がある	2.3	cathédrale [女名] 大聖堂
4.2	bureau [男名] 事務所	2.3	cause [女名] 原因
1.4	bureau de change [男名] 両替所	2.1	ce soir 今晩
1.5	bureau d'informations [男名] 案内所	1.1	ceci [代詞] これ
1.5	bus [男名] バス	1.1	ceinture [女名] ベルト
1.2	but [男名] 目的	1.1	ceinture de sécurité [女名] シートベルト

C

1.1	cabine [女名] 客室	6.3	céleri [男名] セロリ
6.2	cabine [女名] 試着室	1.4	cent 百
8.2	cabine de pilotage [女名] 操縦室	6.1	centime [男名] サンチーム
7.2	cabinet médical [男名] 診療所	3.4	central téléphonique [男名] タクシーセンター
6.2	cadeau [男名] プレゼント	4.1	centre [男名] センター, (街の)中心
1.1	café [男名] コーヒー	6.1	céréales [女名複数] シリアル
2.4	cafetière [女名] コーヒーメーカー	6.3	cerise [女名] サクランボ
3.2	cafétéria [女名] カフェテリア	7.1	cesser (de) [動詞] 〜をやめる
5.2	caille [女名] ウズラ(鶉)	6.2	chaîne [女名] ネックレス
6.2	caisse [女名] レジ	7.2	chaise [女名] 椅子
6.2	caleçon [男名] パンツ	6.2	châle [男名] ショール
1.2	caméra [女名] カメラ	2.1	chambre [女名] 部屋
1.4	cambiste [男名] 両替係	2.4	chambre à coucher [女名] 寝室
7.3	cambrioleur [男名] 泥棒	2.1	chambre double [女名] ダブルベッドの部屋
5.2	canard [男名] 鴨肉	2.1	chambre simple [女名] シングルベッドの部屋
7.2	cancer [男名] がん	1.1	champagne [男名] シャンパン
1.1	ça ne fait rien なんでもない	6.2	chandail [男名] 厚手のセーター
8.1	capacité [女名] 容量	1.4	change [男名] 両替
5.1	carafe [女名] デカンタ	3.1	changement [男名] 乗り換え
6.2	cardigan [男名] カーディガン	1.4	changer [動詞] 変える, 乗り換える
3.1	carnet [男名]	6.2	chapeau [男名] 帽子

6.3	charcuterie [女名] 豚肉製品	2.4	club [男名] クラブ
2.2	chargeur [男名] 充電器	5.3	code (secret) [男名] 暗証番号
5.3	charges [女名複数] サービス料	7.2	cœur [男名] 心臓，心
1.3	chariot [男名] カート	3.4	coffre [男名] (車の)トランク
2.2	chasse d'eau [女名] トイレの取っ手	4.1	coin [男名] 角
4.1	château [男名] お城	6.2	collant [男名] タイツ
5.3	chaud(e) [形容詞] 熱い	6.3	coller [動詞] つける，貼る
6.2	chaussette [女名] 靴下	6.2	collier [男名] ネックレス
6.2	chausson [男名] スリッパ	7.1	colorant [男名] 毛染め
6.1	chausson aux pommes [男名] ショソン・オ・ポム (リンゴパイ)	1.4	combien [疑問詞] いくつ，いくら
		1.2	combien de temps [疑問詞] どれくらいの時間
6.2	chaussure [女名] 靴	1.1	commandant de bord [男名] 機長
8.1	check-in [男名] チェックイン	5.2	commande [女名] 注文
2.4	check-out [男名] チェックアウト	5.2	passer commande [動詞] 注文する
5.2	chef [男名] シェフ	5.2	commander [動詞] 注文する
3.2	chef de gare [男名] 駅長	1.1	comment [疑問詞] いかが，どう
4.1	chemin [男名] 道, 道順	7.3	commissariat [男名] 警察
6.2	chemise [女名] ワイシャツ	1.4	commission [女名] 手数料
6.2	chemise de nuit [女名] ネグリジェ	1.3	compagnie aérienne [女名] 航空会社
6.2	chemisette [女名] 半袖のブラウス	3.3	compartiment [男名] 客車
6.2	chemisier [男名] シャツブラウス	1.1	compartiment à bagages [男名] 手荷物入れ
1.5	cher/ chère [形容詞] 高い (値段)		
2.4	chercher [動詞] 探す	8.1	complet / complète [形容詞] 満員の，満室の
	aller chercher [動詞] 取りに行く		
7.1	cheville [女名] 足首	5.3	composer [動詞] (番号を)打つ
6.3	chips [男名複数] ポテトチップス	3.2	composter [動詞] 改札する
6.1	chocolat [男名] チョコレート	3.2	composteur [男名] 改札機
5.2	choisir [動詞] 選ぶ	5.2	comprendre [動詞] わかる
3.1	choix [男名] 選択	7.1	compresse [女名] 湿布
8.1	chose [女名] 物	7.1	comprimé [男名] 錠剤
6.3	chou [男名] キャベツ	2.1	compris [形容詞] 込みの
6.3	chou-fleur [男名] カリフラワー	1.3	comptoir [男名] カウンター，窓口
2.3	chute de neige [女名] 降雪	6.3	concombre [男名] キュウリ
5.1	cigarette [女名] タバコ	7.1	conduire [動詞] 運転する
2.3	circulation [女名] 交通	7.3	conduite en état d'ivresse [女名] 飲酒運転
3.1	circuler [動詞] 走る (交通機関)		
3.2	classe [女名] (電車の) 等	3.1	confirmer [動詞] 確認する
1.1	classe affaires [女名] ビジネスクラス	4.1	connaître [動詞] 知る
1.1	classe économique [女名] エコノミークラス	8.1	connexion [女名] 接続
		7.2	conscient(e) [形容詞] 意識がある
1.3	clé, clef [女名] 鍵	6.1	conseiller [動詞] 勧める
5.3	client(e) [名詞] お客		
5.3	climatisé(e) [形容詞] 冷房付きの		

Lexiques 5

6.3	conserver [動詞] 保存する	1.5	course [女名] 道のり
3.2	consigne automatique [女名] コインロッカー	3.3	courses [女名複数] 買い物
		6.2	court(e) [形容詞] 短い
1.5	consigne des bagages [女名] 荷物預かり所	5.1	couteau [男名] ナイフ
		1.4	coûter [動詞] ～になる（値段）
5.1	consommé [男名] コンソメスープ	2.3	couvert [形容詞] 曇っている
7.1	constipation [女名] 便秘	5.1	couverts [男名複数] 食卓セット
7.2	consultation [女名] 診察	1.1	couverture [女名] 膝掛
7.2	consulter [動詞] 診察する	2.3	(se) couvrir [動詞] 曇る
7.3	contacter [動詞] 連絡する	5.2	crabe [男名] カニ
6.3	contenu [男名] 内容	2.1	craindre [動詞] 心配する
7.1	contraceptif [男名] 避妊具	7.1	crampe [女名] こむら返り
3.3	contrôle [男名] 検査，チェック	7.1	crâne [男名] 頭
8.2	contrôle de sécurité [男名] セキュリティーチェック	6.2	cravate [女名] ネクタイ
		7.1	crème (protectrice) [女名] クリーム
3.1	contrôleur / contrôleuse [名詞] 車掌	7.1	crème hydratante [女名] 保湿クリーム
2.1	convenir [動詞] 合う	7.1	crème pour les lèvres [女名] リップ・クリーム
2.1	coordonnées [女名複数] 連絡先		
5.2	coq [男名] 雄鶏	7.1	crème solaire [女名] 日焼け止め
5.2	coquillage [男名] 貝	6.3	crémerie [女名] 乳製品店
5.2	coquille St-Jacques [女名] ホタテ貝	5.2	crevette [女名] エビ
5.2	cornichon [男名] ピクルス，小キュウリ	7.3	crime [男名] 犯罪
		7.3	criminel [男名] 犯罪者
3.1	correspondance [女名] 乗り換え	7.1	crise [女名] 発作
6.3	cosmétiques [男名複数] 化粧品	7.1	crise cardiaque [女名] 心臓発作
6.2	costume [男名] スーツ	7.1	crise d'épilepsie [女名] てんかんの発作
2.3	côte [女名] 海岸	7.2	croire [動詞] 思う
1.1	côté couloir [男名] 通路側	4.1	croisement [男名] 十字路
1.1	côté hublot / côté fenêtre [男名] 窓側	6.1	croissant [男名] クロワッサン
		5.2	cru(e) [形容詞] 生の
6.1	coton [男名] コットン	2.3	crue [女名] 増水
7.1	coton-tige [男名] 綿棒	5.1	crudités [女名複数] 生野菜（サラダ）
7.1	couches 複数 [女名複数] 紙おむつ	5.1	crustacés [男名複数] 海の幸（エビ・カニ類）
3.3	couchette [女名] （車両内の）寝台	5.1	cuillère [女名] スプーン
6.1	couleur [女名] 色	5.1	cuillère à café / petite cuillère [女名] コーヒースプーン
1.1	couloir [男名] 通路		
2.3	coupé(e) [形容詞] 不通になっている	5.1	cuillère à soupe [女名] スープ用スプーン
7.1	coupe-ongles [男名] 爪切り	6.2	cuir [男名] 革
7.1	(se) couper [動詞] （指などを）切る	2.4	cuisine équipée [女名] システムキッチン
7.1	coupure [女名] 切り傷	2.4	cuisinière [女名] ガスコンロ
1.4	coupure [女名] 紙幣	5.1	cuisson [女名] 焼き方
	petite coupure [女名] 小額紙幣	5.1	(bien) cuit(e) [形容詞] ウェルダン
	grosse coupure [女名] 高額紙幣		
1.4	cours des devises [男名] 為替レート		

6.2 culotte [女名] ショーツ
6.3 curry [男名] カレー

D

8.1 d'abord [副詞] まず
4.1 dame [女名] 女性
1.1 dans [前置詞] 〜の中に・で
3.3 dans [前置詞] 〜後（時間）
4.1 dans ce cas それなら
2.1 date [女名] 日付
5.2 daurade [女名] タイ（鯛）
1.1 débarrasser [動詞] 下げる，片づける
3.3 (rester / être) debout [副詞] 立っている
4.1 de ce côté de [前置詞] 〜のこちら側に
2.1 décembre 12月
2.2 déchiré [形容詞] 破れている
5.2 décider [動詞] 決める
1.1 déclaration [女名] 申告，届け
7.3 déclaration de vol [女名] 盗難届
1.3 déclarer [動詞] 申告する
1.3 décrire [動詞]（言葉で）描く，描写する
3.3 défaire [動詞]（荷物を）とく
4.1 de l'autre côté de [前置詞] 〜の反対側に
2.3 dégagé(e) [形容詞] 晴れている
7.2 se dégrader [動詞] 悪化する
2.3 degré [男名] 度（気温／体温）
5.3 déguster [動詞] 味見をする
5.3 déjeuner [動詞] 昼食をとる
7.3 délinquant(e) [名詞] 犯罪者
7.3 délit de fuite [男名] ひき逃げ
7.1 délivrer [動詞] 提供する
2.1 demain [副詞] 明日
4.1 demander [動詞] きく，尋ねる
7.1 démangeaisons [女名複数] かゆみ
6.3 demi- ハーフ
6.3 demi [男名] 半リットルのビール
7.1 dent [女名] 歯
2.2 dentifrice [男名] 歯磨き
7.1 déodorant [男名] デオドラント
1.5 départ [男名] 出発
1.2 dépasser [動詞] 超える
3.3 se dépêcher [動詞] 急ぐ

4.1 dépliant [男名] パンフレット
3.4 déposer [動詞] 降ろす
7.3 déposition [女名] 被害届
1.5 depuis [前置詞] 〜から
2.2 dérangement [男名] 邪魔
8.1 déranger [動詞] 困る
2.1 dernier [形容詞] 最後の
6.1 dernière fournée [女名] 焼き立て
1.2 derrière [前置詞] 〜の後ろに
3.1 descendre [動詞] 降りる
7.1 désinfectant [男名] 消毒剤
7.2 désinfecter [動詞] 消毒する
1.1 désirer [動詞] ほしい
1.1 désolé(e) [形容詞] すみません
5.1 dessert [男名] デザート
6.3 dessus [副詞] その上に
8.1 destination [女名] 目的地
8.2 détecteur de métaux [男名] 金属探知機
7.2 se détériorer [動詞] 悪化する
4.1 devant [前置詞] 〜の前に
1.4 devise [女名] 通貨
1.3 devoir [動詞] 〜しなければならない
7.1 diabétique [名詞] 糖尿病の患者
6.2 diamant [男名] ダイヤモンド
7.1 diarrhée [女名] 下痢
5.1 digestif [男名] 食後酒
7.1 digestion [女名] 消化
6.1 dimanche [男名] 日曜日
5.2 dinde [女名] シチメンチョウ
5.3 dîner [動詞] 夕食をとる
1.3 dire [動詞] 言う
3.1 direct(e) [形容詞] 直行の
5.3 directeur / directrice [名詞] 店長，責任者
3.1 direction [女名] 方向
6.1 discret / discrète [形容詞] 薄い
1.5 distributeur de billets [男名]
  自動券売機
7.2 divan [男名] ソファ
1.4 dollar [男名] ドル
4.1 donc [副詞] だから
1.1 donner [動詞] あげる，与える
7.1 dormir [動詞] 眠る

Lexiques 7

7.1 dos [男名] 腰（背中）
1.1 dossier d'un siège [男名] 背もたれ
1.1 douane [女名] 税関
8.2 douanier / douanière [名詞] 税関係
2.1 douche [女名] シャワー
7.1 douleur [女名] 痛み
2.3 doux / douce [形容詞] 暖かい
2.2 drap [男名] シーツ
3.3 dresser une amende [動詞]
　　罰金を支払わせる
1.1 droit [男名] 権利
4.1 droite [女名] 右

E

1.1 eau [女名] 水
6.2 eau de toilette [女名] オーデコロン
1.1 eau gazeuse [女名] 炭酸水
2.3 éboulement de terrain [男名] 地滑り
6.2 échange [男名] 交換
6.2 échanger [動詞] 交換する
6.2 écharpe [女名] スカーフ，マフラー
6.1 éclair [男名] エクレア
2.3 éclaircie [女名] 晴れ間
1.1 écouteur [男名] イヤフォン
1.1 écran [男名] 画面，スクリーン
2.1 écrire [動詞] 書く
7.1 effet [男名] 効果
8.2 effet personnel [男名] 持ち物
7.1 effet secondaire [男名] 副作用
7.2 (s') effondrer [動詞] 倒れこむ
6.1 (cela m'est) égal　かまいません
1.1 électronique [形容詞] 電気の
2.1 e-mail (mél, courriel) [男名] メール
1.5 embarquement [男名] 搭乗
3.4 embouteillé(e) [形容詞] 混んでいる
6.2 émeraude [女名] エメラルド
3.4 emmener [動詞] 連れていく
7.3 émeutier [男名] 暴徒扇動者
7.2 empoisonnement [男名] 中毒
6.1 emplettes [女名複数] 品物，買い物
1.5 employé(e) [名詞] 従業員，スタッフ
3.2 employé(e) de gare [名詞] 駅員

5.2 emporter [動詞] 持っていく
5.2 (à) emporter　持ち帰り
1.1 emprunter [動詞] 借りる
7.1 en attendant　とりあえず
4.1 en bas de [前置詞] 〜の下に
7.1 en cas de [前置詞] 〜の場合に
7.1 enceinte [形容詞] 妊娠している
1.5 encore [副詞] まだ，また
3.1 en dehors de [前置詞] 〜の外に
7.2 (s') endormir [動詞] 眠くなる
3.4 endroit [男名] 所
1.5 enfant [男名] 子供
8.2 (s') enflammer [動詞] 火がつく
4.1 en haut de [前置詞] 〜の上に
8.1 enlever [動詞] 取りのぞく
3.1 en raison de [前置詞] 〜のせいで
8.1 enregistrement [男名] 登録，チェックイン
8.1 enregistrer [動詞] 登録する
5.3 ensemble [副詞] 一緒に
6.2 ensemble [男名] アンサンブル
6.3 ensuite [副詞] それから
2.3 entendre [動詞] 聴く，聞こえる
3.3 entendu　了解です
7.1 entorse [女名] 捻挫
1.1 entrée [女名] 玄関，入り口
5.1 entrée [女名] オードブル
1.1 entrer [動詞] 入る
7.2 (avoir) envie (de)　〜したい
1.1 environ [副詞] ほぼ，約，〜くらい
4.1 environs [男名複数] 辺り
1.5 envoi [男名] 発送
2.2 envoyer [動詞] 送る
6.3 épais(se) [形容詞] 厚い
7.1 épaule [女名] 肩
6.3 épicerie [女名] 惣菜屋
7.2 épidémie [女名] (伝染病の) 流行
6.2 épingle à cravate [女名] タイピン
1.1 équipage [男名] 乗務員
3.1 escalator [男名] エスカレーター
2.1 escalier [男名] 階段
7.3 escroc [男名] 詐欺師
1.5 espace Internet [男名]

インターネットコーナー

- 1.4 espèces [女名複数] 現金
- 6.2 essayer [動詞] 試す，試着する
- 2.3 est [男名] 東
- 1.1 estomac [男名] 胃
- 2.1 étage [男名] 階
- 7.1 état [男名] 具合，様子
- 2.4 été [男名] 夏
- 1.1 éteindre [動詞] 消す
- 7.1 éternuement [男名] くしゃみ
- 6.3 étiquette [女名] ラベル
- 2.1 étoile [女名] 星
- 1.2 étudier [動詞] 勉強する
- 1.4 euro [男名] ユーロ
- 7.2 (s') évanouir [動詞] 気を失う
- 7.2 éveillé(e) [形容詞] 起きている
- 6.2 éventail [男名] 扇子
- 2.4 évier [男名] シンク
- 7.1 éviter (de) [動詞] 〜を避ける
- 3.4 exact(e) [形容詞] 正確な
- 7.2 examen de sang [男名] 血液検査
- 7.2 examen d'urine [男名] 検尿
- 7.2 examiner [動詞] 診察する
- 5.2 excellent(e) [形容詞] とてもおいしい，すばらしい
- 7.3 excès de vitesse [男名] スピード違反
- 2.4 excursion [女名] 遠足
- 1.1 excusez-moi すみません
- 1.1 expliquer [動詞] 説明する，案内する
- 6.3 exposé(e) [形容詞] 〜に面している
- 4.2 exposition [女名] 展覧会
- 2.2 exprès [副詞] わざと
- 5.1 extérieur [男名] 外（側）

F

- 5.3 facturation [女名] 支払い
- 5.3 facture [女名] 請求書
- 5.3 fade [形容詞] 薄い，あじけない
- 1.4 faire [動詞] 〜になる（値段），する
- 3.1 faire attention [動詞] 気をつける
- 1.2 famille [女名] 家族
- 7.1 fauteuil roulant [男名] 車椅子
- 4.1 femme [女名] 女性
- 2.1 femme de chambre [女名] 部屋係
- 5.3 fermé(e) [形容詞] 閉まっている
- 1.3 fermer [動詞] 閉める
- 4.1 feu [男名] 信号
- 2.1 février [男名] 2月
- 2.1 fiche [女名] カード，ファイル
- 7.1 fièvre [女名] 熱
- 1.2 file (d'attente) [女名] 列
- 6.3 fin(e) [形容詞] うすい
- 8.2 flacon [男名] 瓶，ボトル
- 6.3 flageolets [男名複数] フラジョレ豆
- 4.1 fleuve [男名] 川
- 5.1 flûte à champagne [女名] シャンパングラス
- 6.3 foie gras [男名] フォワグラ
- 2.4 fois [女名] 回
- 6.3 fondue [女名] フォンデュ
- 3.1 forfait [男名] 割引
- 1.1 formulaire [男名] 書類，フォーム
- 6.1 fort(e) [形容詞] 強い
- 2.3 foudre [女名] 雷
- 6.2 foulard [男名] スカーフ
- 6.3 four [男名] オーブン
- 5.1 fourchette [女名] フォーク
- 2.4 four micro-onde [男名] 電子レンジ
- 6.2 fourrure [女名] 毛皮
- 7.2 fracture [女名] 骨折
- 1.4 frais [男名複数] 費用
- 6.3 frais (fraîche) [形容詞] 新鮮な
- 6.3 fraise [女名] イチゴ
- 6.3 framboise [女名] ラスベリー
- 1.2 franchir [動詞] 超える
- 7.2 frapper [動詞] 殴る
- 2.4 frigidaire / frigo [男名] 冷蔵庫
- 5.1 frites [女名複数] フライドポテト
- 5.1 fromage [男名] チーズ
- 5.1 fruit [男名] フルーツ，果物
- 5.1 fruits de mer [男名複数] 海の幸
- 5.1 fumer [動詞] タバコを吸う
- 3.2 fumeur [男名] 喫煙

G

6.2 gant [男名] 手袋
7.1 de garde 当番の
6.3 garder [動詞] 保存する
8.1 garder son calme [動詞] 冷静を保つ
1.5 gare [女名] 駅
7.2 gastro-entérite [女名] 胃腸炎
4.1 gastronomie [女名] 美食
6.1 gâteau [男名] 菓子
4.1 gauche [女名] 左
8.2 gel [男名] ジェル
2.3 geler [動詞] 凍てつく
7.1 gel coiffant [男名] ヘアージェル
7.1 gélule [女名] カプセル
7.3 gendarme [男名] 憲兵
4.2 gendarmerie [女名] 国家憲兵隊
7.1 générique [形容詞] ジェネリックの(薬)
7.2 génétique [形容詞] 遺伝性の
7.1 genou [男名] 膝
1.3 gentil(le) [形容詞] 親切な
5.1 gibier [男名] ジビエ(猟肉)
6.2 gilet [男名] ベスト
1.1 gilet de sauvetage [男名] 救命胴衣
6.3 gingembre [男名] 生姜
2.3 givre [男名] 霜
5.1 glace [女名] アイスクリーム
7.1 gorge [女名] のど
6.3 goûter [動詞] 味を見る
7.1 gouttes [女名複数] 目薬
6.3 gramme [男名] グラム
5.2 grand(e) [形容詞] 大きい
6.2 grand magasin [男名] デパート
2.3 grêle [女名] あられ
2.3 grêler [動詞] あられが降る
5.1 grillades [女名複数] バーベキュー用の肉
2.2 grillé(e) [形容詞] 切れている
7.2 grippe [女名] インフルエンザ
2.3 gris(e) [形容詞] 曇りの
6.2 gris(e) [形容詞] 灰色の, グレーの
1.3 gros(se) [形容詞] 大きい, 太い
7.2 guérir [動詞] 治る
3.1 guichet [男名] 窓口

3.1 guichet automatique [男名] 券売機
4.1 guide [男名] ガイド, ガイドブック
3.4 guider [動詞] 案内する

H

6.2 habit [男名] 洋服
1.3 hall [男名] ホール, カウンター
1.3 hall d'arrivée [男名] 到着ロビー
6.3 haricot blanc [男名] 白インゲン
6.3 haricot vert [男名] サヤインゲン
7.2 haut le cœur [男名] 気分が悪い
7.1 hémorragie [女名] 出血
7.2 héréditaire [形容詞] 遺伝性の
2.1 heure [女名] 時間
4.1 heure de fermeture [女名] 閉館時間
4.1 heure d'ouverture [女名] 開館時間
3.3 heure de pointe [女名] ラッシュ・アワー
5.2 homard [男名] オマールエビ
4.1 homme [男名] 男性
7.2 hôpital [男名] (総合)病院
1.5 horaire [男名] 時刻
1.2 hors de [前置詞] 〜の外に
5.1 hors d'œuvres [男名複数] オードブル
8.1 hors taxe (Duty Free) 免税店
7.2 hospitaliser [動詞] 入院させる
1.3 hôtel [男名] ホテル
2.4 hôtelier/ hôtelière [形容詞] ホテルの
1.1 hôtesse de l'air [女名] 乗務員
8.1 hublot [男名] 飛行機の窓
5.2 huître [女名] 牡蠣
2.3 humide [形容詞] 湿気がある
6.3 hygiène [女名] 衛生
7.1 hypertension [女名] 高血圧
7.1 hypoallergénique [形容詞] 抗アレルギーの
7.1 hypotension [女名] 低血圧

I-J-K

1.5 ici [副詞] ここに
4.1 idée [女名] 考え
3.2 il faut 〜しなければならない
7.3 illégal(e) [形容詞] 不法な
3.2 immédiat [形容詞] すぐの, ただちの

- 4.1 impasse [女名] 袋小路
- 6.2 imperméable [男名] レインコート
- 2.1 inclus [形容詞] 込みの
- 2.2 inconvénient [男名] 迷惑，欠点，問題，不便
- 1.2 index [男名] 人差し指
- 6.3 indien(ne) [形容詞] インド（人）の
- 7.2 indigestion [女名] 消化不良
- 1.5 indiquer [動詞] 教える，案内する
- 7.1 infection [女名] 感染
- 7.1 inflammation [女名] 炎症
- 7.3 infraction [女名] 犯罪
- 2.3 inondation [女名] 洪水
- 5.3 insérer [動詞] 挿し込む
- 8.2 inspection sanitaire [女名] 検疫
- 7.1 insomnie [女名] 不眠症
- 5.1 (s') installer [動詞] 座る
- 8.2 (un) instant 少々，しばらく
- 5.1 interdit(e) [形容詞] 禁止の
- 2.3 intéressant [形容詞] 興味深い
- 4.1 (s') intéresser [動詞] 興味がある
- 5.1 intérieur [男名] 内（側），中
- 8.1 international [形容詞] 国際の
- 8.1 Internet [男名] インターネット
- 7.2 intoxication alimentaire [女名] 食中毒
- 2.3 inutile [形容詞] 役に立たない
- 7.3 iPad [男名] iPad（アイパッド）
- 7.3 iPod [男名] iPod（アイポッド）
- 7.1 jambe [女名] 脚
- 5.2 jambon [男名] ハム
- 6.3 jambon blanc [男名] ハム
- 6.3 jambon cru [男名] 生ハム
- 2.1 janvier 1月
- 1.1 japonais [男名] 日本語
- 1.1 japonais(e) [形容詞] 日本（人）の
- 6.2 jaune [形容詞] 黄色の
- 6.2 jeans [男名] ジーンズ
- 5.1 je vous prie どうぞ，お願いします
- 1.3 jour [男名] 日
- 6.1 jour de semaine [男名] 平日
- 4.2 jour d'ouverture [男名] 開館日
- 1.1 journal [男名] 新聞
- 2.4 journal [男名] ニュース番組
- 2.4 journée [女名] 一日，昼間
- 7.3 juge [名詞] 裁判官
- 2.1 juillet 7月
- 2.1 juin 6月
- 7.1 (à) jeun 空腹時に
- 6.2 jupe [女名] スカート
- 1.1 jus de pomme [男名] リンゴジュース
- 1.5 jusqu'à [前置詞] ～まで
- 3.4 juste [副詞] だけ
- 4.1 juste [副詞] ちょうど
- 8.1 kilo [男名] キロ（重量）
- 6.3 kiwi [男名] キウィ

L

- 1.2 là [副詞] そこに
- 3.1 là-bas [副詞] あそこ
- 6.2 lacet [男名] 靴ひも
- 6.2 laine [女名] ウール
- 3.4 laisser [動詞] 降ろす，残す
- 8.1 laisser passer [動詞] 通す
- 6.1 lait [男名] ミルク
- 7.1 lait en poudre [男名] 粉ミルク
- 2.2 lampe [女名] ランプ
- 2.2 lampe de chevet [女名] ベッドサイドランプ
- 4.1 langue [女名] 言語，舌
- 5.2 lapin [男名] ウサギ肉
- 6.2 large [形容詞] 大きい，幅広い
- 2.2 lavabo [男名] 洗面台
- 5.1 légume [男名] 野菜
- 4.1 le long de [前置詞] ～に沿って
- 5.3 lent(e) [形容詞] 遅い
- 8.2 lentement [副詞] ゆっくりと
- 8.1 (se) lever [動詞] 起きる，立ち上がる
- 7.1 lèvre [女名] 唇
- 1.4 liasse [女名] 札束
- 2.1 libre [形容詞] 暇な，空いている
- 4.1 lieu [男名] 所，場所
- 5.1 lieu public [男名] 公的な場所
- 4.1 lieu touristique [男名] 観光地
- 1.2 ligne [女名] ライン，線
- 3.2 grandes lignes [女名複数] 遠距離線

3.1 lignes de banlieue [女名複数] 郊外の路線
1.3 lignes domestiques [女名複数] 国内線
8.1 lignes intérieures [女名複数] 国内線
1.3 lignes internationales [女名複数] 国際線
6.3 lingerie [女名] 下着
1.4 liquide [男名] 現金
8.2 liquide [男名] 液体
5.2 lire [動詞] 読む
2.1 lit [男名] ベッド
6.3 litchi [男名] ライチ
2.1 lobby [男名] ロビー
5.1 loi [女名] 法律
4.1 loin de [前置詞] 〜から遠く
7.2 lombalgie [女名] 腰痛
7.1 longtemps [副詞] 長い間
4.1 longer [動詞] 沿って行く
2.3 lourd(e) [形容詞] 重い, 蒸し暑い
6.3 lumière [女名] 光, 日当たり
6.2 lunettes [女名複数] メガネ
6.2 lunettes de soleil [女名複数] サングラス
6.3 lyonnais(e) [形容詞] リヨンの

M

6.1 macaron [男名] マカロン
5.2 macédoine de fruits フルーツサラダ
3.2 machine [女名] 機械
1.3 madame [女名] (女性への呼びかけ)
6.1 madeleine [女名] マドレーヌ
3.4 magasin [男名] 店
1.1 magazine [男名] 雑誌
2.1 mai 5月
6.2 maillot de corps [男名] アンダーシャツ
6.2 maillot de bain [男名] 水着
6.2 maillot thermolactyl [男名] 防寒下着
5.2 maison [女名] 店, レストラン
6.1 (fait) maison 自家製の
8.1 maintenant [副詞] 今
7.1 mal [男名] / maux [男名複数] 痛み
7.1 (avoir) mal (à) 〜が痛い
7.1 (faire) mal 痛む
7.2 maladie [女名] 病気
7.2 maladie mentale [女名] 精神病

7.2 maladie respiratoire [女名] 呼吸器系の病気
1.3 malette [女名] 書類カバン
6.3 mandarine [女名] ミカン
3.3 manger [動詞] 食べる
8.2 manteau [男名] コート
4.1 marchand(e) [名詞] 売り手
3.2 marchand de journaux [男名] キオスク
6.2 marché [男名] 市場
6.2 marché aux puces [男名] のみの市
1.1 marcher [動詞] 歩く
8.1 marcher [動詞] 機能する
6.2 marron [形容詞] 茶色の
2.1 mars 3月
1.1 masque à oxygène [男名] 酸素マスク
2.4 massage [男名] マッサージ
8.1 maximum [男名] 最大限
6.1 matière [女名] 材料
2.1 matin [男名] 朝
6.2 médaille [女名] メダル
7.1 médecin [男名] 医者
1.1 médicament [男名] 薬
7.1 médicament homéopathique [男名] ホメオパシー剤
6.3 melon [男名] メロン
2.4 membre [男名] メンバー
6.2 même [形容詞] 同じ
7.3 menacer [動詞] 脅迫する
5.2 menu [男名] 定食
2.1 mer [女名] 海
1.1 merci (beaucoup) (どうも) ありがとうございます
6.2 meringue [女名] メレンゲ
5.3 messieurs-dames [名詞複数] (複数の男女への呼びかけ)
7.2 mesurer [動詞] 測る
8.2 métal [男名] 金属
2.3 météo [女名] 天気予報
1.5 métro [男名] 地下鉄
8.2 mettre [動詞] 入れる, 置く, かける
1.1 (se) mettre [動詞] 移動する, 座る
7.2 (se) mettre en colère [動詞] 怒る

8.1 milieu [男名] 真ん中
1.4 mille 1000
6.1 mille-feuilles [男名] ミルフィーユ
2.3 mince! しまった!
6.2 mini-jupe [女名] ミニスカート
1.1 minute [女名] 分
2.2 miroir [男名] 鏡
6.2 modèle [男名] モデル
3.3 modifier [動詞] 変える
8.1 moins de [副詞] 〜以下，〜より少なく
2.1 mois [男名] 月
2.3 moitié [女名] 半分
5.2 moment [男名] 時
1.4 monnaie [女名] 貨幣
5.3 monnaie [女名] おつり
1.1 monsieur [男名] (男性への呼びかけ)
3.3 monter [動詞] 乗る，登る
6.2 montre [女名] 腕時計
8.2 montrer [動詞] 見せる
4.2 monument [男名] 建造物
2.2 moquette [女名] カーペット
6.3 morceau [男名] ピース，一切れ
1.4 mot [男名] 単語
7.3 mot de passe [男名] パスワード
6.2 mouchoir [男名] ハンカチ
1.1 mouchoir en papier [男名] ティッシュ
6.2 moulant(e) [形容詞] タイトな
5.2 moule [女名] ムール貝
4.2 moulin [男名] 風車
7.1 mousse coiffante [女名] ヘアームース
2.2 mousse à raser [女名] シェービングクリーム
5.2 moutarde [女名] マスタード
5.2 mouton [男名] 羊肉
3.1 mouvement de grève [男名] スト
1.5 moyen [男名] 方法，手段
4.1 moyen de transport [男名] 交通機関
7.2 MST [女名] 性感染症
3.4 musée [女名] 博物館，美術館
7.2 myome utérin [男名] 子宮筋腫
6.3 myrtille [女名] ブルーベリー

N

5.1 nappe [女名] テーブルクロス
7.1 nausée [女名] 吐き気
1.5 navette [女名] リムジンバス
3.2 nécessaire [形容詞] 必要な
2.3 neige [女名] 雪
7.1 nez [男名] 鼻
7.1 nez qui coule [男名] 鼻水が流れる
1.3 ni [副詞] 〜も (…ない) (否定文)
4.1 n'importe lequel / laquelle どれも
2.4 Noël [男名] クリスマス
6.2 nœud papillon [男名] 蝶ネクタイ
1.3 noir(e) [形容詞] 黒い
6.1 noix [女名] クルミ
2.1 nom [男名] 姓
2.1 numéro de téléphone [男名] 電話番号
1.3 non いいえ
3.2 non fumeur [男名] 禁煙
2.3 nord [男名] 北
3.3 normal(e) [形容詞] 普通の
2.4 note [女名] お勘定
2.2 nouveau / nouvelle [形容詞] 新しい
2.3 nouvelle [女名] ニュース
2.1 novembre 11月
2.3 nuage [男名] 雲
2.3 nuageux [形容詞] 曇りの
2.1 nuit [女名] 夜
8.1 numéro [男名] 番号
1.3 numéro de vol [男名] フライトナンバー

O

1.2 objet [男名] 目的
8.2 objet coupant / tranchant [男名] 刃物
7.3 objet de valeur [男名] 貴重品
8.2 objet fragile [男名] 壊れやすい物
8.1 objet inflammable [男名] 可燃物
8.2 objet explosif [男名] 爆発物
7.3 objet trouvé [男名] 遺失物
7.3 bureau des objets trouvés [男名] 遺失物取扱所
3.3 obligation [女名] 義務
1.5 obtenir [動詞] 手に入れる

2.2 (s') occuper (de) [動詞]
　　(〜を)解決する，(〜に)対処する
2.1 octobre　10月
5.2 offert(e) [形容詞] サービスの
4.2 office de tourisme [男名] 観光案内所
6.2 offrir [動詞] プレゼントする
5.2 oie [女名] ガチョウ
6.3 oignon [男名] タマネギ
5.1 ombre [女名] 影
4.1 opéra [男名] オペラ劇場
8.1 opération [女名] 操作項目，機能
7.2 opérer [動詞] 手術する
2.3 orage [男名] 嵐
2.3 orageux / orageuse [形容詞] 嵐の
1.1 orange [女名] オレンジ
6.2 orange [形容詞] オレンジ(色)の
1.5 ordinateur [男名] パソコン
8.2 ordinateur portable [男名] ノートパソコン
8.1 ordonnance [女名] 処方箋
1.1 oreiller [男名] まくら
7.1 orthopédique [形容詞] 整形の
8.2 ôter [動詞] 外す，脱ぐ
7.3 où [疑問詞] どこ
8.1 oubli [男名] 忘れること，忘れ物
2.2 oublier [動詞] 忘れる
2.3 ouest [男名] 西
1.1 oui　はい
5.3 ouvert(e) [形容詞] 開いている
8.2 ouvrir [動詞] 開く，開ける

P

7.2 pace-maker [男名] ペースメーカー
5.3 paiement [男名] 支払い
5.1 pain [男名] パン
6.1 pain complet [男名] 全粒パン
6.1 pain de campagne [男名]
　　パン・ド・カンパーニュ
6.1 pain de mie [男名] 食パン
6.1 pain de seigle [男名] ライ麦パン
6.1 pain au lait [男名] ミルクパン
6.1 pain au chocolat [男名] パン・オ・ショコラ
6.1 pain aux raisins [男名] レーズンパン

8.2 panier [男名] かご
1.5 panneau d'affichage [男名] 案内板
4.2 panorama [男名] 眺め
7.1 pansement [男名] ばんそうこう，包帯
6.2 pantalon [男名] ズボン
6.2 pantoufle [女名] スリッパ
6.3 papeterie [女名] 文房具屋
2.2 papier [男名] 紙
1.2 papiers [男名複数]
　　身分証明書（パスポートなど）
2.2 papier toilettes [男名] トイレットペーパー
2.4 Pâques [女名複数] 復活祭
8.1 paquet [男名] 一箱
6.2 paquet cadeau [男名] プレゼント包装
7.1 paralysie [女名] 麻痺
6.2 parapluie [男名] 傘
7.2 parasite [男名] 寄生虫
2.1 parc [男名] 公園
4.1 parc d'attractions [男名] 遊園地
1.1 pardon　すみません
2.1 parfait [形容詞] 結構な
6.1 parfum [男名] 香水
6.3 parfum [男名] 味
1.3 par ici　こちらへ
2.4 parking [男名] 駐車場
1.3 par là　そちらへ，あちらへ
8.2 parler [動詞] 話す
6.1 part [女名] 一切れ
6.2 particulier / particulière [形容詞] 特別な
1.1 partir [動詞] 出発する
7.1 partout [副詞] どこも，あちこち
4.1 (revenir sur ses) pas　戻る
5.2 pas encore　まだ
4.1 pass [男名] パス
7.3 (de) passage　観光中
7.3 passage souterrain [男名] 地下道
4.1 passant(e) [名詞] 通行人
1.2 passeport [男名] パスポート
8.2 passer [動詞] 通る
8.1 passer par [動詞] 〜を経由する
2.4 se passer [動詞] 起きる
6.3 pastèque [女名] スイカ

7.1	pastille [女名] トローチ	3.3	place réservée [女名] 予約席
5.2	pâté [男名] パテ	3.3	place non réservée [女名] 自由席
5.1	pâtes [女名複数] パスタ	8.1	placer [動詞] 置く，入れる
2.1	patienter [動詞] 辛抱する，待つ	7.3	(se) plaindre [動詞] クレームをつける
5.1	pâtisserie [女名] 菓子	7.3	plainte [女名] 被害届
2.4	payant(e) [形容詞] 有料の	5.3	plaire [動詞] 気にいる
1.4	payer [動詞] 払う	1.5	plan [男名] 地図，マップ
5.3	payer ensemble 一緒に払う	6.2	plastique [男名] プラスティック
5.3	payer séparément 別々で払う	5.1	plat [男名] 単品料理
6.3	pêche [女名] 桃	5.1	plat du jour [男名] 日替わりメニュー
7.2	peau [女名] 皮膚	5.1	plat principal [男名] メインディッシュ
5.2	pendant [前置詞] ～の間に	5.1	plat végétarien [男名] ヴェジタリアン料理
6.2	pendentif [男名] ペンダント	8.2	plateau [男名] トレイ
1.3	perdre [動詞] 失う	1.1	plateau repas [男名] (料理の)トレイ
7.1	perdre connaissance [動詞] 気を失う	7.1	plâtre [男名] ギプス
4.1	perdu(e) [形容詞] 道に迷った	7.1	pleurer [動詞] 泣く
6.2	perle [女名] 真珠	2.3	pleuvoir [動詞] 雨が降る
4.1	personne [女名] 人	2.3	pluie [女名] 雨
2.1	personnel [男名] スタッフ	1.3	plus [副詞] もう少し
1.1	personnel de cabine [男名] 客室乗務員	8.1	plus de [副詞] ～以上，～より多く
7.3	perte [女名] 紛失	5.3	plusieurs [形容詞] いくつもの
8.1	perturbé(e) [形容詞] 支障をきたす	8.2	poche [女名] ポケット
8.1	peser [動詞] 計る(重量)	8.2	pochette [女名] ポシェット
1.3	petit(e) [形容詞] 小さい	1.1	pochette du siège [女名] 座席ポケット
2.1	petit déjeuner [男名] 朝食	8.1	poids [男名] 体重，重量
6.3	petits pois [男名複数] グリーンピース	6.2	pointure [女名] 靴のサイズ
5.2	(un) peu [副詞] 少し	6.3	poire [女名] 梨
7.1	peut-être [副詞] 多分	6.3	poireau [男名] ポロネギ
7.1	pharmacie [女名] 薬局	1.1	poisson [男名] 魚
7.1	pharmacien(ne) [名詞] 薬剤師	1.1	poivre [男名] コショウ
3.1	pick-pocket [男名] スリ	7.2	police [女名] 警察
1.4	pièce [女名] コイン	1.2	police aux frontières [女名] 入国審査
6.3	(à la) pièce 一個ずつ	7.3	police municipale [女名] 市立警察
1.4	pièce d'identité [女名] 身分証明書	7.3	police nationale [女名] 国家警察
7.1	pied [男名] 足	7.3	policier [男名] 警察官
6.2	pierre précieuse [女名] 貴石	6.2	polo [男名] ポロシャツ
1.1	pilote [男名] 操縦士	7.1	pomade [女名] ポマード，軟膏
5.3	piquant(e) [形容詞] 辛い	1.1	pomme [女名] リンゴ
2.4	piscine [女名] プール	6.3	pomme de terre [女名] ジャガイモ
8.1	piste [女名] 滑走路	7.2	pompiers [男名複数] 消防署
3.1	place [女名] 広場	4.1	pont [男名] 橋
3.2	place [女名] 席	5.2	porc [男名] 豚肉

Lexiques 15

7.3	portable [男名] 携帯電話	8.1	problème [男名] 問題
1.3	porte [名詞] ドア，扉	7.3	procès [男名] 裁判
1.3	porte d'embarquement [女名] 搭乗ゲート，搭乗口	3.1	prochain(e) [形容詞] 次の
		1.4	proche [形容詞] 近い
3.3	porte-bagages [男名] 荷物棚	6.1	produit [男名] 製品，商品
6.2	porte-clés [男名] キーホルダー	7.1	produit de beauté [男名] 化粧品
5.1	porte-couteau [男名] ナイフ置き	4.2	promenade [女名] 散歩，散歩道
6.2	portefeuille [男名] 財布	2.2	propre [形容詞] 清潔な
6.2	porte-monnaie [男名] 小銭入れ	6.3	propre [形容詞] 自分の
1.5	porter [動詞] 運ぶ	6.3	prune [女名] プルーン
7.3	porter plainte [動詞] 被害届を出す	6.2	pull-over [男名] セーター
1.5	porteur / porteuse [名詞] ポーター	5.1	purée [女名] ピュレ
6.3	portion [女名] 一人前	6.2	pyjama [男名] パジャマ

Q

8.2	portique [男名] 金属探知機	3.1	quai [男名] プラットホーム
1.5	poser [動詞] 置く	3.2	quand [疑問詞] いつ
1.2	possesseur / possesseuse [名詞] 持ち主	2.1	quand même [副詞] けれども
3.1	possible [形容詞] 可能な	3.1	quartier [男名] 地区
4.1	poste [女名] 郵便局	1.3	quel(le) [疑問詞] どの，何の
5.3	(prendre un) pot 一杯やる	1.3	(de) quelle couleur [疑問詞] 何色の
5.1	potage [男名] ポタージュ	2.1	quelle heure [疑問詞] 何時
1.3	poubelle [女名] ゴミ箱	1.3	quelque chose [代名詞] 何か
5.2	poulet [男名] 鶏肉	1.4	(faire la) queue 列（に並ぶ）
1.1	pouvoir [動詞] 〜できる	1.1	queue de l'appareil [女名] 機内の後方
5.1	préférer [動詞] 〜をより好む	1.3	qu'est-ce que [疑問詞] 何
5.1	premier / première [形容詞] 1番目の	1.3	qui [疑問詞] だれ
1.1	première classe [女名] ファーストクラス	5.2	quiche lorraine [女名] キッシュ・ロレーヌ
1.4	prendre [動詞] 取る	1.5	quitter [動詞] 出る，離れる
3.1	prendre [動詞] 乗る	6.1	quoi [疑問詞] 何
5.2	prendre [動詞] 食べる，飲む		

R

2.1	prénom [男名] 名前，ファーストネーム	7.2	radio [女名] レントゲン
3.4	près de [前置詞] 〜の近くに	6.3	radis [男名] ラディッシュ
7.2	prescrire [動詞] 処方する	1.1	raisin [男名] ブドウ
1.5	(se) présenter [動詞] 行く	1.2	raisons personnelles [女名複数] 私用
7.1	préservatif [男名] コンドーム	3.1	rame de métro [女名] 地下鉄の車両
3.4	presque [副詞] ほとんど	8.1	rangée [女名] 列
2.1	prêt(e) [形容詞] 準備ができた	1.5	rapide [形容詞] 速い
7.3	prévenir [動詞] 知らせる	6.3	rapidement [副詞] 速く
2.3	prévisions météos [女名複数] 天気予報	7.3	(se) rappeler [動詞] 思い出す
2.3	prévoir [動詞] 予報する	2.2	rasoir [男名] カミソリ
3.4	pris(e) [形容詞] 予約済みの		
7.3	prison [女名] 刑務所		
5.3	prix [男名] 値段		

5.3	rassasié(e) [形容詞] 満腹した	8.1	réservation [女名] 予約
3.1	RATP [女名] パリ交通公団	2.1	réserver [動詞] 予約する
3.3	rayon [男名] 売り場	1.3	ressembler [動詞] 似る
8.2	réacteur [男名] エンジン	5.1	restaurant [男名] レストラン
1.3	réception [女名] 受付，フロント	1.1	rester [動詞] とどまる，残る
2.2	réceptionniste [男名] フロント係	3.3	(en) retard 遅れる
5.2	réchauffer [動詞] 温める	3.2	retirer [動詞] 引き出す，取る
8.2	récipient [男名] 入れ物	7.3	retrouver [動詞] 見つけ出す
1.3	réclamation [女名] クレーム	2.1	réveiller [動詞] 起こす
5.2	recommander [動詞] 勧める	3.4	revenir [動詞] 戻る
7.3	reconnaître [動詞] 見分ける	7.1	rez-de-chaussée [男名] 1階
1.4	reçu [男名] 領収書	6.3	rhubarbe [女名] ルバーブ
1.2	reculer [動詞] 下がる，退く	7.1	rhumatismes [男名複数] リューマチ
8.2	récupérer [動詞] 取り戻す，取る	7.1	rhume [男名] 風邪
1.1	redresser [動詞] 立ち上げる	7.1	rhume des foins [男名] 花粉症
2.3	réduction [女名] 割引	2.2	rideau [男名] カーテン
5.2	réfléchir [動詞] 考える	2.4	rien 代 [名詞] 何も
5.3	se régaler [動詞] 満足する，堪能する	6.3	risotto [男名] リゾット
1.3	regarder [動詞] 見る	7.1	risque [男名] 危機
5.3	régime [男名] ダイエット	6.3	riz [男名] ご飯，お米
3.1	(être en) règle 規定どおりになっている	6.2	robe [女名] ドレス
2.2	régler [動詞] 解決する	6.2	robe de chambre [女名] 部屋着
2.4	régler [動詞] 払う	6.2	robe *de soirée* / *du soir* [女名] イブニングドレス
7.1	reins [男名複数] 腰	6.2	robe décolletée [女名] デコルテ
3.3	remboursement [男名] 払い戻し	6.2	rose [形容詞] ピンクの
7.3	remise en liberté [女名] 釈放	5.2	rosé [男名] ロゼ（ワイン）
1.3	remplir [動詞] 記入する	6.3	romarin [男名] ローズマリー
2.3	rendre [動詞] 返す	5.2	rôti [男名] ロースト
8.1	(se) rendre (à) [動詞] 〜へ行く	1.3	rouge [形容詞] 赤い
4.1	renseignement [男名] 情報	7.1	rouge à lèvres [男名] 口紅
4.1	renseigner [動詞] 教える，案内する	1.3	roulette [女名] 車輪
1.3	(se) renseigner [動詞] 問い合わせる	4.1	route [女名] 道
1.1	repas [男名] 食事	6.2	rubis [男名] ルビー
1.5	repasser [動詞] もう一度通る	1.2	rue [女名] 通り
8.2	répéter [動詞] 繰り返す		
1.1	repose-pieds [男名] 足置き		**S**
7.2	(se) reposer [動詞] ゆっくりする，休む	8.2	sac [男名] カバン，袋
7.1	répulsif pour insectes [男名] 虫よけ	1.3	sac à dos [男名] リュックサック
5.3	réputation [女名] 評判	8.2	sac à main [男名] ハンドバック
1.5	RER [男名] パリ郊外電車	1.3	sac de voyage [男名] 旅行鞄
3.1	réseau [男名] ネットワーク	8.1	sac plastique [男名] レジ袋

仏和単語集

和仏単語集

Lexiques 17

8.2	sac pour le mal de l'air [男名] エチケット袋	7.3	sentence [女名] 判決
8.2	sachet [男名] 透明プラスチック製袋	7.1	sentir [動詞] 感じる
5.1	saignant(e) [形容詞] レアの	2.2	sentir mauvais [動詞] 臭い
7.2	saigner [動詞] 血が出る	7.1	(se) sentir bien [動詞] 気持ちがいい
4.2	basse saison [女名] オフシーズン	7.1	(se) sentir mal [動詞] 気分が悪い
4.2	haute saison [女名] シーズン	2.1	septembre [男名] 9月
6.3	salade [女名] サラダ菜	6.2	serré(e) [形容詞] きつい，狭い，タイトな
5.1	saladier [男名] サラダボール	1.5	service [男名] サービス
2.2	sale [形容詞] 汚れている	2.2	service blanchisserie [男名] クリーニングサービス
5.3	salé(e) [形容詞] 塩辛い	1.5	service d'accompagnement [男名] 付き添いサービス
5.1	salière [女名] 塩入れ	2.4	service payant [男名] 有料サービス
2.2	salir [動詞] 汚す	1.5	service wifi [男名] ワイファイサービス
3.2	salle d'attente [女名] 待合室	5.1	serviette [女名] ナプキン
2.4	salle de bains [女名] 浴室	7.1	serviette hygiénique 生理用ナプキン
4.2	salle de concert [女名] コンサートホール	1.1	serviette chaude [女名] おしぼり
2.4	salle de sport [女名] スポーツルーム	2.2	serviette de bain [女名] バスタオル
2.4	salle-restaurant [男名] ホテルのレストラン	6.1	sésame [男名] ゴマ
6.2	sandale [女名] サンダル	2.1	seulement [副詞] 〜だけ
1.1	sandwich [男名] サンドウイッチ	2.2	shampooing [男名] シャンプー
1.3	sangle [女名] バンド	6.2	short [男名] ショートパンツ
7.1	sans doute [副詞] 多分	7.2	sida [男名] エイズ
5.2	sardine [女名] イワシ（鰯）	1.1	siège [男名] 座席
6.3	sauce [女名] ソース	3.3	signal d'alarme [男名] 非常ベル
5.2	saucisse [女名] ソーセージ	7.3	signaler [動詞] 教える
5.2	saucisson [男名] サラミ	3.2	signalisation [女名] 信号機
5.2	saumon [男名] サケ（鮭）	1.4	signature [女名] サイン
2.3	savoir [動詞] 知る	1.4	signer [動詞] サインする
2.2	savon [男名] 石鹸	1.1	s'il vous plaît お願いします
1.2	scanner [男名] スキャナー	1.3	simple [形容詞] 簡単な
6.3	sec (sèche) [形容詞] 乾燥している	7.1	sirop [男名] シロップ
4.1	second(e) [形容詞] 2番目の	2.3	situation [女名] 状態，事情
2.2	sèche-cheveux [男名] ドライヤー	6.2	slip [男名] ブリーフ，ショーツ
6.1	seigle [男名] ライ麦	7.3	smartphone [男名] スマートフォン
1.2	séjour [男名] 滞在	6.2	smoking [男名] タキシード
2.4	séjour [男名] リビング	1.1	snack [男名] スナック
1.1	sel [男名] 塩	7.2	soigner [動詞] 治療する
7.2	selles [女名複数] 大便	2.4	soirée [女名] 夕方
1.2	semaine [女名] 週	1.2	sol [男名] 床
7.2	sembler [動詞] 〜のようだ	6.3	soleil [男名] 太陽
6.2	semelle [女名] （靴の）底敷き	1.4	somme [女名] 金額
3.1	semi-direct [男名] 快速		

7.1 somnolence [女名] 眠気
5.1 sorbet [男名] シャーベット
1.3 sortie [女名] 出口
1.1 sortie de secours [女名] 非常口
3.3 sortir [動詞] 出かける，出る，降ろす
5.1 soucoupe [女名]（カップの）受け皿
7.2 souffrir [動詞] 苦しむ
2.1 souhaiter [動詞] 願う
5.1 soupe [女名] スープ
4.1 sous [前置詞] ～の下に
5.1 sous-sol [男名] 地下
6.2 sous-vêtement [男名] 下着
6.2 soutien-gorge [男名] ブラジャー
3.3 souvenir [男名] お土産
3.2 spécial(e) [形容詞] 特別な
5.2 spécialité [女名] スペシャリテ
4.2 spécialité culinaire [女名]
名物料理，得意料理
7.2 sport [男名] スポーツ
7.1 spray [男名] スプレー
2.1 staff [男名] スタッフ
1.2 stage [男名] 研修
1.2 stage linguistique [男名] 言語研修
1.5 station [女名] 地下鉄の駅
4.2 station balnéaire [女名] 海水浴場
4.2 station de sports d'hiver [女名]
スキー場
7.3 stationnement [男名] 駐車
7.3 stationnement gênant [男名] 迷惑駐車
1.1 steward [男名] 乗務員
6.2 stock [男名] 在庫
1.3 stylo [男名] ペン
1.1 sucre [男名] 砂糖
5.3 sucré(e) [形容詞] 甘い
2.3 sud [男名] 南
4.1 suggestion [女名] お勧め
2.1 suite [女名] スイート
1.2 suivant(e) [名詞・形容詞] 次の（方）
1.3 suivre [動詞] ついてくる・いく
2.2 supplémentaire [形容詞] 予備の
7.1 suppositoire [男名] 座薬
4.1 sur [前置詞] ～の上に
6.3 surgelé(e) [形容詞] 冷凍の
8.1 surréservation [女名]
オーバーブッキング，過剰予約
6.2 survêtement [男名] トラックスーツ
7.3 suspect(e) [名詞] 容疑者
7.1 symptôme [男名] 症状

T

5.1 table [女名] テーブル
1.1 tablette [女名]（機内の）トレイテーブル
7.3 tablette [女名] タブレット
1.3 tag bagage [男名] クレームタグ
5.2 taille [女名] サイズ
6.2 tailleur [男名]（女性用）スーツ
6.2 talon aiguille [男名] ハイヒール
5.3 taper [動詞] 打つ
1.3 tapis roulant [男名] 動く歩道
8.1 tard [副詞] 遅く
1.5 tarif [男名] 料金，運賃
5.2 tarte [女名] タルト
6.1 tartelette [女名] タルトレット
5.1 tasse [女名] カップ
1.4 taux de change [男名] 為替レート
1.4 taxe [女名] 税金
1.5 taxi [男名] タクシー
7.3 faux taxi [男名] 不法タクシー
2.2 télécommande [男名] リモコン
1.1 téléphone [男名] 電話
1.1 téléphone portable [男名] 携帯電話
1.1 télévision [女名] テレビ
7.3 témoin [名詞] 目撃者
7.2 température [女名] 体温
2.3 tempête [女名] 嵐
3.3 temps [男名] 時間，天気
6.3 tenez !（丁寧）/ tiens !（親しい）
どうぞ！
7.2 tension [女名] 血圧
6.2 tenue de cérémonie [女名] 礼服
1.3 terminal [男名] ターミナル
8.1 (se) terminer [動詞] 終わる
3.2 terminus [男名] 終点
5.1 terrasse [女名] テラス

5.2	terrine [女名] テリーヌ		1.5	transporter [動詞] 運ぶ
7.3	terroriste [名詞] テロリスト		3.1	travaux [男名複数] 工事
7.2	test [男名] 検査		4.1	traverser [動詞] 渡る
7.3	tête [女名] 頭		1.3	très [副詞] とても
2.3	textile [男名] 布		7.3	tribunal [男名] 裁判所
1.1	thé [男名] お茶, 紅茶		4.1	troisième [形容詞] 3番目の
4.1	théâtre [男名] 劇場		4.1	(se) tromper [動詞] 間違える
3.1	TGV [男名] フランスの新幹線		5.3	trop [副詞] ～すぎる
5.2	thon [男名] マグロ, ツナ		2.2	trou [男名] 穴
6.3	thym [男名] タイム		8.2	trousse [女名] ポーチ
8.1	ticket [男名] チケット		1.3	trouver [動詞] 見つける
1.3	toilettes [女名複数] トイレ		5.2	truite [女名] マス(鱒)
6.3	tomate [女名] トマト		8.2	tube [男名] チューブ
2.3	tombées de neige [女名複数] 豪雪		7.2	tumeur [女名] 腫瘍
2.2	tomber [動詞] 落ちる		7.2	tumeur bénigne [女名] 良性腫瘍
7.2	tomber malade [動詞] 病気になる		7.2	tumeur maligne [女名] 悪性腫瘍
6.2	tong [女名] ビーチサンダル		3.2	tunnel [男名] トンネル
2.3	tonnerre [男名] 雷鳴		2.4	TV payante [女名] 有料 TV
5.2	topping [男名] トッピング		1.4	TVA [女名] 消費税
5.3	touche [女名] ボタン		3.1	type [男名] タイプ
1.2	tour [男名] 順番			
1.3	tour de contrôle [女名] 航空管制塔			**U-V-W-X-Y-Z**
7.2	tour de rein [男名] ぎっくり腰		1.2	UE [女名] EU
7.2	tour de taille [男名] ウエスト, 腹囲		7.2	ulcère [男名] 胃潰瘍
1.2	tourisme [男名] 観光		7.2	urgences [女名複数] 救急病院
4.1	touriste [名詞] 観光客		7.2	urine [女名] 尿
7.1	tousser [動詞] せきが出る		7.1	urticaire [男名] じんましん
2.2	tout [代名詞] 全部, すべて		2.2	utiliser [動詞] 使う
1.3	tout de suite [副詞] すぐに, ただちに		2.4	vacances [女名複数] バカンス, 休み
4.1	tout droit [副詞] まっすぐ		7.1	vaccin [男名] ワクチン
7.1	toux [女名] せき		7.2	vacciner [動詞] ワクチンを接種する
3.1	train [男名] 電車		2.3	vague de chaleur [女名] 熱風
6.3	tradition [女名] 伝統		2.3	vague de froid [女名] 寒気
1.5	trajet [男名] 道順, 道のり		6.2	valeur [女名] 価値
7.3	trafiquant de drogue/stupéfiants [男名] 麻薬密売人		8.2	valise [女名] スーツケース
6.3	tranche [女名] スライス		7.3	vandale [男名] 暴動者
7.2	transfuser [動詞] 輸血する		2.3	variable [形容詞] 不安定な
1.3	transfert [男名] 乗り換え		5.2	veau [男名] 子牛肉
1.3	transit [男名] 乗り換え		2.1	veilleur [男名] 夜間のスタッフ
8.1	transparent(e) [形容詞] 透明な		3.2	vélo [男名] 自転車
1.5	transports [男名複数] 交通機関		4.1	vendeur / vendeuse [名詞] 売り手, 販売員
			6.1	vendu(e) [形容詞] 売れた

1.2	venir [動詞] 来る	1.3	vol [男名] (飛行機の)便
8.1	venir de [動詞] ～したばかりだ	7.3	vol [男名] 盗み
2.3	vent [男名] 風	7.3	vol à la tire [男名] かっぱらい
2.3	venteux [形容詞] 風が吹いている	1.3	vol international [男名] 国際便
7.1	ventre [男名] 腹，お腹	1.3	vol intérieur/domestique [男名] 国内便
2.3	verglas [男名] 雨氷	7.3	voler [動詞] 盗む
6.2	vérifier [動詞] 確かめる	7.3	voleur/ voleuse [名詞] 泥棒
1.1	verre [男名] グラス	3.1	(à) volonté 好きなだけ
1.1	un verre de [男名] 1杯の	2.2	vomir [動詞] 吐く
3.2	vers [前置詞] へ (場所)，～頃 (時間)	7.1	vomissement [男名] 吐き気
6.2	vert(e) [形容詞] 緑色の	1.1	vouloir [動詞] 欲しい，～したい
7.2	vertiges [男名複数] めまい	2.4	voyage [男名] 旅行
6.1	veste [女名] 上着，ジャケット	4.2	voyage organisé [男名] ツアー
6.2	vêtement [男名] 洋服	3.1	voyager [動詞] 旅行する
6.2	vêtement femme [男名] 婦人服	3.3	voyageur, voyageuse [名詞] 旅行者
6.2	vêtement homme [男名] 紳士服	6.1	voyant(e) [形容詞] 派手な
1.1	viande [女名] 肉	6.3	vrai(e) [形容詞] 本当の
7.3	victime [女名] 被害者	6.1	vraiment [副詞] 本当に
2.1	vie [女名] 暮し	2.1	vue [女名] 眺め
2.3	vigilant(e) [形容詞] 気をつける	4.2	vue panoramique [女名] パノラマ
4.1	ville [女名] 町，都市	3.3	wagon-lit [男名] 寝台車
1.1	vin [男名] ワイン	3.3	wagon-restaurant [男名] 食堂車
1.1	vin blanc [男名] 白ワイン	5.2	week-end [男名] 週末
1.1	vin rouge [男名] 赤ワイン	6.3	yaourt [男名] ヨーグルト
5.2	vin de table [男名] テーブルワイン	7.1	yeux [男名複数] 目
5.2	vin de terroir [男名] 地ワイン	3.1	zone [女名] 地域
7.3	viol [男名] 強制わいせつ		
6.2	violet(te) [形容詞] 紫色の		
7.3	violeur / violeuse [名詞] 強姦者		
7.2	virus [男名] ウイルス		
7.3	visage [男名] 顔		
1.2	visite [女名] 見学，訪問		
4.2	visite guidée [女名] ガイド付きの観光		
1.2	visiter [動詞] 観光する，訪れる		
3.4	vite [副詞] 早く		
3.3	(en) vitesse すばやく，急いで		
2.2	vitre [女名] ガラス		
2.3	voici これが～です		
3.2	voie [女名] (駅の)番線		
1.1	voilà どうぞ		
1.2	voir [動詞] 見る，会う		
7.3	voiture [女名] 自動車		

仏和単語集

和仏単語集

Lexiques

和仏単語集

あ

日本語	参照	フランス語
アーティチョーク	6.3	artichaut [男名]
アイスクリーム	5.1	glace [女名]
(の)間に	5.2	pendant [前置詞]
アイパッド	7.3	iPad [男名]
アイポッド	7.3	iPod [男名]
合う	2.1	convenir [動詞]
青い	6.2	bleu(e) [形容詞]
赤い	1.3	rouge [形容詞]
空く	2.1	accessible [形容詞]
アクセサリー	6.2	accessoires [男名複数]
アクセス	4.1	accès [男名]
悪用, 悪質販売	7.3	abus [男名]
開ける	8.2	ouvrir [動詞]
あげる	1.1	donner [動詞]
朝	2.1	matin [男名]
足	7.1	pied [男名]
脚	7.1	jambe [女名]
味	6.3	parfum [男名]
足置き	1.1	repose-pieds [男名]
足首	7.1	cheville [女名]
明日	2.1	demain [副詞]
味見をする	5.3	déguster [動詞]
	6.3	goûter [動詞]
アスパラガス	6.3	asperge [女名]
アスピリン	1.1	aspirine [女名]
あそこ	3.1	là-bas [副詞]
暖かい	2.3	doux / douce [形容詞]
温める	5.2	réchauffer [動詞]
アタッシュケース	8.1	attaché-case [男名]
頭	7.3	tête [女名]
	7.1	crâne [男名]
新しい	2.2	nouveau / nouvelle [形容詞]
辺り	4.1	environs [男名複数]
あちこち	7.1	partout [副詞]
あちら	1.3	par là
厚い	6.3	épais(se) [形容詞]
暑い	5.3	chaud(e) [形容詞]
悪化する	7.2	se dégrader [動詞]
	7.2	se détériorer [動詞]
当てる	8.1	appliquer [動詞]
〜後 (時間)	3.3	dans [前置詞]
穴	2.2	trou [男名]
アナウンス	3.1	annonce [女名]
アパートメントホテル	2.4	un appartement hôtel [男名]
アプリコット	6.3	abricot [男名]
甘い	5.3	sucré(e) [形容詞]
雨	2.3	pluie [女名]
雨が降る	2.3	pleuvoir [動詞]
あらかじめ	3.2	(à l') avance
嵐	2.3	orage [男名]
	2.3	tempête [女名]
嵐の	2.3	orageux / orageuse [形容詞]
あられ	2.3	grêle [女名]
あられが降る	2.3	grêler [動詞]
ありがとう	1.1	merci (beaucoup)
歩く	1.1	marcher [動詞]
アレルギー	7.1	allergie [女名]
アンサンブル	6.2	ensemble [男名]
暗証番号	5.3	code (secret) [男名]
アンダーシャツ	6.2	maillot de corps [男名]
アンチョビ	5.2	anchois [男名]
案内所	1.5	bureau d'informations [男名]
案内する	3.4	guider [動詞]
	1.5	indiquer [動詞]
	4.1	renseigner [動詞]
案内板	1.5	panneau d'affichage [男名]
胃	1.1	estomac [男名]
いいえ	1.3	non
e チケット	1.3	billet électronique [男名]
EU	1.2	UE [女名]
言う	1.3	dire [動詞]
〜以下	8.1	moins de [副詞]
胃潰瘍	7.2	ulcère [男名]

日本語	課	フランス語
いかが	1.1	comment [疑問詞]
イギリス(人)の	1.3	anglais(e) [形容詞]
行く	1.3	aller [動詞]
	1.5	(se) présenter [動詞]
	8.1	(se) rendre (à) [動詞]
いくつ, いくら	1.4	combien [疑問詞]
いくつも	5.3	plusieurs [形容詞]
意見	6.2	avis [男名]
意識がある	7.2	conscient(e) [形容詞]
遺失物	7.3	objet trouvé [男名]
遺失物取扱所	7.3	bureau des objets trouvés [男名]
医者	7.1	médecin [男名]
〜以上	8.1	plus de [副詞]
椅子	7.2	chaise [女名]
	1.1	siège [男名]
急ぐ	3.3	se dépêcher [動詞]
痛い	7.1	(avoir) mal (à)
痛み	7.1	douleur [女名]
	7.1	mal [男名] / maux [男名複数]
痛む	7.1	(faire) mal
1月	2.1	janvier
イチゴ	6.3	fraise [女名]
一日	2.4	journée [女名]
一人前	6.3	portion [女名]
市場	6.2	marché [男名]
一番目の	5.1	premier / première [形容詞]
胃腸炎	7.2	gastro-entérite [女名]
いつ	3.2	quand [疑問詞]
一階	2.1	rez-de-chaussée [男名]
一個ずつ	6.3	(à la) pièce
一緒に	5.3	ensemble [副詞]
凍てつく	2.3	geler [動詞]
遺伝性の	7.2	génétique [形容詞]
	7.2	héréditaire [形容詞]
一等(車)	3.2	première classe [女名]
1杯の	1.1	un verre de
一杯やる	5.3	(prendre un) pot
イブニングドレス	6.2	robe de *soirée* / *du soir* [女名]
今	8.1	maintenant [副詞]
イヤフォン	1.1	écouteur [男名]
イヤリング	6.2	boucle d'oreille [女名]
入口(玄関)	1.1	entrée [女名]
入れ物	8.2	récipient [男名]
入れる	8.2	mettre [動詞]
色	6.1	couleur [女名]
イワシ(鰯)	5.2	sardine [女名]
飲酒運転	7.3	conduite en état d'ivresse [女名]
インターネット	8.1	Internet [男名]
インターネットコーナー	1.5	espace internet [男名]
インド(人)の	6.3	indien(ne) [形容詞]
インフルエンザ	7.2	grippe [女名]
ウイルス	7.2	virus [男名]
ウインドブレーカー	6.2	anorak [男名]
ウール	6.2	laine [女名]
ヴェジタリアン料理	5.1	plat végétarien [男名]
ウエスト(腹囲)	7.2	tour de taille [男名]
(〜の)上に	4.1	en haut de [前置詞]
	4.1	sur [前置詞]
ウェルダン	5.1	(bien) cuit(e) [形容詞]
受け入れる	1.4	accepter [動詞]
	8.2	admettre [動詞]
(カップの)受け皿	5.1	soucoupe [女名]
受付	4.2	accueil
	1.3	réception [女名]
動く歩道	1.3	tapis roulant [男名]
ウサギ肉	5.2	lapin [男名]
失う	1.3	perdre [動詞]
後ろ	1.2	derrière [前置詞]
薄い	6.2	discret / discrète [形容詞]
	5.3	fade [形容詞]
	6.3	fin(e) [形容詞]
ウズラ(鶉)	5.2	caille [女名]
(番号を)打つ	5.3	composer [動詞]
美しい	2.3	beau / belle [形容詞]
訴える	7.3	signaler [動詞]
腕時計	6.2	montre [女名]
ウナギ	5.2	anguille [女名]
雨氷	2.3	verglas [男名]

Lexiques 23

海	2.1	mer [女名]
海の幸（エビ・カニ類）	5.1	crustacés [男名複数]
	5.1	fruits de mer [男名複数]
売り手	4.1	marchand(e) [名詞]
	4.1	vendeur / vendeuse [名詞]
売り場	3.3	rayon [男名]
売れた	6.1	vendu(e) [形容詞]
上着	6.1	veste [女名]
運転する	7.1	conduire [動詞]
営業中	5.3	ouvert(e) [形容詞]
英語	1.3	anglais(e) [名詞]
エイズ	7.2	sida [男名]
衛生	6.3	hygiène [女名]
駅	1.5	gare [女名]
（地下鉄の）駅	1.5	station [女名]
駅員	3.2	employé(e) de gare [名詞]
液体	8.2	liquide [男名]
駅長	3.2	chef de gare [男名]
エクレア	6.1	éclair [男名]
エコノミークラス	1.1	classe économique [女名]
エスカレーター	3.1	escalator [男名]
エビ	5.2	crevette [女名]
エメラルド	6.2	émeraude [女名]
選ぶ	5.2	choisir [動詞]
エレベーター	1.3	ascenseur [男名]
炎症	7.1	inflammation [女名]
エンジン	8.2	réacteur [男名]
遠足	2.4	excursion [女名]
おいしい	5.2	bon(ne) [形容詞]
（とても）おいしい	5.2	excellent(e) [形容詞]
お医者さんに診てもらう		
	7.1	aller voir un médecin
往復	1.5	aller retour [男名]
多くの	1.5	beaucoup (de) [副詞]
大きい	5.2	grand(e) [形容詞]
	6.2	ample [形容詞]
オーデコロン	6.2	eau de toilette [女名]
オードブル	5.1	entrée [女名]
	5.1	hors d'œuvres

		[男名複数]
オーバーブッキング	8.1	surréservation [女名]
オーブン	6.3	four [男名]
お金	1.4	argent [男名]
起きている	7.2	éveillé(e) [形容詞]
起きる	8.1	(se) lever [動詞]
	2.4	se passer [動詞]
置く	8.1	placer [動詞]
	1.5	poser [動詞]
（〜の）奥に	4.1	au fond de [前置詞]
送る	2.2	envoyer [動詞]
遅れる	3.3	(en) retard
起こす	2.1	réveiller [動詞]
お米	5.1	riz [男名]
怒る	7.2	(se) mettre en colère [動詞]
おしぼり	1.1	serviette chaude [女名]
押す	2.4	appuyer [動詞]
お勧め	4.1	suggestion [女名]
遅い	5.3	lent(e) [形容詞]
遅く	8.1	tard [副詞]
落ちる	2.2	tomber [動詞]
おつまみ	5.2	amuse-gueule [男名]
おつり	5.3	monnaie [女名]
おととい	7.1	avant-hier [副詞]
大人	1.5	adulte [名詞]
同じ	6.2	même [形容詞]
お願いします	1.1	s'il vous plaît
オペラ劇場	4.1	opéra [男名]
オマールエビ	5.2	homard [男名]
おまわりさん	4.1	agent de police [男名]
お土産	3.3	souvenir [男名]
重い	2.3	lourd(e) [形容詞]
思い出す	7.3	(se) rappeler [動詞]
思う	7.2	croire [動詞]
降りる	3.1	descendre [動詞]
オレンジ（果物）	1.1	orange [女名]
オレンジ（色）の	6.2	orange [形容詞]
降ろす	3.4	déposer, laisser,
	3.3	sortir [動詞]
終わる	8.1	(se) terminer [動詞]

24

温度	2.3	degré [男名]
雄鶏	5.2	coq [男名]

か

カーディガン	6.2	cardigan [男名]
カーテン	2.2	rideau [男名]
カート	1.3	chariot [男名]
カード	1.4	carte [女名]
	2.1	fiche [女名]
カーペット	2.2	moquette [女名]
階	2.1	étage [男名]
回	2.4	fois [女名]
貝	5.2	coquillage [男名]
開館時間	4.1	heure d'ouverture [女名]
開館日	4.2	jour d'ouverture [男名]
(〜を) 解決する	2.2	(s') occuper (de) [動詞]
	2.2	régler [動詞]
改札機	3.2	composteur [男名]
改札する	3.2	composter [動詞]
海水浴場	4.2	station balnéaire [女名]
快速	3.1	semi-direct [男名]
階段	2.1	escalier [男名]
ガイド	4.1	guide [男名]
ガイドブック	4.1	guide [男名]
買い物	3.3	courses [女名複数]
	6.1	emplettes [女名複数]
買う	1.5	acheter [動詞]
カウンター	1.3	comptoir [男名]
返す	2.3	rendre [動詞]
変える	1.4	changer [動詞]
	3.3	modifier [動詞]
顔	7.3	visage [男名]
加害者	7.3	agresseur [男名]
(病気に) かかっている		
	7.2	atteint(e) (de) [形容詞]
鏡	2.2	miroir [男名]
係員	3.1	agent(e) [名詞]
牡蠣	5.2	huître [女名]
鍵	1.3	clé, clef [女名]
書く	2.1	écrire [動詞]

確認する	3.1	confirmer [動詞]
影	5.1	ombre [女名]
(壁に) かける	1.1	accrocher [動詞]
かご	8.2	panier [男名]
傘	6.2	parapluie [男名]
菓子	6.1	gâteau [男名]
	5.1	pâtisserie [女名]
ガスコンロ	2.4	cuisinière [女名]
風	2.3	vent [男名]
風邪	7.1	rhume [男名]
風が吹いている	2.3	venteux [形容詞]
家族	1.2	famille [女名]
肩	7.1	épaule [女名]
片道	1.5	aller simple [男名]
価値	6.2	valeur [女名]
ガチョウ	5.2	oie [女名]
滑走路	8.1	piste [女名]
かっぱらい	7.3	vol à la tire [男名]
カップ	5.1	tasse [女名]
角	4.1	coin [男名]
(〜の) 角に	4.1	à l'angle de [前置詞]
	4.1	au coin de [前置詞]
カニ	5.2	crabe [男名]
可燃物	8.1	objet inflammable [男名]
可能な	3.1	possible [形容詞]
カバン	8.2	sac [男名]
旅行鞄	1.3	sac de voyage [男名]
カフェテリア	3.2	cafétéria [女名]
カフスボタン	6.2	bouton de manchette [男名]
カプセル	7.1	gélule [女名]
花粉症	7.1	rhume des foins [男名]
かまいません	6.1	(cela m'est) égal
紙	2.2	papier [男名]
紙おむつ	7.1	couches [複数名詞]
カミソリ	2.2	rasoir [男名]
雷	2.3	foudre [女名]
カメラ	7.3	appareil photo [男名]
	1.2	caméra [女名]
画面	1.1	écran [男名]
鴨肉	5.2	canard [男名]

仏和単語集

和仏単語集

Lexiques 25

かゆみ	7.1	démangeaisons [女名複数]	キーホルダー	7.1 6.2	attention！ porte-clés [男名]
〜から	2.1 1.5	à partir de [前置詞] depuis [前置詞]	黄色の キウィ	6.2 6.3	jaune [形容詞] kiwi [男名]
辛い	5.3	piquant(e) [形容詞]	キオスク	3.2	marchand de
ガラス	2.2	vitre [女名]			journaux [男名]
カリフラワー	6.3	chou-fleur [男名]	機械	1.1	appareil [男名]
借りる	2.2	emprunter [動詞]		8.1	machine [女名]
軽くする	8.1	alléger [動詞]	危機	7.1	risque [男名]
カレー	6.3	curry [男名]	きく	4.1	demander [動詞]
川	4.1	fleuve [男名]	聴く，聞こえる	2.3	entendre [動詞]
革	6.2	cuir [男名]	寄生虫	7.2	parasite [男名]
為替レート	1.4	cours des devises [男名]	貴石	6.2	pierre précieuse [女名]
	1.4	taux de change [男名]	北	2.3	nord [男名]
がん	7.2	cancer [男名]	機体	8.2	appareil [男名]
考え	4.1	idée [女名]	機長	1.1	commandant de
考える	5.2	réfléchir [動詞]			bord [男名]
寒気	2.3	vague de froid [女名]	貴重品	7.3	objet de valeur [男名]
観光	1.2	tourisme [男名]	きつい	6.2	serré(e) [形容詞]
観光をする	1.2	visiter [動詞]	喫煙	3.2	fumeur [男名]
ガイド付きの観光	4.2	visite guidée [女名]	ぎっくり腰	7.2	tour de rein [男名]
観光案内所	4.2	office de tourisme [男名]	キッシュ・ロレーヌ	5.2	quiche lorraine [女名]
観光客	4.1	touriste [名詞]	切符	3.1	billet [男名]
観光地	4.1	lieu touristique [男名]	気に入る	5.3	plaire [動詞]
観光中	7.3	(de) passage	規定どおりになっている	3.1	(être en) règle
看護師	7.2	infirmier / infirmière [名詞]	記入する 機能する	1.3 8.1	remplir [動詞] marcher [動詞]
勘定	5.3	addition [女名]	ギプス	7.1	plâtre [男名]
	2.4	note [女名]	気分が悪い	7.2	haut le cœur [男名]
感じる	7.1	sentir [動詞]	義務	3.3	obligation [女名]
関節炎	7.1	arthrite [女名]	決める	5.2	décider [動詞]
感染	7.1	infection [女名]	気持ちがいい	7.1	(se) sentir bien [動詞]
乾燥している	6.3	sec / sèche [形容詞]	気持ちが悪い	7.1	(se) sentir mal [動詞]
簡単な	1.3	simple [形容詞]	客	5.3	client(e) [名詞]
気を失う	7.2	(s') évanouir [動詞]	客室	8.1	cabine [女名]
	7.1	perdre connaissance [動詞]	客室乗務員	1.1	personnel de cabine [男名]
気をつける	3.1	faire attention [動詞]	客車	3.3	compartiment [男名]
	2.3	vigilant(e) [形容詞]	キャップ	6.2	casquette [女名]
気をつけてください，危ない！			キャベツ	6.3	chou [男名]
			救急車	7.2	ambulance [女名]
			救急病院	7.2	urgences [女名複数]

牛肉	5.2	bœuf［男名］
救命胴衣	1.1	gilet de sauvetage ［男名］
今日	1.4	aujourd'hui［副詞］
強制わいせつ	7.3	viol［男名］
脅迫する	7.3	menacer［動詞］
興味深い	2.3	intéressant［形容詞］
興味がある	4.1	(s') intéresser［動詞］
霧	2.3	brume［女名］
切り傷	7.1	coupure［女名］
切る	7.1	couper［動詞］
（電気が）切れている	2.2	grillé(e)［形容詞］
キロ	8.1	kilo［男名］
禁煙	3.2	non fumeur［男名］
金額	1.4	somme［女名］
銀行	4.1	banque［女名］
禁止の	5.1	interdit(e)［形容詞］
金属	8.2	métal［男名］
金属探知機	8.2	détecteur de métaux［男名］
	8.2	portique［男名］
具合	7.1	état［男名］
空港	1.4	aéroport［男名］
空腹時に	7.1	(à) jeun
9月	2.1	septembre
臭い	2.2	sentir mauvais［動詞］
くしゃみ	7.1	éternuement［男名］
薬	1.1	médicament［男名］
崩れる	7.2	(s') effondrer［動詞］
唇	7.1	lèvre［女名］
口紅	7.1	rouge à lèvres［男名］
靴	6.2	chaussure［女名］
靴下	6.2	chaussette［女名］
靴ひも	6.2	lacet［男名］
雲	2.3	nuage［男名］
曇っている	2.3	couvert［形容詞］
曇りの	2.3	gris(e)［形容詞］
	2.3	nuageux［形容詞］
曇る	2.3	(se) couvrir［動詞］
グラス	1.1	verre［男名］
クラブ	2.4	club［男名］
グラム	6.3	gramme［男名］

クリーム	7.1	crème［女名］
グリーンピース	6.3	petits pois［男名複数］
繰り返す	8.2	répéter［動詞］
クリスマス	2.4	Noël［男名］
来る	1.2	venir［動詞］
苦しむ	7.2	souffrir［動詞］
車椅子	7.1	fauteuil roulant［男名］
クルミ	6.1	noix［女名］
クレーム	1.3	réclamation［女名］
クレームをつける	7.3	(se) plaindre［動詞］
クレームタグ	1.3	tag bagage［男名］
クレジットカード	5.3	carte bancaire［女名］
	7.3	carte de crédit［女名］
黒い	1.3	noir(e)［形容詞］
クロワッサン	6.1	croissant［男名］
加える	3.1	ajouter［動詞］
警察	7.3	commissariat［男名］
	7.2	police［女名］
市立警察	7.3	police municipale［女名］
国家警察	7.3	police nationale［女名］
警察官	7.3	policier［男名］
掲示板	1.3	affichage［男名］
携帯電話	7.3	portable［男名］
刑務所	7.3	prison［女名］
経由する	8.1	passer par［動詞］
けが	7.1	blessure［女名］
けがをする	7.1	se blesser［動詞］
毛皮	6.2	fourrure［女名］
劇場	4.1	théâtre［男名］
化粧品	6.3	cosmétiques［男名複数］
	7.1	produit de beauté［男名］
	8.2	affaires de toilette［女名複数］
消す	1.1	éteindre［動詞］
毛染め	7.1	colorant pour cheveux［男名］
血圧	7.2	tension［女名］
血液検査	7.2	examen de sang［男名］
結構な	2.1.	parfait［形容詞］
結婚指輪	6.2	alliance［女名］

Lexiques 27

日本語	課	フランス語	日本語	課	フランス語
欠点	2.2	inconvénient［男名］	交差点	4.1	carrefour［男名］
下痢	7.1	diarrhée［女名］	工事	3.1	travaux［男名複数］
けれども	2.1	quand même［副詞］	公衆無線 LAN	1.3	une borne wifi［女名］
検疫	8.2	inspection sanitaire［女名］	香水	6.1	parfum［男名］
見学	1.2	visite［女名］	抗生物質	7.1	antibiotique［男名］
元気だ	7.2	aller bien［動詞］	降雪	2.3	chute de neige［女名］
元気ではない	7.2	aller mal［動詞］	豪雪	2.3	tombées de neige［女名複数］
元気になった	7.2	aller mieux［動詞］	交通	2.3	circulation［女名］
現金	1.4	espèces［女名複数］	交通機関	4.1	moyen de transport［男名］
	1.4	liquide［男名］		1.5	transports［男名複数］
言語	4.1	langue［女名］	公的	5.1	public / publique［形容詞］
言語研修	1.2	stage linguistique［男名］	コート	8.2	manteau［男名］
検査	3.3	contrôle［男名］	コーヒー	1.1	café［男名］
	7.2	test［男名］	コーヒースプーン	5.1	cuillère à café / petite cuillère［女名］
現在	2.3	actuellement［副詞］			
研修	1.2	stage［男名］	後方	3.2	arrière［男名］
建造物	4.2	monument［男名］		1.1	queue de l'appareil［女名］
検尿	7.2	examen d'urine［男名］			
券売機	3.1	guichet automatique［男名］	超える	1.2	dépasser［動詞］
				1.2	franchir［動詞］
憲兵	7.3	gendarme［男名］	5月	2.1	mai
国家憲兵隊	7.3	gendarmerie［女名］	呼吸器系の病気	7.2	maladie respiratoire［女名］
権利	1.1	droit［男名］			
コイン	1.4	pièce［女名］	国際の	8.1	international［形容詞］
コインロッカー	3.2	consigne automatique［女名］	ここ	1.5	ici［副詞］
			午後	2.3	après-midi［男名］
抗アレルギー	7.1	hypoallergénique［形容詞］	心	7.2	cœur［男名］
			腰	7.1	reins［男名複数］
子牛肉	5.2	veau［男名］	コショウ	1.1	poivre［男名］
公園	2.1	parc［男名］	小銭	5.3	appoint［男名］
抗炎症剤	7.1	anti-inflammatoire［男名］	小銭入れ	6.2	porte-monnaie［男名］
			こちら	1.3	par ici
効果	7.1	effet［男名］	（〜の）こちら側に	4.1	de ce côté de［前置詞］
高額紙幣	1.4	grosse coupure［女名］	骨折	7.2	fracture［女名］
交換	6.2	échange［男名］	コットン	6.1	coton［男名］
交換する	6.2	échanger［動詞］	子供	1.5	enfant［男名］
航空会社	1.3	compagnie aérienne［女名］	粉ミルク	7.1	lait en poudre［男名］
			ご飯	6.3	riz［男名］
航空管制塔	1.3	tour de contrôle［女名］	子羊肉	5.2	agneau［男名］
高血圧	7.1	hypertension［女名］			

ゴマ	6.1	sésame [男名]
困る	8.1	déranger [動詞]
込みの	2.1	compris [形容詞]
	2.1	inclus [形容詞]
ゴミ箱	1.3	poubelle [女名]
こむら返り	7.1	crampe [女名]
これ	1.1	ceci [代名詞]
これが〜です	2.3	voici
〜頃	3.2	vers [前置詞]
壊す	2.2	abimer [動詞]
	2.2	casser [動詞]
壊れやすい物	8.2	objet fragile [男名]
コンサート	4.2	concert [女名]
コンサートホール	4.2	salle de concert [女名]
コンソメスープ	5.1	un consommé [男名]
混んでいる	3.4	embouteillé(e) [形容詞]
コンドーム	7.1	préservatif [男名]
こんにちは	1.3	bonjour
今晩	2.1	ce soir
こんばんは	2.1	bonsoir

さ

サービス	1.5	service [男名]
クリーニングサービス	2.2	service blanchisserie [男名]
付き添いサービス	1.5	service d'accompagnement [男名]
有料サービス	2.4	service payant [男名]
サービスの	5.2	offert(e) [形容詞]
サービス料	5.3	charges [女名複数]
サケ (鮭)	5.2	saumon [男名]
在庫	6.2	stock [男名]
最後の	2.1	dernier / dernière [形容詞]
サイズ	5.2	taille [女名]
(靴の) サイズ	6.2	pointure [女名]
最大限	8.1	maximum [男名]
裁判	7.3	procès [男名]
裁判官	7.3	juge [名詞]
裁判所	7.3	tribunal [男名]
財布	6.2	portefeuille [男名]
材料	6.1	matière [女名]
サイン	1.4	signature [女名]
サインする	1.4	signer [動詞]
探す	2.4	chercher [動詞]
魚	1.1	poisson [男名]
下がる	1.2	reculer [動詞]
詐欺	7.3	arnaque [女名]
詐欺師	7.3	escroc [男名]
サクランボ	6.3	cerise [女名]
(〜を) 避ける	7.1	éviter (de) [動詞]
下げる (片づける)	1.1	débarrasser [動詞]
差し込む	5.3	insérer [動詞]
サスペンダー	6.2	bretelle [女名]
雑誌	1.1	magazine [男名]
殺人者	7.3	assassin [男名]
札束	1.4	liasse [女名]
砂糖	1.1	sucre [男名]
サヤインゲン	6.3	haricot vert [男名]
座薬	7.1	suppositoire [男名]
さようなら	1.2	au revoir
皿	5.1	assiette [女名]
サラダ菜	6.3	salade [女名]
サラダボール	5.1	saladier [男名]
サラミ	5.2	saucisson [男名]
3月	2.1	mars
サングラス	6.2	lunettes de soleil [女名複数]
酸素マスク	1.1	masque à oxygène [男名]
サンダル	6.2	sandale [女名]
ビーチサンダル	6.2	tong [女名]
サンチーム	6.1	centime [男名]
リンドウィッチ	1.1	sandwich [男名]
3番目の	4.1	troisième [形容詞]
散歩	4.2	balade [女名]
	4.2	promenade [女名]
シーズン	4.2	haute saison [女名]
オフシーズン	4.2	basse saison [女名]
シーツ	2.2	drap [男名]
シートベルト	1.1	ceinture de sécurité [女名]

Lexiques 29

日本語	番号	フランス語
ジーンズ	6.2	jeans［男名］
シェービングクリーム	2.2	mousse à raser［女名］
ジェル	8.2	gel［男名］
シェフ	5.2	chef［男名］
ジェネリックの	7.1	générique［形容詞］
塩	1.1	sel［男名］
塩入れ	5.1	salière［女名］
塩辛い	5.3	salé(e)［形容詞］
自家製の	6.1	fait maison
4月	2.1	avril
時間	2.1	heure［女名］
	3.3	temps［男名］
子宮筋腫	7.2	myome utérin［男名］
時刻	1.5	horaire［男名］
支障をきたす	8.1	perturbé(e)［形容詞］
システムキッチン	2.4	cuisine équipée［女名］
(〜の)下に	4.1	en bas de［前置詞］
	4.1	sous［前置詞］
舌	4.1	langue［女名］
〜したい	7.2	(avoir) envie (de)
下着	6.3	lingerie［女名］
	6.2	sous-vêtement［男名］
7月	2.1	juillet
シチメンチョウ	5.2	dinde［女名］
試着室	6.2	cabine［女名］
試着する	6.2	essayer［動詞］
湿気がある	2.3	humide［形容詞］
湿布	7.1	compresse［女名］
自転車	3.2	vélo［男名］
自動の	8.1	automatique［形容詞］
自動換券機	3.2	borne de retrait［女名］
自動券売機	1.5	distributeur de billets［男名］
自動車	7.3	voiture［女名］
〜しなければならない	1.3	devoir［動詞］
	3.2	il faut
品物	6.2	article［男名］
支払い	5.3	paiement［男名］
	5.3	facturation［女名］
しばらく	8.2	(un) instant
ジビエ（猟肉）	5.1	gibier［男名］
私物	8.1	affaires personnelles［女名複数］
	7.3	bien［男名］
自分の	6.3	propre［形容詞］
紙幣	1.4	billet［男名］
	1.4	coupure［女名］
しまった！	2.3	mince!
事務所	4.2	bureau［男名］
閉まっている	5.3	fermé(e)［形容詞］
閉める	1.3	fermer［動詞］
締める	1.1	attacher［動詞］
霜	2.3	givre［男名］
シャーベット	5.1	sorbet［男名］
釈放	7.3	remise en liberté［女名］
車掌	3.1	contrôleur / contrôleuse［名詞］
シャツブラウス	6.2	chemisier［男名］
邪魔	2.2	dérangement［男名］
車両	3.1	rame［女名］
車輪	1.3	roulette［女名］
シャワー	2.1	douche［女名］
ジャンパー	6.2	blouson［男名］
シャンパン	1.1	champagne［男名］
シャンパングラス	5.1	flûte à champagne［女名］
シャンプー	2.2	shampooing［男名］
週	1.2	semaine［女名］
11月	2.1	novembre
10月	2.1	octobre
従業員	1.5	employé(e)［名詞］
住所	1.2	adresse［女名］
十字路	4.1	croisement［男名］
自由席	3.3	place non réservée［女名］
渋滞	2.3	bouchon［男名］
終点	3.2	terminus［男名］
充電器	2.2	chargeur［男名］
12月	2.1	décembre
週末	5.2	week-end［男名］
重量	8.1	poids［男名］
手術する	7.2	opérer［動詞］
出血	7.1	hémorragie［女名］
出発	1.5	départ［男名］

日本語	番号	フランス語
出発する	1.1	partir [動詞]
出発ホーム	1.5	quai de départ [男名]
腫瘍	7.2	tumeur [女名]
良性腫瘍	7.2	tumeur bénigne [女名]
悪性腫瘍	7.2	tumeur maligne [女名]
順番	1.2	tour [男名]
準備ができた	2.1	prêt(e) [形容詞]
私用	1.2	raisons personnelles [女名複数]
消化	7.1	digestion [女名]
生姜	6.3	gingembre [男名]
小額紙幣	1.4	petite coupure [女名]
消化不良	7.2	indigestion [女名]
錠剤	7.1	comprimé [男名]
症状	7.1	symptôme [男名]
状態	2.3	situation [女名]
ショーツ	6.2	culotte [女名]
消毒剤	7.1	désinfectant [男名]
	7.1	antiseptique [男名]
消毒する	7.2	désinfecter [動詞]
ショートパンツ	6.2	short [男名]
消費税	1.4	TVA [女名]
商品	6.1	produit [男名]
商品券	6.2	bon d'achat [男名]
情報	4.1	renseignement [男名]
消防署	7.2	pompiers [男名複数]
乗務員	1.1	équipage [男名]
	1.1	hôtesse de l'air [女名]
	1.1	steward [男名]
商用	1.2	affaires [女名複数]
ショール	6.2	châle [男名]
処方	7.2	prescrire [動詞]
処方箋	8.1	ordonnance [女名]
食後酒	5.1	digestif [男名]
食事	1.1	repas [男名]
食前酒	5.1	apéritif [男名]
食卓セット	5.1	couverts [男名複数]
食堂車	3.3	wagon-restaurant [男名]
女性	4.1	dame [女名]
	4.1	femme [女名]
ショソン・オ・ポム（リンゴパイ）		
	6.1	chausson aux pommes [男名]
書類カバン	1.3	malette [女名]
知らせる	7.3	prévenir [動詞]
シリアル	6.1	céréales [女名複数]
知る	4.1	connaître [動詞]
	2.3	savoir [動詞]
城	4.1	château [男名]
白い	6.2	blanc / blanche [形容詞]
シロップ	7.1	sirop [男名]
白インゲン	6.3	haricot blanc [男名]
（フランスの）新幹線	3.1	TGV [男名]
シンク	2.4	évier [男名]
シングルベッドの部屋	2.1	chambre simple [女名]
信号	4.1	feu [男名]
信号機	3.2	signalisation [女名]
申告	1.1	déclaration [女名]
申告する	1.3	déclarer [動詞]
診察	7.2	consultation [女名]
診察する	7.2	examiner [動詞]
	7.3	consulter [動詞]
寝室	2.4	chambre à coucher [女名]
真珠	6.2	perle [女名]
人生	2.1	vie [女名]
親切な	1.2	gentil(le) [形容詞]
新鮮	6.3	frais / fraîche [形容詞]
心臓	7.2	cœur [男名]
心臓発作	7.1	crise cardiaque [女名]
寝台車	3.3	wagon-lit [男名]
心配する	2.1	craindre [動詞]
新聞	1.1	journal [男名]
しんましん	7.1	urticaire [男名]
診療所	7.2	cabinet médical [男名]
スイート	2.1	suite [女名]
スイカ	6.3	pastèque [女名]
スーツ	6.2	costume [男名]
（女性用）スーツ	6.2	tailleur [男名]
スーツケース	8.2	valise [女名]
スープ	5.1	soupe [女名]
スープ用スプーン	5.1	cuillère à soupe [女名]

Lexiques 31

スカート	6.2	jupe [女名]		5.1	(s') installer [動詞]
スカーフ	6.2	écharpe [女名]		1.1	(se) mettre [動詞]
	6.2	foulard [男名]	座っている	3.3	(être) assis(e) [形容詞]
スキー場	4.2	station de sports d'hiver [女名]	姓	2.1	nom [男名]
			(〜の) せいで	3.1	en raison de [前置詞]
好きなだけ	3.1	(à) volonté	正確な	3.4	exact(e) [形容詞]
スキャナー	1.2	scanner [男名]	税関	1.1	douane [女名]
〜すぎる	5.3	trop [副詞]	税関係	8.2	douanier / douanière [名詞]
すぐの	3.2	immédiat [形容詞]			
すぐに	1.3	tout de suite [副詞]	性感染症	7.2	MST [女名]
少なくとも	3.4	au moins [副詞]	請求書	5.3	facture [女名]
少し	5.2	(un) peu [副詞]	税金	1.4	taxe [女名]
進む	1.2	avancer [動詞]	整形の	7.1	orthopédique [形容詞]
勧める	5.2	recommander [動詞]	清潔な	2.2	propre [形容詞]
	6.1	conseiller [動詞]	精神病	7.2	maladie mentale [女名]
スタッフ	2.1	personnel [男名]			
	2.1	staff [男名]	セーター	6.2	pull-over [男名]
夜間のスタッフ	2.1	veilleur [男名]	(厚手の) セーター	6.2	chandail [男名]
すっぱい	5.3	acide [形容詞]	席	3.2	place [女名]
スト	3.1	mouvement de grève [男名]	せき	7.1	toux [女名]
			せきが出る	7.1	tousser [動詞]
ストッキング	6.2	bas [男名]	セキュリティーチェック	8.2	contrôle de sécurité [男名]
スナック	1.1	snack [男名]			
スピード違反	7.3	excès de vitesse [男名]	石鹸	2.2	savon [男名]
スプレー	8.2	aérosol [男名]	接続	8.1	connexion [女名]
	7.1	spray [男名]	説明する	1.1	expliquer [動詞]
スプーン	5.1	cuillère [女名]	背中	7.1	dos [男名]
スペシャリテ	5.2	spécialité [女名]	背もたれ	1.1	dossier d'un siège [男名]
スポーツシューズ	6.2	basket [女名]			
スポーツホール	2.4	salle de sport [女名]	セロリ	6.3	céleri [男名]
ズボン	6.2	pantalon [男名]	1000	1.4	mille
スマートフォン	7.3	smartphone [男名]	線	1.2	ligne [女名]
すみません	1.1	excusez-moi	遠距離線	3.2	grandes lignes [女名複数]
	1.1	pardon			
	1.1	désolé(e) [形容詞]	郊外の路線	3.2	lignes de banlieue [女名複数]
スライス	6.3	tranche [女名]			
スリ	3.1	pick-pocket [男名]	国内線	1.3	lignes domestiques [女名複数]
スリッパ	6.2	chausson [男名]			
	6.2	pantoufle [女名]		8.1	lignes intérieures [女名複数]
する	1.4	faire [動詞]			
座る	5.1	s'assoir (s'asseoir) [動詞]	国際線	1.3	lignes internatio- nales [女名複数]

日本語	番号	フランス語
扇子	6.2	éventail [男名]
ぜんそく	7.1	asthme [男名]
センター	4.1	centre [男名]
選択	3.1	choix [男名]
全部	2.2	tout [代名詞]
前方	1.1	avant [男名]
洗面台	2.2	lavabo [男名]
惣菜屋	6.3	épicerie [女名]
操作項目	8.1	opération [女名]
掃除機	2.4	aspirateur [男名]
操縦室	8.2	cabine de pilotage [女名]
操縦士	1.1	pilote [男名]
ソース	6.3	sauce [女名]
増水	2.3	inondation [女名]
ソーセージ	5.2	saucisse [女名]
そこ	1.2	là [副詞]
(靴の)底敷き	6.2	semelle [女名]
そちらへ	1.3	par là
(〜に)沿って	4.1	le long de [前置詞]
沿っていく	4.1	longer [動詞]
外	5.1	extérieur [男名]
(〜の)外に	3.1	en dehors de [前置詞]
	1.2	hors de [前置詞]
その上に	6.3	dessus [副詞]
(〜の)そばに	4.1	à côté de [前置詞]
ソファ	7.2	divan [男名]
それから	6.3	ensuite [副詞]
それでは	6.2	alors [副詞]
それなら	4.1	dans ce cas

た

日本語	番号	フランス語
ターミナル	1.3	terminal [男名]
タイ(鯛)	5.2	daurade [女名]
ダイエット	5.3	régime [男名]
体温	7.2	température [女名]
滞在	1.2	séjour [男名]
大聖堂	2.3	cathédrale [女名]
タイツ	6.2	collant [男名]
タイトな	6.2	moulant(e) [形容詞]
タイピン	6.2	épingle à cravate [女名]
タイプ	3.1	type [男名]
大便	7.2	selles [女名複数]
逮捕	7.3	arrestation [女名]
タイム	6.3	thym [男名]
ダイヤモンド	6.2	diamant [男名]
太陽	6.3	soleil [男名]
倒れこむ	7.2	(s') affaler [動詞]
高い(値段)	1.5	cher/ chère [形容詞]
だから	4.1	donc [副詞]
タキシード	6.2	smoking [男名]
タクシー	1.5	taxi [男名]
不法タクシー	7.3	faux taxi [男名]
タクシーセンター	3.4	central téléphonique [男名]
だけ	3.4	juste [副詞]
	2.1	seulement [副詞]
確かめる	6.2	vérifier [動詞]
尋ねる	1.3	(s') adresser [動詞]
	4.1	demander [動詞]
立ち上げる	1.1	redresser [動詞]
立っている	3.3	(rester) debout [副詞]
タバコ	5.1	cigarette [女名]
タバコを吸う	5.1	fumer [動詞]
ダブルベッドの部屋	2.1	chambre double [女名]
タブレット	7.3	tablette [女名]
多分	7.1	peut-être [副詞]
	7.1	sans doute [副詞]
食べる	3.3	manger [動詞]
	5.2	prendre [動詞]
タマネギ	6.3	oignon [男名]
タルト	5.2	tarte [女名]
タルトレット	6.1	tartelette [女名]
だれ	1.3	qui [疑問詞]
単語	1.4	mot [男名]
炭酸水	1.1	eau gazeuse [女名]
誕生日	2.4	anniversaire [男名]
男性	4.1	homme [男名]
単品料理	5.1	plat [男名]
地域	3.1	zone [女名]
小さい	1.3	petit(e) [形容詞]
チーズ	5.1	fromage [男名]

Lexiques 33

日本語	番号	フランス語
チェック	3.3	contrôle [男名]
チェックイン	1.5	check-in [男名]
チェックアウト	2.4	check-out [男名]
地下	5.1	sous-sol [男名]
近い	1.4	proche [形容詞]
(～の) 近くに	3.4	près de [前置詞]
地下鉄	1.5	métro [男名]
血が出る	7.2	saigner [動詞]
地下道	7.3	passage souterrain [男名]
近寄る	2.3	(s') approcher [動詞]
地区	3.1	quartier [男名]
チケット	8.1	ticket [男名]
10枚つづりの(割安)チケット	3.1	carnet [男名]
地図	1.5	plan [男名]
地滑り	2.3	éboulement de terrain [男名]
茶	1.1	thé [男名]
茶色の	6.2	marron [形容詞]
着陸	1.1	atterrissage [男名]
駐車	7.3	stationnement [男名]
迷惑駐車	7.3	stationnement gênant [男名]
駐車場	2.4	parking [男名]
昼食をとる	5.3	déjeuner [動詞]
(街の)中心	4.1	centre [男名]
中毒	7.2	empoisonnement [男名]
食中毒	7.2	intoxication alimentaire [女名]
チューブ	8.2	tube [男名]
注文	5.2	commande [女名]
注文する	5.2	passer commande [動詞]
	5.2	commander [動詞]
朝食	2.1	petit déjeuner [男名]
聴診する	7.2	ausculter [動詞]
ちょうど	4.1	juste [副詞]
蝶ネクタイ	6.2	nœud papillon [男名]
チョコレート	6.1	chocolat [男名]
直行の	3.1	direct(e) [形容詞]
治療する	7.2	soigner [動詞]
ツアー	4.2	voyage organisé [男名]
ついてくる・いく	1.3	suivre [動詞]
通貨	1.4	devise [女名]
	1.4	monnaie [女名]
通行人	4.1	passant(e) [名詞]
通路	1.1	allée couloir [女名]
	1.1	couloir [男名]
通路側	1.1	côté couloir [男名]
通話	8.1	appel [男名]
使う	2.2	utiliser [動詞]
月	2.1	mois [男名]
次の	3.1	prochain(e) [形容詞]
	1.2	suivant(e) [名詞・形容詞]
付き添い係	1.5	agent d'accompagnement [男名]
着く	3.1	arriver [動詞]
ツナ	5.2	thon [男名]
翼	8.2	aile [女名]
詰まっている	2.2	bouché(e) [形容詞]
爪切り	7.1	coupe-ongles [男名]
強い	6.1	fort(e) [形容詞]
連れていく・くる	3.4	emmener [動詞]
連れていく	7.2	accompagner [動詞]
定期券	3.3	carte d'abonnement [女名]
提供する	7.1	délivrer [動詞]
低血圧	7.1	hypotension [女名]
定食	5.2	menu [男名]
ティッシュ	1.1	mouchoir en papier [男名]
テーブル	5.1	table [女名]
テーブルクロス	5.1	nappe [女名]
デオドラント	7.1	déodorant [男名]
出かける	3.3	sortir [動詞]
デカンタ	5.1	carafe [女名]
～できる	1.1	pouvoir [動詞]
出口	1.3	sortie [女名]
非常出口	1.1	sortie de secours [女名]
デコルテ	6.2	robe décolletée [女名]
デザート	5.1	dessert [男名]
手数料	1.4	commission [女名]

日本語	課	フランス語
手伝う	1.3	aider [動詞]
(〜の) てっぺんに	4.1	au sommet de [前置詞]
手荷物	8.1	bagage à main [男名]
手荷物入れ	1.1	compartiment à bagages [男名]
デパート	6.2	grand magasin [男名]
手袋	6.2	gant [男名]
テラス	5.1	terrasse [女名]
テリーヌ	5.2	terrine [女名]
出る	1.5	quitter [動詞]
テレビ	1.1	télévision [女名]
テロリスト	7.3	terroriste [名詞]
てんかんの発作	7.1	crise d'épilepsie [女名]
天気	3.3	temps [男名]
電気	1.1	électronique [形容詞]
天気予報	2.3	météo [女名]
	2.3	prévisions météos [女名複数]
電球	2.2	ampoule [女名]
電車	3.1	train [男名]
電子レンジ	2.4	four micro-onde [男名]
店長	5.3	directeur / directrice [名詞]
伝統	6.3	tradition [女名]
天然酵母の	6.1	bio [形容詞]
展覧会	4.2	exposition [女名]
電話	1.1	téléphone [男名]
携帯電話	1.1	téléphone portable [男名]
電話番号	2.1	numéro de téléphone [男名]
ドア	1.3	porte [名詞]
問い合わせる	1.3	(se) renseigner [動詞]
トイレ	1.3	toilettes [女名複数]
トイレット・ペーパー	2.2	papier toilettes [男名]
どう	1.1	comment [疑問詞]
(電車の) 等	3.2	classe [女名]
搭乗	1.5	embarquement [男名]
搭乗券	8.1	carte d'embarquement [女名]
搭乗ゲート	1.3	porte d'embarquement [女名]
搭乗する	8.1	monter [動詞]
どうぞ	5.1	je vous prie
	1.1	voilà
	6.3	tenez ! [丁寧] / tiens ! [親しい]
到着	1.5	arrivée [女名]
到着ロビー	1.3	hall d'arrivée [男名]
盗難	7.3	vol [男名]
糖尿病の患者	7.1	diabétique 名詞
当番の	7.1	de garde
透明な	8.1	transparent(e) [形容詞]
透明プラスチック製袋	8.2	sachet [男名]
登録	8.1	enregistrement [男名]
登録する	8.1	enregistrer [動詞]
(〜から) 遠く	4.1	loin de [前置詞]
通す	8.1	laisser passer [動詞]
通り	1.2	rue [女名]
通る	8.2	passer [動詞]
もう一度通る	1.5	repasser [動詞]
ドル	1.4	dollar [男名]
時	5.2	moment [男名]
(荷物を) とく	3.3	défaire [動詞]
得意料理	5.3	spécialité de la maison [女名]
特別な	6.2	particulier / particulière [形容詞]
	3.2	spécial(e) [形容詞]
どこ	7.3	où [疑問詞]
どこも	7.1	partout [副詞]
所	3.4	endroit [男名]
	4.1	lieu [男名]
年	2.1	année [女名]
(トイレの) 取っ手	2.2	chasse d'eau [女名]
トッピング	5.2	topping [男名]
とても	1.3	très [副詞]
どの	1.3	quel(le) [疑問詞]
トマト	6.3	tomate [女名]
止まる	3.4	(s') arrêter [動詞]
友だち	1.2	ami(e) [名詞]
ドライヤー	2.2	sèche-cheveux [男名]
(車の) トランク	3.4	coffre [男名]

Lexiques　35

日本語	番号	フランス語		日本語	番号	フランス語
とりあえず	7.1	en attendant				[女名]
取りに行く	2.4	aller chercher [動詞]		生の	5.2	cru(e) [形容詞]
鶏肉	5.2	poulet [男名]		生ハム	6.3	jambon cru [男名]
取りのぞく	8.1	enlever [動詞]		生野菜(サラダ)	5.1	crudités [女名複数]
取り戻す	8.2	récupérer [動詞]		名前	2.1	prénom [男名]
取る	1.4	prendre [動詞]		何時	2.1	quelle heure [疑問詞]
トレイ	8.2	plateau [男名]		何でもない	1.1	ça ne fait rien
(料理の)トレイ	1.1	plateau repas [男名]		似合う	6.2	aller bien [動詞]
(機内の)トレイテーブル				2月	2.1	février [男名]
	1.1	tablette [女名]		ニキビ	7.2	bouton [男名]
どれくらいの時間	1.3	combien de temps [疑問詞]		肉	1.1	viande [女名]
				肉屋	6.3	boucherie [女名]
ドレス	6.2	robe [女名]		西	2.3	ouest [男名]
どれも	4.1	n'importe lequel / laquelle		日曜日	6.1	dimanche [男名]
				～になる(値段)	1.4	coûter [動詞]
トローチ	7.1	pastille [女名]		2番目の	4.1	second(e) [形容詞]
泥棒	7.3	cambrioleur [男名]		日本語	1.1	japonais [男名]
	7.3	voleur/ voleuse [名詞]		日本(人)の	1.1	japonais(e) [形容詞]
トンネル	3.2	tunnel [男名]		荷物	8.2	bagages [男名複数]
				荷物預かり所	1.5	consigne des bagages [女名]

な

				荷物棚	3.3	porte-bagages [男名]
ナイフ	5.1	couteau [男名]		入院させる	7.2	hospitaliser [動詞]
内容	6.3	contenu [男名]		入国審査	1.2	police aux frontières [女名]
治る	7.2	guérir [動詞]				
(～の)中に・で	1.1	dans [前置詞]		入場	4.1	accès [男名]
中	5.1	intérieur [男名]		ニュース	2.3	nouvelle [女名]
長い間	7.1	longtemps [副詞]		ニュース番組	2.4	journal [男名]
眺め	2.1	vue [女名]		乳製品店	6.3	crémerie [女名]
泣く	7.1	pleurer [動詞]		尿	7.2	urine [女名]
殴る	7.2	frapper [動詞]		似る	1.3	ressembler [動詞]
梨	6.3	poire [女名]		妊娠している	7.1	enceinte [形容詞]
ナス	6.3	aubergine [女名]		脱ぐ	8.2	ôter [動詞]
雪崩	2.3	avalanche [女名]		盗む	7.3	voler [動詞]
夏	2.4	été [男名]		布	2.3	textile [男名]
何	1.3	qu'est-ce que [疑問詞]		願う	2.1.	souhaiter [動詞]
	6.1	quoi [疑問詞]		ネクタイ	6.2	cravate [女名]
何色の	1.3	(de) quelle couleur [疑問詞]		ネグリジェ	6.2	chemise de nuit [女名]
				寝込む	7.2	(s') endormir [動詞]
何か	1.3	quelque chose [代名詞]		値段	5.3	prix [男名]
何も	2.4	rien [代名詞]		熱	7.1	fièvre [女名]
ナプキン	5.1	serviette [女名]		ネックレス	6.2	collier [男名]
生理用ナプキン	7.1	serviette hygiénique				

日本語	番号	フランス語
ネットワーク	3.1	réseau [男名]
熱風	2.3	vague de chaleur [女名]
眠気	7.1	somnolence [女名]
寝る	7.1	dormir [動詞]
捻挫	7.1	entorse [女名]
ノートパソコン	8.2	ordinateur portable [男名]
残る	1.1	rester [動詞]
のど	7.1	gorge [女名]
のみの市	6.2	marché aux puces [男名]
飲み物	1.1	boisson [女名]
飲む	5.1	boire [動詞]
	5.2	prendre [動詞]
乗り換え	3.1	changement [男名]
	3.1	correspondance [女名]
	1.3	transit [男名]
	1.3	transfert [男名]
乗り換える	1.4	changer [動詞]
乗る	3.3	monter [動詞]
	3.1	prendre [動詞]

は

日本語	番号	フランス語
歯	7.1	dent [女名]
バー	2.4	bar [男名]
(〜の) 場合に	7.1	en cas de [前置詞]
ハーフ	6.3	demi-
バーベキュー用の肉	5.1	grillades [女名複数]
バーミュダ	6.2	bermuda [男名]
はい	1.1	oui
灰色の	6.2	gris(e) [形容詞]
パイナップル	6.3	ananas [男名]
ハイヒール	6.2	talon aiguille [男名]
入る	1.1	entrer [動詞]
はかり	6.3	balance [女名]
測る	7.2	mesurer [動詞]
計る	8.1	peser [動詞]
バカンス	2.4	vacances [女名複数]
吐き気	7.1	nausée [女名]
	7.1	vomissement [男名]
吐く	2.2	vomir [動詞]
バクテリア	7.2	bactérie [女名]
爆発物	8.2	objet explosif [男名]
博物館	3.4	musée [男名]
激しい	7.2	aigu(ë) [形容詞]
バゲット	6.1	baguette [女名]
箱	7.1	boîte [女名]
運ぶ	1.5	porter [動詞]
	1.5	transporter [動詞]
箸	5.1	baguettes [女名複数]
橋	4.1	pont [男名]
パジャマ	6.2	pyjama [女名]
走る (交通機関)	3.1	circuler [動詞]
バジル	6.3	basilique [男名]
バス	1.5	bus [男名]
パス	4.1	pass [男名]
パスタ	5.1	pâtes [女名複数]
バスタオル	2.2	serviette de bain [女名]
バス停	1.5	arrêt [男名]
パスポート	1.2	passeport [男名]
パスワード	7.3	mot de passe [男名]
パソコン	1.5	ordinateur [男名]
8月	2.1	août
罰金	7.3	amende [女名]
罰金を支払わせる	3.3	dresser une amende [動詞]
発送	1.5	envoi [男名]
(〜の) 果てに	4.1	au bout de [前置詞]
パテ	5.2	pâté [男名]
派手	6.1	voyant(e) [形容詞]
鼻	7.1	nez [男名]
話す	8.2	parler [動詞]
バナナ	6.3	banane [女名]
鼻水	7.1	nez qui coule [男名]
離れる	1.5	quitter [動詞]
パニックになる	7.2	(s') affoler [動詞]
パノラマ	4.2	panorama [男名]
	4.2	vue panoramique [女名]
幅広い	6.2	large [形容詞]
歯ブラシ	2.2	brosse à dents [女名]
歯磨き	2.2	dentifrice [男名]

日本語	番号	フランス語
ハム	5.2	jambon [男名]
刃物	8.2	objet coupant / tranchant [男名]
速い	1.5	rapide [形容詞]
速く	6.3	rapidement [副詞]
	3.4	vite [副詞]
	3.3	(en) vitesse
腹	7.1	ventre [男名]
払い戻し	3.3	remboursement [男名]
払う	1.4	payer [動詞]
	2.4	régler [動詞]
一緒に払う	5.3	payer ensemble
別々で払う	5.3	payer séparément
パリ交通公団	3.1	RATP [女名]
パリ郊外電車	1.5	RER [男名]
晴れている	2.3	dégagé(e) [形容詞]
晴れ間	2.3	éclaircie [女名]
パン	5.1	pain [男名]
全粒パン	6.1	pain complet [男名]
パン・ド・カンパーニュ		
	6.1	pain de campagne [男名]
食パン	6.1	pain de mie [男名]
ライ麦パン	6.1	pain de seigle [男名]
ミルクパン	6.1	pain au lait [男名]
パン・オ・ショコラ	6.1	pain au chocolat [男名]
レーズンパン	6.1	pain aux raisins [男名]
ハンカチ	6.2	mouchoir [男名]
判決	7.3	sentence [女名]
番号	8.1	numéro [男名]
犯罪	7.3	crime [男名]
	7.3	infraction [女名]
犯罪者	7.3	criminel [男名]
	7.3	délinquant(e) [名詞]
(駅の)番線	3.2	voie [女名]
ばんそうこう	7.1	pansement [男名]
(〜の)反対側に	4.1	de l'autre côté de [前置詞]
パンツ	6.2	caleçon [男名]
バンド	1.3	sangle [女名]
ハンドバッグ	8.2	sac à main [男名]
犯人	7.3	agresseur [男名]
販売員	4.1	vendeur / vendeuse [名詞]
パンフレット	4.2	brochure [女名]
	4.1	dépliant [男名]
半分	2.3	moitié [女名]
パン屋	6.1	boulangerie [女名]
半リットルのビール	6.3	un demi [男名]
日	1.3	jour [男名]
ピース	6.3	morceau [男名]
ビール	1.1	bière [女名]
東	2.3	est [男名]
被害者	7.3	victime [女名]
被害届	7.3	déclaration de vol [女名]
	7.3	déposition [女名]
	7.3	plainte [女名]
被害届を出す	7.3	porter plainte [動詞]
火がつく	8.2	(s') enflammer [動詞]
光	6.3	lumière [女名]
日替わり	5.1	plat du jour [男名]
引き出す	3.2	retirer [動詞]
ひき逃げ	7.3	délit de fuite [男名]
ピクルス	5.2	cornichon [男名]
飛行機	1.1	avion [男名]
被告	7.3	accusé(e) [名詞]
膝	7.1	genou [男名]
膝掛	1.1	couverture [女名]
肘掛	1.1	accoudoir [男名]
ビジネスクラス	1.1	classe affaires [女名]
非常ベル	3.3	signal d'alarme [男名]
美食	4.1	gastronomie [女名]
左	4.1	gauche [女名]
日付	2.4	date [女名]
羊肉	5.2	mouton [男名]
(〜が)必要である	1.4	(avoir) besoin (de) [動詞]
必要な	3.2	nécessaire [形容詞]
人	4.1	personne [女名]
一切れ	6.1	part [女名]
人差し指	1.2	index [男名]
一箱	8.1	paquet [男名]
一パック	6.3	barquette [女名]

避妊具	7.1	contraceptif [男名]
皮膚	7.2	peau [女名]
暇	2.1	libre [形容詞]
100	1.4	cent
日焼け止め	7.1	crème solaire [女名]
ピュレ	5.1	purée [女名]
費用	1.4	frais [男名複数]
(総合)病院	7.2	hôpital [男名]
病気	7.2	maladie [女名]
病気になる	7.2	tomber malade [動詞]
表示板	1.4	affichage [男名]
(言葉で)描写する	1.3	décrire [動詞]
評判	5.3	réputation [女名]
広場	3.1	place [女名]
瓶	8.2	flacon [男名]
便	1.3	vol [男名]
国際便	1.3	vol international [男名]
国内便	1.3	vol intérieur/domestique [男名]
ピンクの	6.2	rose [形容詞]
不安定な	2.3	variable [形容詞]
ファーストクラス	1.1	première classe
風車	4.2	moulin [男名]
ブーツ	6.2	botte [女名]
プール	2.4	piscine [女名]
フォーク	5.1	fourchette [女名]
フォーム	1.1	formulaire [男名]
フォワグラ	6.3	foie gras [男名]
フォンデュ	6.3	fondue [女名]
深皿	5.1	assiette creuse [女名]
武器	7.3	arme [女名]
吹き出物	7.1	bouton [男名]
副作用	7.1	effet secondaire [男名]
袋小路	4.1	impasse [女名]
豚肉	5.2	porc [男名]
豚肉製品	6.3	charcuterie [女名]
縁	3.1	bordure [女名]
縁なし帽	6.2	bonnet [男名]
普通の	3.3	normal(e) [形容詞]
不通になっている	2.3	coupé(e) [形容詞]
復活祭	2.4	Pâques [女名複数]

太い	1.3	gros(se) [形容詞]
ブドウ	1.1	raisin [男名]
不法な	7.3	illégal(e) [形容詞]
不眠症	7.1	insomnie [女名]
(〜の)ふもとに	4.1	au pied de [前置詞]
フライトナンバー	1.3	numéro de vol [男名]
フライドポテト	5.1	frites [女名複数]
(半袖の)ブラウズ	6.2	chemisette [女名]
ブラジャー	6.2	soutien-gorge [男名]
フラジョレ豆	6.3	flageolets [男名複数]
プラスティック	6.2	plastique [男名]
プラットホーム	3.1	quai [男名]
ブリーフ	6.2	slip [男名]
ブリオシュ	6.1	brioche [女名]
ブルーベリー	6.3	myrtille [女名]
フルーツ	5.1	fruit [男名]
フルーツサラダ	5.2	macédoine de fruits [女名]
プルーン	6.3	prune [女名]
ブレスレット	6.2	bracelet [男名]
(名前を刻んだ)ブレスレット	6.2	gourmette [女名]
プレゼント	6.2	cadeau [男名]
プレゼント包装	6.2	paquet cadeau [男名]
プレゼントする	6.2	offrir [動詞]
ブローチ	6.2	broche [女名]
フロント係	2.2	réceptionniste [男名]
分	1.1	minute [女名]
雰囲気	5.3	ambiance [女名]
紛失	7.3	perte [女名]
紛失荷物	1.3	bagage perdu [男名]
文房具	6.3	papeterie [女名]
ヘアージェル	7.1	gel coiffant [男名]
ヘアームース	7.1	mousse coiffante [女名]
閉館時間	4.1	heure de fermeture [女名]
平日	6.1	jour de semaine [男名]
ペースメーカー	7.2	pace-maker [男名]
ベスト	6.2	gilet [男名]
ベッド	2.1	lit [男名]
(車両内の)ベッド	3.3	couchette [女名]

仏和単語集

和仏単語集

Lexiques 39

日本語	番号	フランス語		日本語	番号	フランス語
ベッドサイドランプ	2.2	lampe de chevet [女名]		ホタテ貝	5.2	coquille St-Jacques [女名]
ヘッドレスト	3.4	appui-tête [男名]		ボタン	2.4	bouton [男名]
部屋	2.1	chambre [女名]			5.3	touche [女名]
部屋係	2.1	femme de chambre [女名]		発作	7.1	crise [女名]
部屋着	6.2	robe de chambre [女名]		ポテト	6.3	pomme de terre [女名]
				ホテル	1.3	hôtel [男名]
ベレー帽	6.2	béret [男名]		ホテルの	2.4	hôtelier/ hôtelière [形容詞]
弁護士	7.3	avocat [男名]				
ペンダント	6.2	pendentif [男名]		ボトル	8.2	bouteille [女名]
便秘	7.1	constipation [女名]		ほとんど	3.4	presque [副詞]
ベルト	1.1	ceinture [女名]		ほぼ (約, ～くらい)	1.1	environ [副詞]
ペン	1.3	stylo [男名]		ポマード	7.1	pomade [女名]
勉強する	1.2	étudier [動詞]		ホメオパシー剤	7.1	médicament homéopathique [男名]
防寒下着	6.2	maillot thermolactyl [男名]				
				ポロシャツ	6.2	polo [男名]
方向	3.1	direction [女名]		ポロネギ	6.3	poireau [男名]
帽子	6.2	chapeau [男名]		本当の	6.3	vrai(e) [形容詞]
宝石	6.2	bijou [男名]		本当に	6.1	vraiment [副詞]
包帯	7.1	bandage [男名]				

ま

日本語	番号	フランス語
ポーチ	8.2	trousse [女名]
暴動者	7.3	casseur [男名]
	7.3	vandale [男名]
暴徒扇動者	6.3	émeutier [男名]
方法	1.5	moyen [男名]
法律	5.1	loi [女名]
暴力	7.3	agression [女名]
暴力を振るう	7.3	agresser [動詞]
ポーター	1.5	porteur / porteuse [名詞]
ホール	1.3	hall [男名]
他の	3.4	autre [形容詞]
ポケット	8.2	poche [女名]
星	2.1	étoile [女名]
ほしい	1.1	désirer [動詞]
	1.1	vouloir [動詞]
ポシェット	8.2	pochette [女名]
保湿クリーム	7.1	crème hydratante [女名]
保存する	6.3	conserver [動詞]
	6.3	garder [動詞]
ポタージュ	5.1	potage [男名]

(～の) 前に	8.1	avant [前置詞]
	4.1	devant [前置詞]
前もって	3.2	(à l') avance
マカロン	6.1	macaron [男名]
枕	1.1	oreiller [男名]
マグロ	5.2	thon [男名]
マス (鱒)	5.2	truite [女名]
まず	8.1	d'abord [副詞]
マスタード	5.2	moutarde [女名]
まだ	1.5	encore [副詞]
	5.2	pas encore
町	4.1	ville [女名]
待合室	3.2	salle d'attente [女名]
間違える	4.1	(se) tromper [動詞]
待ち時間	1.5	attente [女名]
待つ	1.2	attendre [動詞]
	2.1	patienter [動詞]
マッサージ	2.4	massage [男名]
まっすぐ	4.1	tout droit [副詞]
松葉杖	7.1	béquilles [女名複数]
～まで	1.5	jusqu'à [前置詞]

日本語		フランス語
窓口	1.3	comptoir [男名]
	3.1	guichet [男名]
マドレーヌ	6.1	madeleine [女名]
麻痺	7.1	paralysie [女名]
マフラー	6.2	écharpe [女名]
麻薬密売人	7.3	trafiquant de drogue / stupéfiants [男名]
(道に)迷った	4.1	perdu(e) [形容詞]
(〜の)周りに	4.2	autour de [前置詞]
満員,満室,満席の	8.1	complet / complète [形容詞]
(食事に)満足する	5.3	(se) délecter [動詞]
	5.3	se régaler [動詞]
真ん中	8.1	milieu [男名]
満腹した	5.3	rassasié(e) [形容詞]
ミカン	6.3	mandarine [女名]
右	4.1	droite [女名]
短い	6.2	court(e) [形容詞]
水	1.1	eau [女名]
水着	6.2	maillot de bain [男名]
水ぶくれ	7.1	ampoule [女名]
店	4.1	boutique [女名]
	3.4	magasin [男名]
	5.2	maison [女名]
見せる	8.2	montrer [動詞]
道	4.1	chemin [男名]
	4.1	route [女名]
	1.2	rue [女名]
道順	1.5	trajet [男名]
道のり	1.5	course [女名]
見つけ出す	7.3	retrouver [動詞]
見つける	1.3	trouver [動詞]
ミディアム	5.2	à point
緑色の	6.2	vert(e) [形容詞]
南	2.3	sud [男名]
ミニスカート	6.2	mini-jupe [女名]
身分証明書	1.2	papiers [男名複数]
	1.4	pièce d'identité [女名]
見る	1.3	regarder [動詞]
	1.2	voir [動詞]
ミルク	6.1	lait [男名]
ミルフィーユ	6.1	mille-feuilles [男名]
見分ける	7.3	reconnaître [動詞]
ムール貝	5.2	moule [女名]
虫よけ	7.1	répulsif pour insectes [男名]
紫色の	6.2	violet(te) [形容詞]
目	7.1	yeux [男名複数]
名物料理	4.2	spécialité culinaire [女名]
メインディッシュ	5.1	plat principal [男名]
メール	2.1	e-mail (mél / courriel) [男名]
メガネ	6.2	lunettes [女名複数]
目薬	7.1	gouttes [女名]
メダル	6.2	médaille [女名]
メニュー	5.1	carte [女名]
めまい	7.2	vertiges [男名複数]
メランゲ	6.1	meringue [女名]
メロン	6.3	melon [男名]
面している	6.3	exposé(e) [形容詞]
免税店	8.1	hors taxe (Duty Free)
メンバー	2.4	membre [男名]
綿棒	7.1	coton-tige [男名]
〜も(…ない)(否定文)	1.3	ni [副詞]
もうすぐ	5.1	bientôt [副詞]
もう少し	1.3	plus [副詞]
目撃者	7.3	témoin [名詞]
目的	1.2	but [男名]
	1.2	objet [男名]
目的地	8.1	destination [女名]
持ち帰り	5.2	(à) emporter
持ち主	1.2	possesseur / possesseuse [名詞]
持ち物	8.1	affaires personnelles [女名複数]
	8.2	effet personnel [男名]
もちろん	1.3	bien sûr
持ってくる・いく	1.3	amener [動詞]
	5.2	emporter [動詞]
	5.1	apporter [動詞]

Lexiques 41

日本語	番号	フランス語
モデル	6.2	modèle [男名]
戻る	3.4	revenir [動詞]
物	8.1	chose [女名]
桃	6.3	pêche [女名]
もらう	1.4	avoir [動詞]
	1.5	obtenir [動詞]
問題	8.1	problème [男名]

や

焼き方	5.1	cuisson [女名]
焼き立て	6.1	dernière fournée [女名]
薬剤師	7.1	pharmacien(ne) [名詞]
役に立たない	2.3	inutile [形容詞]
やけど	7.2	brûlure [女名]
野菜	5.1	légume [男名]
やさしい	4.1	aimable [形容詞]
休む	7.2	(se) reposer [動詞]
薬局	7.1	pharmacie [女名]
破く	2.2	arracher [動詞]
破れている	2.2	déchiré [形容詞]
(〜を) やめる	7.1	cesser (de) [動詞]
遊園地	4.1	parc d'attractions [男名]
夕方	2.4	soirée [女名]
夕食をとる	5.3	dîner [動詞]
郵便局	4.1	poste [女名]
有料の	2.4	payant(e) [形容詞]
ユーロ	1.4	euro [男名]
床	1.2	sol [男名]
雪	2.3	neige [女名]
輸血する	7.2	transfuser [動詞]
ゆっくりと	8.2	lentement [副詞]
指	7.1	doigt [男名]
指輪	6.2	anneau [男名]
	6.2	bague [女名]
よい	1.3	bien [副詞]
	1.3	bon(ne) [形容詞]
容疑者	7.3	suspect(e) [名詞]
ヨーグルト	6.3	yaourt [男名]
(〜の) ようだ	7.2	sembler [動詞]
腰痛	7.2	lombalgie [女名]
洋服	6.2	habit [男名]
	6.2	vêtement [男名]
婦人服	6.2	vêtement femme [女名]
紳士服	6.2	vêtement homme [女名]
容量	8.1	capacité [女名]
浴室	2.4	salle de bains [女名]
浴槽	2.1	baignoire [女名]
汚す	2.2	salir [動詞]
横になる	7.2	(s') allonger [動詞]
汚れている	2.2	sale [形容詞]
予備の	2.2	supplémentaire [形容詞]
呼ぶ	1.5	appeler [動詞]
予報する	2.3	prévoir [動詞]
読む	5.2	lire [動詞]
予約	8.1	réservation [女名]
予約する	2.1.	réserver [動詞]
予約済み	3.4	pris(e) [形容詞]
予約席	3.3	place réservée [女名]
(〜を) より好む	5.1	préférer [動詞]
夜	2.1	nuit [女名]

ら・わ

ライチ	6.3	litchi [男名]
ライ麦	6.1	seigle [男名]
雷鳴	2.3	tonnerre [男名]
ラズベリー	6.3	framboise [女名]
ラッシュアワー	3.3	heure de pointe [女名]
ラディッシュ	6.3	radis [男名]
ラベル	6.3	étiquette [女名]
ランプ	2.2	lampe [女名]
ランプシェード	2.2	abat-jour [男名]
リゾット	6.3	risotto [男名]
リップクリーム	7.1	crème pour les lèvres [女名]
リビング	2.4	séjour [男名]
リムジンバス	1.5	navette [女名]
リモコン	2.2	télécommande [男名]
(伝染病の) 流行	7.2	épidémie [女名]
リウマチ	7.1	rhumatismes

日本語	課	フランス語
リュックサック	1.3	sac à dos [男名]
両替	1.4	change [男名]
両替係	1.4	agent de change [男名]
	1.4	cambiste [男名]
両替所	1.4	bureau de change [男名]
了解です	3.3	entendu [形容詞]
料金	1.5	tarif [男名]
領収書	1.4	reçu [男名]
旅行	2.4	voyage [男名]
旅行者	3.3	voyageur, voyageuse [名詞]
旅行する	3.1	voyager [動詞]
リヨンの	6.3	lyonnais(e) [形容詞]
リンゴ	1.1	pomme [女名]
リンゴジュース	1.1	jus de pomme [男名]
ルバーブ	6.3	rhubarbe [女名]
ルビー	6.2	rubis [男名]
レアの	5.1	saignant(e) [形容詞]
冷静を保つ	8.1	garder son calme [動詞]
冷蔵庫	2.4	frigidaire / frigo [男名]
冷凍の	6.3	surgelé(e) [形容詞]
礼服	6.2	tenue de cérémonie [女名]
冷房付きの	5.3	climatisé(e) [形容詞]
レインコート	6.2	imperméable [男名]
（為替）レート	1.4	cours des devises [男名]
レジ袋	0.1	sac plastique [男名]
レストラン	5.1	restaurant [男名]
ホテルのレストラン	2.4	salle-restaurant [女名]
列	1.2	file (d'attente) [女名]
	8.1	rangée [女名]
列に並ぶ	1.4	faire la queue
レンタカーショップ	1.5	agence de location de véhicule [女名]
レントゲン	7.2	radio [女名]
連絡先	2.1	coordonnées [女名複数]
連絡する	7.3	contacter [動詞]
ロースト	5.2	rôti [男名]
ローズマリー	6.3	romarin [男名]
6月	2.1	juin
ロゼ（ワイン）	5.2	rosé [男名]
ロビー	2.1	lobby [男名]
ワイシャツ	6.2	chemise [女名]
ワイファイサービス	1.5	service wifi [男名]
ワイン	1.1	vin [男名]
白ワイン	1.1	vin blanc [男名]
赤ワイン	1.1	vin rouge [男名]
テーブルワイン	5.2	vin de table [男名]
地ワイン	5.2	vin de terroir [男名]
わかる	1.2	comprendre [動詞]
ワクチン	7.1	vaccin [男名]
ワクチンを接種する	7.2	vacciner [動詞]
わざと	2.2	exprès [副詞]
忘れ物	8.1	oubli [男名]
忘れる	2.2	oublier [動詞]
渡る	4.1	traverser [動詞]
割引	3.1	forfait [男名]
	2.3	réduction [女名]
割る	2.2	briser [動詞]

Lexiques 43

Notes personnelles

Notes personnelles

1-3 荷物の受け取り
La réception des bagages

Shô

Pardon, madame, **où se trouve** le hall de réception des
パルドン　　マダム　　ウ　ス　トルヴ　　ル　オール　ドゥ　レセプスィヨン　デ

bagages, **s'il vous plaît** ?
バガージュ　スィル　ヴー　プレ

L'employée

C'est très simple. Allez au hall d'arrivée là-bas !
セ　トレ　サンプル　　アレ　オ　オール　ダリヴェ　ラ　バ

Shô

Merci, madame.
メルスィ　　マダム

翔　：すみません，手荷物の受け取りカウンターはどこでしょうか？
係員：簡単ですよ．到着ロビーに行ってください，あそこです．
翔　：ありがとうございます．

Shô

Pardon, madame, **je ne trouve pas** ma valise.
パルドン　　マダム　　ジュ　ヌ　トルヴ　　パ　マ　ヴァリーズ

L'employée

Avez-vous votre tag bagage ?
アヴェ　ヴー　ヴォトル　タグ　バガージュ

Shô

Oui, voilà le tag.
ウィ　ヴワラ　ル　タグ

L'employée

Votre valise est de quelle couleur ?
ヴォトル　ヴァリーズ　エ　ドゥ　ケル　クルゥール

Shô

Ma valise est noire avec des roulettes.
マ　ヴァリーズ　エ　ノワール　アヴェク　デ　ルレットゥ

L'employée

Un instant, je vous prie. Je vais me renseigner.
アン　ナンスタン　ジュ　ヴー　プリ　ジュ　ヴェ　ム　ランセニェ

翔　：すみません，私のスーツケースが見つからないのです．
係員：クレームタグをお持ちですか？
翔　：はい，これがタグです．
係員：あなたのスーツケースは何色ですか？
翔　：黒です，キャリアーが付いています．
係員：少々お待ちください．問い合わせて見ましょう．

Naomi

Excusez-moi, monsieur. Je cherche un chariot pour mes bagages.
エクスキュゼ　モワ　ムスィユー　ジュ　シェルシュ　アン　シャリオ　プール　メ　バガージュ

L'employé

Attendez un instant. Je vous en amène un tout de suite.
アタンデ　アン　ナンスタン　ジュ　ヴー　ザン　ナメヌ　アン　トゥ　ドゥ　スュイトゥ

Naomi

Merci. C'est très gentil. **Vous pouvez** me dire où est la sortie, **s'il vous plaît**?
メルスィ　セ　トレ　ジャンティ　ヴー　プヴェ　ム　ディール　ウ　エ　ラ　ソルティ　スィル　ヴ　プレ

L'employé

Bien sûr, madame. C'est par là.
ビヤン　スュル　マダム　セ　パル　ラ

直美：すみません．荷物用のカートをさがしているのですが．
係員：少々お待ちください．直ぐにお持ちいたします．
直美：ご親切にありがとう．出口を教えて頂けますか？
係員：もちろんです．あちらの方です．

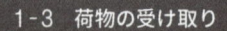

基本のひとこと

● ～はどこですか？
Où se trouve ____A（名詞）____ **, s'il vous plaît ?**
ウ ス トルヴ スィル ヴ プレ

● ～が見当たらないのです．
Je ne trouve pas ____B（名詞）____ **.**
ジュ ヌ トルヴ パ

● ～していただけますか？
Vous pouvez ____C（不定詞）____ **, s'il vous plaît ?**
ヴー プヴェ スィル ヴ プレ

A
- la sortie 出口
  ラ ソルティ
- les toilettes トイレ
  レ トワレットゥ
- les lignes *internationales* /
  レ リーニュ アンテルナスィヨナル
  domestiques 国際線／国内線
  ドメスティック
- les transferts 乗り換え
  レ トランスフェール
- l'ascenseur エレベーター
  ラサンスール

B
- mes papiers 身分証明書
  メ パピエ
- mon passeport パスポート
  モン パスポル
- mon stylo ペン
  モン スティロ
- mon sac à main ハンドバック
  モン サ カマン
- mon sac à dos リュックサック
  モン サ カド
- mon sac de voyage 旅行カバン
  モン サク ドゥ ヴォワイヤージュ
- ma valise スーツケース
  マ ヴァリーズ
- ma mallette 書類カバン
  マ マレットゥ

C
- m'aider 手伝う
  メデ
- m'expliquer en anglais 英語で説明する
  メクスプリケ アン ナングレ
- m'ouvrir la porte ドアを開ける
  ムヴリール ラ ポルトゥ
- parler plus lentement もっとゆっくり話す
  パルレ プリュ ラントマン
- répéter 繰り返す
  レペテ
- me laisser passer 通す
  ム レセ パセ
- me faire une place 場所を空ける
  ム フェール ユヌ プラス

到着

La réception des bagages

役に立つフレーズ　ー荷物の受け取りー

●フライトナンバーは何番ですか？
Quel est le numéro de votre vol ?
　　ケ　　　レ　　ル　　　ニュメロ　　ドゥ　ヴォトル ヴォル

●フライトナンバーはJL415便です．
Mon numéro de vol est le JL 415.
　　モン　　　ニュメロ　　ドゥ ヴォル エ　ル ジェエル　カトル　　サン　　カンズ

●誰にたずねたらよいのでしょうか？
À qui dois-je m'adresser ?
　ア　　キ　　ドワー　ジュ　　　マドレッセ

●荷物紛失カウンターにおたずねください．
Adressez-vous au comptoir des bagages perdus !
　　アドレッセ　　　ヴー　　オ　　コントワール　　デ　　　バガージュ　　ペルデュ

●荷物紛失カウンターで申請して頂けますでしょうか．
Veuillez faire une réclamation auprès du comptoir des bagages perdus.
　ヴイエ　　　フェール ユヌ　　レクラマスィヨン　　オープレ　デュ　コントワール　　デ　　バガージュ
　ペルデュ

●荷物紛失カウンターはどこですか？
Où est le comptoir des bagages perdus ?
　ウ　　エ　　ル　　コントワール　　デ　　　バガージュ　　ペルデュ

●紛失届を出したいのですが．
Bonjour. Je voudrais signaler un bagage perdu.
　ボンジュール　ジュ　　ヴードレ　　　スィニャレ　　アン　バガージュ　ペルデュ

●スーツケースをなくしました．
J'ai perdu ma valise.
　ジェ　　ペルデュ　　マ　　ヴァリーズ

●私の荷物が壊れていました．
J'ai retrouvé ma valise cassée.
　ジェ　　ルトルヴェ　　マ　　ヴァリーズ　　カセ

● 私の荷物が開いたままで届きました．
J'ai retrouvé ma valise ouverte.
ジェ　ルトルヴェ　マ　ヴァリーズ　ウヴェルトゥ

● e チケットを見せてもらえますか．
Montrez-moi votre billet électronique.
モントレ　モワ　ヴォトル　ビエ　エレクトロニック

● どんなスーツケースですか？
Décrivez-moi votre valise. / À quoi ressemble votre valise ?
デクリヴェ　モワ　ヴォトル ヴァリーズ　ア　クワ　ルサンブル　ヴォトル ヴァリーズ

● 小さな / 大きな赤いスーツケースです，バンドが付いています．車輪はありません．
C'est une *petite* / *grosse* valise, de couleur rouge, avec une sangle.
セ　テュヌ プティトゥ　グロス　ヴァリーズ ドゥ クルゥール　ルージュ　アヴェ キュヌ サングル
Elle n'a pas de roulettes.
エル　ナ　パ　ドゥ　ルレットゥ

● この申請書を書いていただけますでしょうか．
Veuillez remplir ce formulaire de réclamation, s'il vous plaît.
ヴイエ　ランプリール　ス　フォルミュレール　ドゥ　レクラマスィヨン　スィル　ヴ　プレ

● すみません．私は英語もフランス語も話せません．
Excusez-moi, je ne parle ni anglais ni français.
エクスキュゼ　モワ　ジュ ヌ　パルル　ニ　アングレ　ニ　フランセ

● この書類はどういうふうに書けばよいのでしょうか？
Comment dois-je remplir ce formulaire ?
コマン　ドワージュ ランプリール ス　フォルミュレール

● この単語の意味を教えてください．
Que veut dire ce mot ?
ク　ヴ　ディル　ス　モ

● 手伝ってもらえますか？
Pouvez-vous m'aider, s'il vous plaît ?
プヴェ　ヴー　メデ　スィル　ヴ　プレ

La réception des bagages

● 英語に訳していただけますか？
Pouvez-vous me traduire en anglais, s'il vous plaît ?
　プヴェ　　ヴー　ム　トラデュイール　アン　ナングレ　スィル　ヴ　プレ

● 日本語の話せる方がいますか？
Y a-t-il quelqu'un qui parle japonais ?
　イヤティル　　ケルカン　　キ　パルル　　ジャポネ

● 確認してもらえますか？
Pouvez-vous vérifier ?
　プヴェ　　ヴー　ヴェリフィエ

● 荷物が見つかりましたら，お送りします．
Nous vous enverrons vos bagages quand nous les aurons retrouvés.
　ヌー　　ヴー　　ザンヴェロン　ヴォ　バガージュ　カン　　ヌー　　レ　　ゾロン　　ルトルヴェ

役に立つ単語　ー荷物の受け取りー

le comptoir d'une compagnie
ル　コントワール　デュヌ　コンパニ
航空会社のカウンター

une compagnie aérienne 航空会社
ユヌ　コンパニ　　　　アエリエヌ

les objets trouvés 拾得物
レゾブジェ　　トルヴェ

la réception des bagages 荷物受取の場所
ラ　レセプスィヨン　デ　バガージュ

la tour de contrôle 航空管制塔
ラ　トゥール　ドゥ　コントロール

un tapis roulant 動く歩道
アン　タピ　ルーラン

un chariot カート
アン　シャリオ

une borne wifi 公衆無線 LAN
ユヌ　ボルヌ　ウィフィ

la zone fumeurs 喫煙所
ラ　ゾーヌ　フュムール

un vendeur / une vendeuse 店員
アン　ヴァンドゥール　ユヌ　ヴァンドゥーズ

une poubelle ゴミ箱
ユヌ　プーベル

un terminal ターミナル
アン　テルミナル

une porte d'embarquement ゲート
ユヌ　ポルトゥ　ダンバルクマン

le transit / le transfert 乗り換え
ル　トランズィットゥ　ル　トランスフェール

un vol international 国際便
アン　ヴォル　アンテルナスィオナル

un vol *intérieur* / *domestique* 国内便
アン　ヴォル　アンテリユール　ドメスティック

1-4 両替
Le change

Shô

Bonjour, madame. **Je voudrais** changer des yens en euros, s'il vous plaît.
ボンジュール マダム ジュ ヴードレ シャンジェ デ イエン アン ヌロ
スィル ヴ プレ

La cambiste

Combien vous voulez changer ?
コンビヤン ヴー ヴレ シャンジェ

Shô

60 000 (soixante mille) yens.
スワサントゥ ミル イエン

La cambiste

Très bien, **cela vous fera** 475 (quatre cent soixante-quinze) euros.
トゥレ ビヤン スラ ヴ フラ カトル サン ソワッサントゥ
カンズ ウロ

翔　　：こんにちは．円をユーロに変えたいのですが．
両替係：いくら両替なさいますか？
翔　　：６万円です．
両替係：かしこまりました．475 ユーロになります．

Naomi

Bonjour, monsieur. Quel est le taux de change yen – euro aujourd'hui ?
ボンジュール ムッシュー ケレ ル ト ドゥ シャンジュ イエン ウロ
オジュルデュイ

La cambiste

Le taux de change est de 1 euro pour 125 yens.
ル ト ドゥ シャンジュ エ ドゥ アン ヌロ プール サン ヴァントゥ サンク イエン

Le change　31

Naomi

J'ai besoin de 450 (quatre cent cinquante) euros.
ジェ　ブゾワン　　　　　カトル　　サン　　サンカントゥ　　ウロ

La cambiste

Cela vous fera 56 250 (cinquante-six mille deux cent
スラ　ヴー　フラ　　　　　サンカントゥスィ　　ミル　　ドゥ　サン

cinquante) yens, madame, plus les frais de commissions.
サンカントゥ　　イエン　　マダム　　プリュス　レ　フレ　ドゥ　コミッスィヨン

直美　：こんにちは．今日のユーロと円の為替レートはいくらですか？
両替係：今日のレートは1ユーロ125円です．
直美　：450ユーロが必要なのです．
両替係：56250円と手数料となります．

Naomi

Changez-moi cette somme en euros, s'il vous plaît.
シャンジェ　モワ　セットゥ　ソム　アン　ヌロ　スィル　ヴ　プレ

Le cambiste

Voilà, madame. **Cela vous fera** 703, 26 euros (sept cent
ヴォワラ　マダム　　スラ　ヴー　フラ　　　　　　　セットゥ　サン

trois euros vingt-six).
トロワ　ズロ　ヴァントゥスィス

Naomi

Combien coûtent les frais de commission ?
コンビヤン　クートゥ　レ　フレ　ドゥ　コミッスィヨン

Le cambiste

Nous prenons 3 % (trois pour cent) sur la somme.
ヌー　プルノン　　　トロワ　プール　サン　スュル　ラ　ソム

直美　：この金額をユーロに変えてください．
両替係：かしこまりました．703.26ユーロになります．
直美　：手数料はいくらですか？
両替係：金額の3％をいただきます．

基本のひとこと

● 〜したいのですが. / 〜がほしいのですが.
Je voudrais　　A（不定詞，名詞）　　.
　ジュ　　ヴドレ

● 〜ユーロになります.
Cela vous fera　　B（euros）　　.
　スラ　ヴー　フラ

A
- changer de l'argent　お金を替える
  シャンジェ　ドゥ　ラルジャン
- changer des yens en euros
  シャンジェ　デ　イエン　アン　ヌロ
  円をユーロに換える
- des pièces de *un* / *deux* euros
  デ　ピエス　ドゥ　アン　ドゥ　ウロ
  1 / 2 ユーロ硬貨
- des billets de *dix* / *vingt* / *cinquante* euros
  デ　ビエ　ドゥ　ディス　ヴァン
  サンカントゥ　ウロ
  10 / 20 / 50 ユーロ紙幣

B
- cent euros　100 ユーロ
  サン　ウロ
- cent cinquante euros　150 ユーロ
  サン　サンカントゥ　ウロ
- deux cents euros　200 ユーロ
  ドゥー　サン　ウロ
- trois cents euros　300 ユーロ
  トロワ　サン　ウロ
- quatre cents cinquante euros　450 ユーロ
  カトル　サン　サンカントゥ　ウロ
- cinq cents euros　500 ユーロ
  サン　サン　ウロ
- mille euros　1000 ユーロ
  ミル　ウロ
- mille cinq cents euros　1500 ユーロ
  ミル　サン　サン　ウロ

到着

Le change　33

役に立つフレーズ —両替—

●近くの両替所はどこにありますか？
Où est le bureau de change le plus proche ?
ウ エ ル ビュロ ドゥ シャンジュ ル プリュ プロシュ

●空港の中に両替所はありますか？
Y a-t-il un bureau de change dans l'aéroport ?
イヤティル アン ビュロ ドゥ シャンジュ ダン ラエロポール

●すみません．両替をしておりません．
Désolé(e). Nous ne faisons pas de change.
デゾレ ヌー ヌ フゾン パ ドゥ シャンジュ

●他の銀行に行ってください．
Vous devez aller dans une autre banque.
ウー ドゥヴェ アレ ダン ズュノートゥル バンク

●いくら両替なさいますか？
Combien voulez-vous changer ?
コンビヤン ヴーレ ヴー シャンジェ

●〜円をユーロに両替したいのですが．
Je voudrais changer ... yens en euros.
ジュ ヴードレ シャンジェ イエン アン ヌロ

●高額紙幣になさいますか？小額紙幣になさいますか？
Désirez-vous de petites ou de grosses coupures ?
デジレ ヴー ドゥ プティトゥ ウ ドゥ グロス クピュール

●小額紙幣でもらえますか？
Pouvez-vous me donner des petites coupures ?
プヴェ ヴー ム ドネ デ プティトゥ クピュール

●2ユーロ硬貨でもらえますか？
Puis-je avoir des pièces de monnaie de 2 euros ?
ピュイ ジュ アヴォワール デ ピエス ドゥ モネ ドゥ ドゥ ズロ

● 20 ユーロ 5 枚と 50 ユーロを 2 枚もらえますか？

Pouvez-vous me donner cinq billets de 20 (vingt) euros et deux de
50 (cinquante) euros ?

● どの通貨を扱っていますか？

Vous acceptez quelles *devises* / *monnaies* ?

● 硬貨の両替はできません．

Nous n'acceptons pas les pièces de monnaie.

● 手数料はいくらですか？

La commission est de combien ?

● パスポートを見せてください．

Votre passeport, s'il vous plaît.

● ID を見せていただけませんか？（言われたら，パスポートを見せてください）

Une pièce d'identité, s'il vous plaît.

● ドル / 円で支払えますか？

Peut-on payer *en dollars* / *en yens* ?

● 金額をご確認ください．

Veuillez recompter, s'il vous plaît.

● 間違っているようです．

Je crois qu'il y a une erreur.

Le change　35

● どうぞ，領収書です．
Voici votre reçu.
ヴォワスィ ヴォトル ルスュ

● ATM の使い方を説明してもらえますか？
Pouvez-vous m'expliquer comment utiliser le distributeur ?
プヴェ ヴー メクスプリケ コマン ユティリゼ ル ディストリビュトゥール

● このカードを ATM で使えますか？
Puis-je utiliser cette carte dans ce distributeur ?
ピュイ ジュ ユティリゼ セットゥ カルトゥ ダン ス ディストリビュトゥール

● はい，カードのロゴがリストに掲示されていれば．
Oui, si le logo de votre carte est sur l'affichage.
ウイ スィル ロゴ ドゥ ヴォトル カルトゥ エ スュル ラフィシャージュ

● ATM は 24 時間開いています．
Le distributeur est ouvert 24 heures sur 24.
ル ディストリビュトゥール エ トゥヴェール ヴァントゥカトルゥール スュル ヴァントゥカトル

役に立つ単語 ―両替―

un bureau de change 両替所
アン ビュロ ドゥ シャンジュ

le change 両替
ル シャンジュ

un agent de change/un cambiste 両替係
アンナジャン ドゥ シャンジュ アン カンビストゥ

un comptoir 窓口
アン コントワール

un billet de banque 紙幣
アン ビエ ドゥ バンク

une pièce de monnaie 硬貨
ユヌ ピエス ドゥ モネ

des espèces / du liquide 現金
デ ゼスペース デュ リキッドゥ

une grosse coupure 高額紙幣
ユヌ グロス クピュール

une petite coupure 小額紙幣
ユヌ プティトゥ クピュール

de la monnaie つり銭
ドゥ ラ モネ

une liasse 札束
ユヌ リアス

une devise / une monnaie 通貨
ユヌ ドゥヴィーズ ユヌ モネ

le cours des devises 為替レート
ル クール デ ドゥヴィズ

l'affichage 表示板
ラフィシャージュ

les frais de change 両替手数料
レ フレ デ シャンジュ

une commission 手数料
ユヌ コミスィヨン

la TVA 消費税
ラ テヴェア

une taxe 税金
ユヌ タクス

une pièce d'identité 身分証明書
ユヌ　ピエス　ディダンティテ

le passeport パスポート
ル　パスポール

un reçu 領収証
アン　ルスュ

une signature サイン
ユヌ　スィニャテュール

faire la queue 列に並ぶ
フェール　ラ　クゥ

attendre 待つ
アタンドル

signer サインする
スィニエ

到着

Le change　37

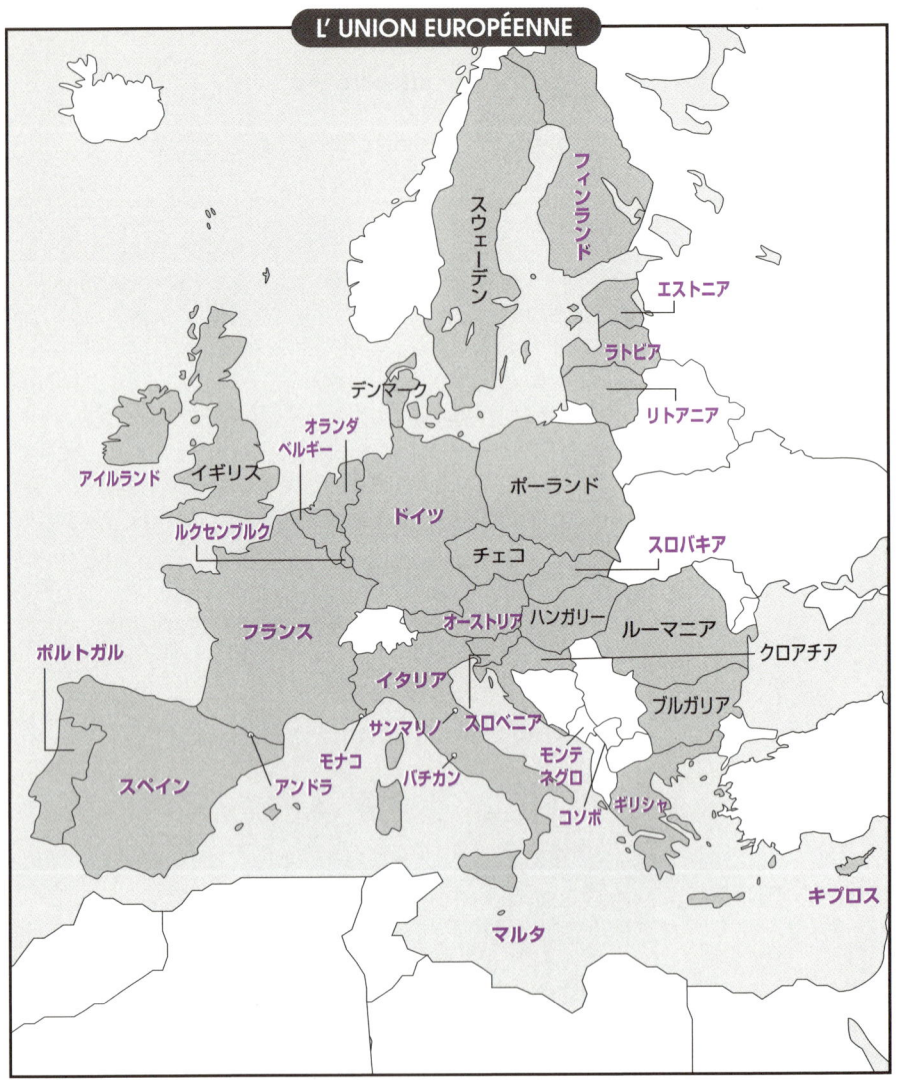

L' UNION EUROPÉENNE

フィンランド
スウェーデン
エストニア
ラトビア
リトアニア
デンマーク
アイルランド
イギリス
オランダ
ベルギー
ポーランド
ドイツ
ルクセンブルク
チェコ
スロバキア
フランス
オーストリア
ハンガリー
ルーマニア
クロアチア
ポルトガル
イタリア
スロベニア
ブルガリア
サンマリノ
モナコ
モンテネグロ
ギリシャ
アンドラ
バチカン
コソボ
スペイン
キプロス
マルタ

※紫色の国はユーロを使用．

(2016年7月現在)

38　1-4　両替

Renseignements

　フランスはユーロ圏なので，この貨幣でヨーロッパのほとんどの国を旅することができます．

🏷 紫色の国の公的通貨はユーロです：フランス，ベルギー，ルクセンブルグ，スペイン，ポルトガル，イタリア，ギリシャ，キプロス，ドイツ，オーストリア，スロベニア，スロバキア，オランダ，アイルランド，エストニア，ラトビア，フィンランド，マルタ．次の国もEU諸国ではありませんが，通貨としてユーロを使っています．アンドラ，モナコ，ヴァチカン，サンマリノ，モンテネグロ，コソボ．それ以外の国でも（たとえば，スイスで）お店によってユーロを使うこともできるのですが，おつりはその国の通貨になるでしょう．

🏷 これがユーロ紙幣と硬貨です．出発前によく慣れておきましょう．

50 ユーロ　　20 ユーロ　　2 ユーロ　　1 ユーロ

10 ユーロ　　5 ユーロ　　50 サンチーム　20 サンチーム

　　　　　　　　　　　　10 サンチーム　5 サンチーム

フランスに立つ前に両替について確認しておきましょう．そのためにこのサイトは役に立ちます．

http://info.finance.yahoo.co.jp/fx/

🏷 銀行のＡＴＭは普通24時間開いています．スリの危険が多いので，大金を持ち歩くことはあまりお勧めしません．また，50ユーロ札以上はおつりの関係で使いにくいので20ユーロ札以下を中心に両替されることをお勧めします．

Le change

1-5 空港から市内へ
Quitter l'aéroport

Shô

Excusez-moi, madame. **Comment peut-on** aller à Paris depuis l'aéroport, s'il vous plaît ?
エクスキュゼ　モワ　マダム　　コマン　　プ　トン　アレ　ア　パリ
ドゥピュイ　ラエロポール　スィル　ヴ　プレ

L'employée

Vous pouvez prendre le RER jusqu'aux stations Gare du Nord, Châtelet ou Saint-Michel.
ヴ　　プヴェ　　プランドル　ル エールウエール ジュスコ　スタスィヨン　ガール　デュ
ノール　シャトゥレ　ウ　サン　ミシェル

Shô

Ça fait combien l'aller simple ?
サ　フェ　コンビヤン　ラレ　サンプル

L'employée

Ça fait 10 euros l'aller par adulte.
サ　フェ　ディズュロ　ラレ　パ　ラデュルトゥ

翔　　：すみません．空港からパリに行くにはどうしたらいいんでしょうか？
案内係：RER（エル・ウ・エル）でガール・デュ・ノール駅かシャトレ駅かサン・ミシェル駅まで行けます．
翔　　：片道はいくらですか？
案内係：大人 10 ユーロです．

Naomi

Bonjour, monsieur. Pour aller à Paris, s'il vous plaît.
ボンジュール　ムスィユー　プール　アレ　ア　パリ　スィル　ヴ　プレ

L'employé

Vous pouvez y aller en taxi, madame. C'est environ 60 euros jusqu'à Paris centre. Ça prend juste 35 minutes !
ヴ　プヴェ　イ　アレ　アンタクスィ　マダム　　セ　タンヴィロン スワサントゥ
ウロ　ジュスカ　パリ　サントル　サ　プラン　ジュストゥ トラントサン ミニュトゥ

Naomi

C'est cher. Il y a un autre moyen pour aller à Paris ?
セ　シェール　イ　リ　ヤ　アン　ノートゥル　モワィヤン　プール　アレ　ア　パリ

L'employé

Il y a le RER ou les navettes.
イ　リ　ヤ　ル　エールウエール　ウ　レ　ナヴェットゥ

直美　：こんにちは．パリに行くにはどうしたらいいんでしょうか？
案内係：タクシーで行けます．パリ中心までだいたい 60 ユーロです．35 分で行けます．
直美　：高いですね．パリに行く別の方法はありますか？
案内係：RER かシャトルバスがあります．

Naomi

Excusez-moi, j'ai beaucoup de bagages. Vous pourriez
エクスキュゼ　モワ　ジェ　ボク　ドゥ　バガージュ　ヴー　プリエ

m'aider à les porter, s'il vous plaît ?
メデ　ア　レ　ポルテ　スィル　ヴ　プレ

L'employé

Bien sûr, madame. Un instant, s'il vous plaît.
ビヤン　スュル　マダム　アン　ナンスタン　スィル　ヴ　プレ

Je vous appelle quelqu'un.
ジュ　ヴー　ザペル　ケルカン

Naomi

Merci bien.
メルスィ　ビヤン

L'employé

Où faut-il les transporter ?
ウ　ノォ ティル　レ　トランスポルテ

Naomi

À la station de taxis, s'il vous plaît.
ア　ラ　スタスィヨン　ドゥ　タクスィ　スィル　ヴ　プレ

直美　：すみません．たくさん荷物があるのです．これを運ぶのを手伝っていただけますか？
案内係：もちろんです．少々お待ちください．誰か呼びましょう．
直美　：ありがとうございます．
案内係：どちらまで運べばよろしいですか？
直美　：タクシー乗り場までお願いします．

到着

Quitter l'aéroport　41

基本のひとこと

● ～するにはどうすればいいですか？
Comment peut-on ＿＿A（不定詞）＿＿ **?**
コマン　　　プトン

● ～はいくらになりますか？
Ça fait combien ＿＿B（名詞）＿＿ **?**
サ　フェ　コンビヤン

A
- se rendre à Paris　パリに行く
  ス　ランドル　ア　パリ
- trouver un taxi　タクシーを見つける
  トルヴェ　アン　タクスィ
- obtenir un plan de Paris　パリの地図をもらう
  オプトゥニール　アン　プラン　ドゥ　パリ
- changer de l'argent　両替する
  シャンジェ　ドゥ　ラルジャン
- prendre le RER　RERに乗る
  プランドル　ル　エールウエール
- aller à l'arrêt des navettes
  アレ　ア　ラレ　デ　ナヴェットゥ
  シャトルバス乗り場に行く
- aller à la station des taxis
  アレ　ア　ラ　スタスィヨン　デ　タクスィ
  タクシー乗り場に行く
- aller à la station RER　RER乗り場に行く
  アレ　ア　ラ　スタスィヨン　エールウエール
- acheter un billet de RER　RERの切符を買う
  アシュテ　アン　ビエ　ドゥ　エールウエール

B
- la course jusqu'à Paris
  ラ　クールス　ジュスカ　パリ
  パリまでの道のり（タクシーで）
- le trajet jusqu'à Paris　パリまでの道のり
  ル　トラジェ　ジュスカ　パリ
- l'aller simple jusqu'à Paris　パリ行きの片道
  ラレ　サンプル　ジュスカ　パリ
- jusqu'à Paris　パリまで
  ジュスカ　パリ
- le billet simple pour Paris　パリ行きの片道切符
  ル　ビエ　サンプル　プール　パリ
- la commission　手数料
  ラ　コミスィヨン
- les frais de transfert　運賃
  レ　フレ　ドゥ　トランスフェール
- l'envoi des bagages à l'hôtel
  ランヴォワ　デ　バガージュ　ア　ロテル
  ホテルへの荷物の発送
- le service de porteur　ポーターのサービス
  ル　セルヴィス　ドゥ　ポルトゥール

1-5　空港から市内へ

役に立つフレーズ　ー空港からホテルまでー

●案内所はどこでしょうか？
Où est le bureau d'informations ?
<small>ウ　エル　ル　ビュロ　ダンフォルマスィヨン</small>

●このホールに案内所がありますか？
Y a-t-il un bureau d'informations dans ce hall ?
<small>イヤティル　アン　ビュロ　ダンフォルマスィヨン　ダン　ス　オール</small>

●お客様の左側です．
Il est juste à votre gauche, monsieur.
<small>イ　レ　ジュストゥ　ア　ヴォトル　ゴーシュ　ムスィユー</small>

●リムジンバス乗り場のある出口を教えてもらえますか？
Pouvez-vous m'indiquer la sortie pour les navettes, s'il vous plaît ?
<small>プヴェ　ヴー　マンディケ　ラ ソルティ　プール　レ　ナヴェットゥ　スィル　ヴ　プレ</small>

●あちらの方です．
C'est par là.
<small>セ　パル　ラ</small>

● RER の駅はどちらか教えてもらえますか？
Pouvez-vous me dire par où est la gare RER, s'il vous plaît ?
<small>プヴェ　ヴー　ム ディール　パルー　エ ラ ガール エルウエール　スィル ヴ　プレ</small>

●タクシー乗り場のある出口はどこでしょう？
Quelle est la sortie pour prendre les taxis ?
<small>ケ　レ　ラ ソルティ　プール　プランドル　レ タクスィ</small>

●間向かいの出口から行ってください．
Prenez cette sortie devant vous !
<small>プルネ　セットゥ　ソルティ　ドゥヴァン　ヴー</small>

●空港の案内図はありますか？
Vous avez un plan de l'aéroport, s'il vous plaît ?
<small>ヴー　ザヴェ　アン　プラン ドゥ　ラエロポール　スィル ヴ　プレ</small>

Quitter l'aéroport

● パリの地下鉄 / 交通機関の地図はいただけますか？
Puis-je avoir un plan *du métro* / *des transports* de Paris ?
ピュイ ジュ アヴォワール アン プラン デュ メトロ デ トランスポール ドゥ パリ

● 空港 / 地下鉄 / パリの交通機関のマップです．
Voici le plan *de l'aéroport* / *du métro* / *des transports de Paris.*
ヴォワスィ ル プラン ドゥ ラエロポール デュ メトロ デ トランスポール ドゥ パリ

● リムジンバス / バス / RER の時刻表はありますか？
Avez-vous les horaires *des navettes* / *des bus* / *du RER* ?
アヴェ ヴー レ ゾレール デ ナヴェットゥ デ ビュス デュ エールウエール

● どうぞ．これがリムジンバス / バス / RER の時刻表です．
Tenez. Voici les horaires *des navettes* / *des bus* / *du RER.*
トゥネ ヴォワスィ レ ゾレール デ ナヴェットゥ デ ビュス デュ エールウエール

● 空港からパリまでのリムジンバス / バス / RER の運賃表はありますか？
Avez-vous les tarifs des trajets en *navette* / *bus* / *RER* de l'aéroport
アヴェ ヴー レ タリフ デ トラジェ アン ナヴェットゥ ビュス エールウエール ドゥ ラエロポール
jusqu'à Paris ?
ジュスカ パリ

● 空港からパリまでの一番安い / 速い方法は何ですか？
Quel est le moyen *le moins cher* / *le plus rapide* de l'aéroport jusqu'à
ケ レ ル モワィヤン ル モワン シェール ル プリュ ラピッドゥ ドゥ ラエロポール ジュスカ
Paris ?
パリ

● RER は 10 ユーロで，速いです．ガール・デュ・ノール駅まで 40 分内で行きます．
Le RER fait 10 euros et est rapide. Ça prend moins de 40 minutes
ル エールウエール フェ ディズロ エ エ ラピッドゥ サ プラン モワン ドゥ カラントゥ ミニュットゥ
jusqu'à la station Gare du Nord.
ジュスカ ラ スタスィヨン ガール デュ ノール

● この時間でもまだパリまでのリムジンバス / バス / RER はありますか？
Il y a encore *des navettes* / *des bus* / *des RER* pour Paris
イリヤ アンコール デ ナヴェットゥ デ ビュス デ エールウエール プール パリ
à cette heure-ci ?
ア セットゥール スィ

● すみません．タクシーに乗らなければなりません．
Désolé(e). Il vous faut prendre un taxi.
　　デゾレ　　　イル　ヴー　フォ　プランドル　アン　タクスィ

● ポーターサービス / 荷物の運送サービスはありますか？
Y a-t-il un service de *porteur* / *transport* des bagages ?
　イヤ　ティルアンセルヴィス　ドゥ　ポルトゥール　　トランスポール　デ　　バガージュ

● はい．すぐにポーターをお呼びします．
Oui. Je vous appelle un porteur tout de suite.
　ウイ　ジュ　ヴー　ザペル　　アン　ポルトゥール　トゥ　ドゥ　スュイトゥ

到着

役に立つ単語　ー空港から市内へー

la gare RER　RER 駅
ラ　ガール　エールウエール

le quai de départ　出発ホーム
ル　ケ　ドゥ　デパール

le quai d'arrivée　到着ホーム
ル　ケ　ダリヴェ

l'arrêt de bus　バス乗り場 / バス停
ラレ　ドゥ　ビュス

la station de taxi　タクシー乗り場
ラ　スタスィヨン　ドゥ　タクスィ

l'horaire de départ　出発時刻
ロレール　ドゥ　デパール

l'horaire d'arrivée　到着時刻
ロレール　ダリヴェ

l'attente　待ち時間
ラタントゥ

le distributeur de billets　自動券売機
ル　ディストリビュトゥール　ドゥ　ビエ

le panneau d'affichage　時刻案内板
ル　パノー　ダフィシャージュ

l'entrée　入口
ラントレ

la sortie　出口
ラ　ソルティ

le service d'accompagnement　付き添いサービス
ル　セルヴィス　ダコンパーニュマン

l'agent d'accompagnement　付き添い係
ラジャン　ダコンパーニュマン

le porteur　ポーター
ル　ポルトゥール

l'agence de location de véhicule
ラジャンス　ドゥ　ロカスィヨン　ドゥ　ヴェイキュル
レンタカーショップ

la consigne des bagages　荷物預かり所
ラ　コンスィーニュ　デ　バガージュ

les objets trouvés　遺失物
レ　ゾブジェ　トルヴェ

l'espace Internet　インターネットコーナー
レスパース　アンテルネットゥ

le service wifi　ワイファイサービス
ル　セルヴィス　ウィフィ

le distributeur d'argent　ATM
ル　ディストリビュトゥール　ダルジャン

Quitter l'aéroport

Renseignements

- 空港からパリ市内（ガール・デュ・ノール駅・シャトレ駅・ポールロワイヤル駅など）までの **RER**(エールウエール) での道順：エアターミナル空港駅までのシャトルバスは無料ですが，シャルル・ド・ゴール空港からパリまでの行程は有料です．
  たとえば RER B（パリ郊外電車）シャルル・ド・ゴール・パリ空港～シャトレで約 30 分，10 ユーロ（2016 年）です．
  料金は行き先により，たとえばガール・デュ・ノール駅やダンフェール・ロシュロなどで，多少変わります．RER B は週日は 10 ～ 15 分間隔で運行しています．

- また，パリ市内のリヨン駅，モンパルナス駅，ガール・ドゥ・レストゥ駅，オペラ，ナション，エトワルにはいずれかの **navettes**(ナヴェットゥ)（リムジンバス）で行けます．
  - エールフランスバス（凱旋門発着・ポルトマイヨ経由，2 番線，ほぼ 60 分）
    一般：17 ユーロ／片道
    往復割引：29 ユーロ／一般往復
    割引（12 ～ 25 歳，4 名以上のグループの場合）：14.5 ユーロ／片道　29 ユーロ／往復
    子供（2 ～ 11 歳，2 歳未満無料）8.5 ユーロ／片道　17 ユーロ／往復
  - エールフランスバス（モンパルナス駅発着・リヨン駅経由，4 番線，ほぼ 75 分）
    一般：12.5 ユーロ／片道
    往復割引：21 ユーロ／一般往復
    割引（12 ～ 25 歳，4 名以上のグループの場合）：10.5 ユーロ／片道　21 ユーロ／往復
    子供（2 ～ 11 歳，2 歳未満無料）6.5 ユーロ／片道　13 ユーロ／往復
  - ロワッシーバス（オペラ発着）：11 ユーロ，ほぼ 60 分．
  - 350 番の路線バス：（ガール・ドゥ・レストゥ発着）6 ユーロ，ほぼ 80 分．
  - 351 番の路線バス：（ナション発着）6 ユーロ，ほぼ 90 分．

(2016 年現在)

空港マップ

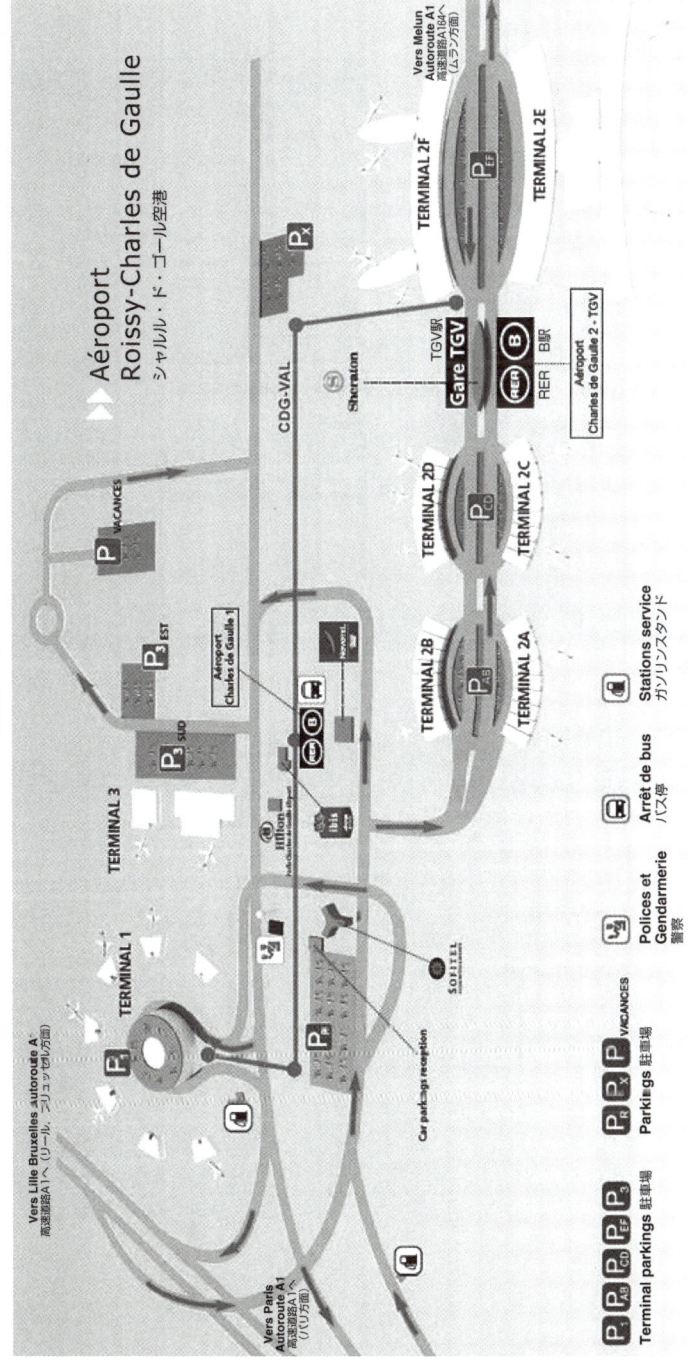

Aéroport Roissy-Charles de Gaulle
シャルル・ド・ゴール空港

Quitter l'aéroport 47

パリ・シャルル・ド・ゴール空港からパリ市内までのルート

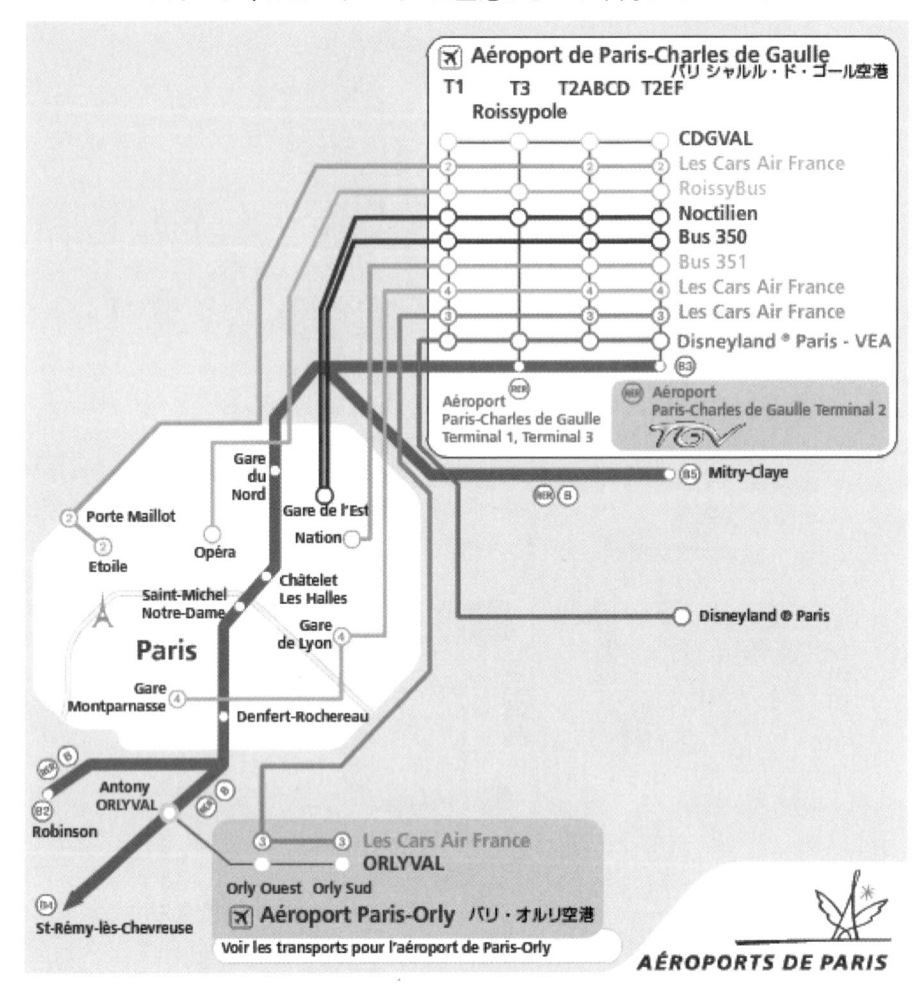

※ RER B とバス線の料金などは 46 ページを参照.
http://jams-parisfrance.com/info/accesbus_paris-cdgairport/

Partie 2
L'hôtel
ホテル

2-1 ホテルのフロントで
À l'hôtel

Naomi

Bonjour, monsieur. J'ai réservé pour trois nuits à partir d'aujourd'hui.
ボンジュール ムスィユー ジェ レゼルヴェ プール トロワ ニュイ ア パルティール ドォジュールドュイ

Le réceptionniste

Bien, madame. **Veuillez** remplir ce formulaire, **s'il vous plaît**.
ビヤン マダム ヴィエ ランプリール ス フォルミュレール スィル ヴ プレ

Naomi

Voilà.
ヴォワラ

Le réceptionniste

Parfait, voilà votre clé, madame. Votre chambre est au quatrième étage. Je vous souhaite un bon séjour.
パルフェ ヴォワラ ヴォトル クレ マダム ヴォトル シャンブル エ ト カトリエム エタージュ ジュ ヴー スゥエットゥ アン ボン セジュール

Naomi

Merci.
メルスィ

直美　　　：こんにちは．今日から 3 泊予約したのですが．
フロント係：かしこまりました．このカードにご記入していただけますか？
直美　　　：はい，できました．
フロント係：ありがとうございます．こちらが鍵です．お客様のお部屋は 5 階*です．よいご滞在を．
直美　　　：ありがとう．

＊P.58 参照

Shô

Bonsoir. Vous avez une chambre libre, s'il vous plaît ?
ボンソワール　ヴー　ザヴェ　ユヌ　シャンブル　リーブル　スィル　ヴ　プレ

La réceptionniste

Je suis désolée, monsieur, mais nous sommes complets
ジュ　スュイ　デゾレ　ムスィユー　メ　ヌー　ソム　コンプレ

ce soir.
ス　ソワール

翔　　　：こんばんは．お部屋はありますか？
フロント係：申し訳ございません．今晩は満室です．

Shô

Bonsoir, **je voudrais une chambre avec** baignoire,
ボンソワール　ジュ　ヴードレ　ユヌ　シャンブル　アヴェク　ベニョワール

s'il vous plaît.
スィル　ヴ　プレ

La réceptionniste

Je suis désolée. Nous avons seulement des chambres
ジュ　スュイ　デゾレ　ヌー　ザヴォン　スルマン　デ　シャンブル

avec douche.
アヴェク　ドゥーシュ

Shô

Très bien, ça ira quand même. Vous pouvez me réveiller
トレ　ビヤン　サ　イラ　カン　メーム　ヴー　プヴェ　ム　レヴェイエ

demain matin, s'il vous plaît ?
ドゥマン　マタン　スィル　ヴ　プレ

La réceptionniste

À quelle heure ?
ア　ケルゥール

Shô

À sept heures.
ア　セトゥール

ホテル

À l'hôtel　51

翔　　　：こんばんは．浴槽付きの部屋がほしいのですが．
フロント係：申し訳ございません．シャワー付きの部屋のみになります．
翔　　　：それでも結構です．明日の朝起こしてもらえますか？
フロント係：何時ですか？
翔　　　：7時にお願いします．

基本のひとこと

● ～していただけますか．

Veuillez _____A（不定詞）_____ **, s'il vous plaît.**
ヴイエ　　　　　　　　　　　　　　　スィル　ヴ　プレ

● ～（付き）の部屋がほしいのですが．

Je voudrais une chambre avec _____B（名詞）_____ **, s'il vous plaît.**
ジュ　ヴードレ　ユヌ　シャンブル　アヴェク　　　　　　　　スィル　ヴ　プレ

A
- écrire votre nom　お名前を書いて
  エクリール　ヴォトル　ノン
- écrire vos nom et prénom　姓と名を書いて
  エクリール　ヴォ　ノン　エ　プレノン
- écrire votre adresse　住所を書いて
  エクリール　ヴォトル　アドレス
- remplir cette fiche　カードに記入して
  ランプリール　セットゥ　フィシュ
- indiquer vos coordonnées
  アンディケ　ヴォ　コオルドネ
  連絡先を書いて
- indiquer votre numéro de téléphone
  アンディケ　ヴォトル　ニュメロ　ドゥ　テレフォヌ
  電話番号を書いて
- indiquer votre e-mail
  アンディケ　ヴォトル　イ　メール
  メールアドレスを書いて
- vous présenter à la réception
  ヴー　プレザンテ　ア　ラ　レセプスィコン
  フロントにお出で
- prendre l'ascenseur　エレベーターに乗って
  プランドル　ラサンスール

B
- patienter　少々お待ち
  パスィヤンテ
- vue sur la rue　通りに面している
  ヴュ　スュル　ラ　リュ
- vue sur la mer　海に面している
  ヴュ　スュル　ラ　メール
- vue sur le parc　公園に面している
  ヴュ　スュル　ル　パルク
- une baignoire　浴槽
  ユヌ　ベニョワール
- une douche　シャワー
  ユヌ　ドゥーシュ
- toilettes séparées　別々のトイレ
  トワレットゥ　セパレ
- deux lits séparés　ツイン
  ドゥ　リ　セパレ
- un lit pour enfant　子供用のベッド
  アン　リ　プール　アンファン

役に立つフレーズ　ーホテルのフロントでー

● インターネットで予約しました．
J'ai réservé par Internet.
　ジェ　レゼルヴェ　パル　アンテルネットゥ

● 空いている部屋はありますか？
Il vous reste des chambres libres ?
　イル ヴー　レストゥ　デ　シャンブル　リーブル

● 2泊までは部屋がございますが，3泊目は別の部屋になりますが，よろしいでしょうか？
Nous avons une chambre pour les deux premières nuits, mais il vous
　ヌー　ザヴォン　ユヌ　シャンブル　プール　レ　ドゥー　プルミエール　ニュイ　メ　イル ヴー
faudra changer de chambre pour la troisième nuit. Cela vous ira /
　フォドラ　シャンジェ　ドゥ　シャンブル　プール ラ　トロワズィエム　ニュイ　スラ　ヴー　ズイラ
conviendra ?
　コンヴィヤンドラ

● 申し訳ありません．もう空いている部屋がありません．
Je suis désolé(e), nous n'avons plus de chambre libre.
　ジュ スュイ　デゾレ　ヌー　ナヴォン　プリュ ドゥ　シャンブル　リーブル

● ダブルベッドの部屋 / シングルベッドの部屋がほしいです．
Je voudrais une chambre *double* / *simple*.
　ジュ　ヴードレ　ユヌ　シャンブル　ドゥブル　サンプル

● ダブルベッドの部屋 / シングルベッドの部屋はいくらですか？
Combien fait une chambre *double* / *simple* ?
　コンビヤン　フェ　ユヌ　シャンブル　ドゥブル　サンプル

● シングルは朝食付きで / 朝食抜きで 70 ユーロです．
Une chambre simple fait 70 euros, petit déjeuner *compris* / *non*
　ユヌ　シャンブル　サンプル　フェ　スワッサントゥディズロ　プティ　デジュネ　コンプリ　ノン
compris.
　コンプリ

● 何泊ですか？
C'est pour combien de nuits ?
　セ　プール　コンビヤン　ドゥ　ニュイ

2-1 ホテルのフロントで

● 今日から 3 泊滞在したいのです．
Je voudrais rester trois nuits à partir d'aujourd'hui.
ジュ　ヴードレ　レステ　トロワ　ニュイ　ア　パルティール　ドジュールドュイ

● 〜まで滞在したいのです．
Je voudrais rester jusqu'au …
ジュ　ヴードレ　レステ　ジュスコ

● 何時からチェックインができますか？
À partir de quelle heure peut-on faire le check-in ?
ア　パルティール　ドゥ　ケルゥール　プトン　フェール　ル　チェキン

● 申し訳ございません．部屋に入れるのは午後 3 時からでございます．
Je suis désolé(e), mais les chambres ne sont accessibles qu'à partir
ジュ　スュイ　デゾレ　メ　レ　シャンブル　ヌ　ソン　タクセスィーブル　カ　パルティール
de 15 heures.
ドゥ　カンズゥール

● 申し訳ございません．お客様の部屋の準備ができていません．
Je suis désolé(e), mais je crains que votre chambre ne soit pas encore
ジュ　スュイ　デゾレ　メ　ジュ　クラン　ク　ヴォトル　シャンブル　ヌ　ソワ　パ　アンコール
prête.
プレットゥ

● 朝食付きですか？
Le petit déjeuner est *compris / inclus* ?
ル　プティ　デジュネ　エ　コンプリ　タンクリュ

● はい，朝食は込みです．これが朝食券です．
Oui, le petit déjeuner est inclus. Voici vos bons pour le petit déjeuner.
ウィ　ル　プティ　デジュネ　エ　タンクリュ　ヴォワスィ　ヴォ　ボン　プール　ル　プティ　デジュネ

● 朝食は別料金です　朝食は 10 ユーロです．
Le petit déjeuner est en plus. Le petit déjeuner fait 10 euros.
ル　プティ　デジュネ　エ　タン　プリュス　ル　プティ　デジュネ　フェ　ディズロ

À l'hôtel

● 朝食は 1 階のレストランでお取りください．
Vous pouvez prendre votre petit déjeuner dans la salle restaurant,
　ヴー　　ブヴェ　　プランドル　ヴォトル　プティ　デジュネ　　ダン　ラ　サル　　レストラン
au rez-de-chaussée.
オ　レ　ドゥ　ショセ

● 朝食は何時からですか？
À partir de quelle heure peut-on prendre le petit déjeuner ?
ア パルティール ドゥ　ケルゥール　　　プ トン　　プランドル　ル プティ　デジュネ

● 朝食を部屋まで運んでもらえますか？（ルームサービスにしてもらえますか？）
Peut-on se faire apporter le petit déjeuner dans la chambre ?
プ　トン ス フェール　アポルテ　　ル プティ　デジュネ　　ダン　ラ　シャンブル

● お客様の部屋までお荷物を運ばせますか？
Voulez-vous que l'on porte vos bagages jusqu'à la chambre ?
ヴレ　　ヴー　ク　ロン　ポルトゥ　ヴォ　バガージュ　ジュスカ　ラ　シャンブル

● いいえ，結構です．必要ありません．
Non, merci. Ce n'est pas la peine.
ノン　メルスィ　ス ネ　パ ラ ペーヌ

● 部屋まで荷物を運んでもらえますか？
Pouvez-vous faire porter mes bagages dans ma chambre, s'il vous
プヴェ　　ヴー　フェール　ポルテ　メ　バガージュ　ダン　マ　シャンブル　スィル　ヴ
plaît ?
プレ

● いちばん近いスーパー／レストランはどこですか？
Où est *le supermarché* / *le restaurant* le plus proche ?
ウ エ　ル　スーペルマルシェ　　ル　レストラン　ル プリュ プロッシュ

● ミネラルウォーターはどこで買えますか？
Où peut-on acheter de l'eau ?
ウ　　プトン　　アシュテ　ドゥ　ロ

56 2-1 ホテルのフロントで

日付 (les dates)
レ ダットゥ

Les mois de l'année : 一年の 12 か月
レ モワ ドゥ ラネ

janvier 1月
ジャンヴィエ

février 2月
フェヴリエ

mars 3月
マルス

avril 4月
アヴリル

mai 5月
メ

juin 6月
ジュワン

juillet 7月
ジュイエ

août 8月
ウ（ットゥ）

septembre 9月
セプターンブル

octobre 10月
オクトーブル

novembre 11月
ノヴァンブル

décembre 12月
デサーンブル

注意：le 2 janvier, le 3 février, le 4 octobre, etc.
ル ドゥ ジャンヴィエ ル トロワ フェヴリエ ル カトル オクトーブル

1月2日，3月3日，10月4日などと言いますが，「1日(ついたち)」に関しては
le premier (1er) と言います．
ル プルミエ

役に立つ単語 ーホテルのフロントでー

un (hôtel) *deux / trois / quatre* étoiles
アン ノテル ドゥ トロワ カトル エトワル
二つ星／三つ星／四つ星ホテル

la réception フロント
ラ レセプスィヨン

le lobby ロビー
ル ロビー

un hall 小ール
ル オール

l'étage 階
レタージュ

le rez-de-chaussée 1階
ル レ ドゥ ショセ

le premier étage 2階
ル プルミエ エタジュ

l'ascenseur エレベーター
ラッサンスゥール

l'escalier 階段
レスカリエ

une suite スイート
ユヌ スュイトゥ

la vue 眺め
ラ ヴュ

le staff / le personnel スタッフ
ル スタッフ ル ペルソネル

le porteur ポーター
ル ポルトゥール

la femme de chambre 部屋係
ラ ファム ドゥ シャンブル

le veilleur 夜間スタッフ
ル ヴェイユール

Renseignements

🟣 フランスのホテルの等級はたいてい星の数で示されています．しかしこれは規則ではありません．ホテルからの要求があって星が与えられるのです．等級は設備，お客へのサービスそして交通の便によって決まります．現在の等級は最高5つ星から1つ星までで，1つ星は経済的な宿泊，5つ星は最高級の接待，その間に高級，中級とあります．

🟣 フランスでは1階のことを **rez-de-chaussée**（レ ドゥ ショセ）と言います．それに従いフランスと日本では階数の言い方が変わってきます．フランス語の1階 **premier étage**（プルミエ レタージュ）は日本語では2階というわけです．

    le rez-de-chaussée（ル レ ドゥ ショセ）　1階

    le premier étage（ル プルミエ エタージュ）　2階

    le second étage / le deuxième étage（ラ スゴンデタージュ / ル ドゥーズィエム エタージュ）　3階

    le troisième étage（ル トロワズィエム エタージュ）　4階

    le dernier étage（ル デルニェ エタージュ）　最上階

🟣 部屋は浴槽付きの部屋とシャワー付きの部屋と両方ある部屋に分かれます．フランスのホテルの部屋の値段は日本と違い，一人あたりではなく，一部屋あたりです．

🟣 どの時期に旅するのがいいでしょうか．春5月6月は緑が映え，天気がよく美しい季節です．秋は落葉が舞い，とても雰囲気のよい季節です．冬場は天気はあまりよくなく憂鬱な季節ですが，ウィンタースポーツやイベントやコンサートなどの楽しみが多いです．夏場はフランス人はバカンスに行っていますが，外国人の観光客があふれていますので，予めホテルや電車の予約を入れておいた方がいいでしょう．

フランスの休日

le jour de l'an お正月 ル ジュール ドゥ ラン	1月1日
le lundi de Pâques 復活祭の月曜日* ル ランディ ドゥ パーク	3月～4月
la fête du Travail 労働者の日 ラ フェットゥ デュ トラヴァイユ	5月1日
le 8 mai 1945 第二次世界大戦終戦記念日 ル ユイ メ ミルヌフサン カラントゥサンク	5月8日
le jeudi de l'Ascension 昇天の木曜日* ル ジュディ ドゥ ラサンスィヨン	4月～5月
le lundi de Pentecôte 聖霊降臨祭の月曜日* ル ランディ ドゥ パントコートゥ	5月～6月
la Fête Nationale パリ祭（国家の日） ラ フェットゥ ナスィヨナル	7月14日
l'Assomption 聖母の被昇天 ラソンプスィヨン	8月15日
La Toussaint 万聖節 ラ トゥサン	11月1日
l'Armistice 第一次世界大戦終戦記念日 ラルミスティス	11月11日
Noël クリスマス ノエル	12月25日

*年により日にちは変わります．

🎵 上記の休日には普通たくさんの店が閉まるので，お買い物は事前にした方がいいです．

国の休日以外に下記のイベントもあります．

la Fête de la musique（ミュージック祭） 6月21日
ラ フェトゥ ドゥ ラ ミュズィック

Paris-Plage（パリ・プラージュ） 夏休み（7, 8月）
パリ プラージュ

les journées du Patrimoine（遺産の日） 9月
レ ジュルネ デュ パトリモワヌ

la nuit des musées（ミュージアムナイト） 5月
ラ ヌィ デ ミュゼ

🎵 1982年にフランスで始まった「音楽の日」は今日では世界の120か国余りで開催されています．これは一年で一番夜が短い夏至の日に行われています．この日にはフランス全土で，プロのミュージシャンも音楽愛好家たちも，個人やいろんなジャンルのグループが皆通りに出て演奏し歌いま

す．これらの，即興で行われるような小さなコンサートや企画されたよりオフィシャルな大掛かりなコンサートも特に有料と記載されていない限り殆どは無料です．通りでのコンサートのせいで，どうせ夜遅くまで眠れないでしょうから6月21日はホテルにいるより外で一晩中あらゆるジャンルの音楽を楽しむというのはどうでしょう．

「パリ・プラージュ」は毎年夏6月から8月までのパリ独自の催しです．これは，セーヌ河畔の一部を改造し，パリのど真ん中に白い砂浜を出現させるという企画です．フランスの首都パリが色鮮やかなビーチパラソルで彩られます．デッキチェアやビーチタオルの上での日焼け以外にも，さまざまな活動ができます．アーチェリー，ゴルフ，テニス，ペダルボート，ボートレース，カヤック，さらにまた読書，哲学の授業，考古学入門などなど！そしてもちろん，ビュッフェやレストランコーナーも完備しています．更なる情報は次のサイトを参照ください．

http://quefaire.paris.fr/parisplages

「文化遺産の日」はフランスから発せられ今日ではヨーロッパ全土にひろがっています．フランスでは9月の第3週末に行われます．この日はフランス人や外国人の観光客がフランス全土に分散した幾千もの（多くは知られていない）モニュメントを大多数無料で訪問できるという企画です．この日は公的な施設は殆どが無料になりますが，私有のため普段は公開されていない所はたいてい有料です．しかし残念ながら，この日は訪問者の数が，当然のことではありますが，一年で一番多い日になってしまい，場所によっては長い行列を覚悟しなければならなりません．次のサイトを参照ください．

http://journeesdupatrimoine.culturecommunication.gouv.fr/

（英語あり）

「夜の美術館」は5月夜，フランスの美術館の殆どを無料で訪ねることができます．すべての美術館が同じ時間に閉まるわけではありません．それぞれの美術館のプログラムを次のサイトで参照するとよいでしょう．

http://nuitdesmusees.culturecommunication.gouv.fr/

2-2 ホテルでの生活
La vie à l'hôtel

La réceptionniste

Réception, bonjour.
レセプスィヨン　ボンジュール

Shô

Bonjour, madame. J'ai un petit problème dans la chambre.
ボンジュール　マダム　ジェ アン プティ プロブレム ダン ラ シャンブル

La réceptionniste

Oui, quel est votre problème ?
ウイ　ケレ　ヴォトル　プロブレム

Shô

La lampe de la salle de bains ne marche pas.
ラ　ランプ　ドゥ ラ　サル　ドゥ　バン　ヌ　マルシュ　パ

La réceptionniste

Très bien. Je vous envoie quelqu'un tout de suite, monsieur.
トレ　ビヤン　ジュ　ヴー　ザンヴワ　ケルカン　トゥ ドゥ スュイトゥ　ムスィユー

Shô

Merci bien.
メルスィ　ビヤン

（部屋からの電話）
フロント係：フロントです，こんにちは．
翔　　　　：こんにちは．部屋にちょっと問題があるのですが．
フロント係：はい，どうなさいましたか？
翔　　　　：お風呂場の電気がつかないのです．
フロント係：わかりました．すぐに係りの者を行かせます．
翔　　　　：ありがとう．

Naomi

Bonsoir. **Je n'ai plus de** papier toilettes. Vous pourriez
ボンソワール ジュ ネ プリュ ドゥ パピエ トワレットゥ ヴー プリエ

m'en donner, s'il vous plaît ?
マン ドネ スィル ヴ プレ

Le réceptionniste

Oui, un instant, madame. Je vous en apporte tout de suite.
ウイ アン ナンスタン マダム ジュ ヴー ザン ナポルトゥ トゥ ドゥ スュイトゥ

直美　　：こんばんは．トイレの紙がないのですが，補充してもらえますか？
フロント係：はい，少々お待ちください．すぐお持ちします．

Naomi

Bonsoir. Je peux avoir de nouveaux draps, s'il vous plaît ?
ボンソワール ジュ プ ザヴォワール ドゥ ヌーヴォ ドラ スィル ヴ プレ

Le réceptionniste

La femme de chambre a oublié de changer vos draps ?
ラ ファム ドゥ シャンブル ア ウブリエ ドゥ シャンジェ ヴォ ドラ

Naomi

Oh non. **Je** les **ai** juste salis.
オー ノン ジュ ジュストゥ サリ

Le réceptionniste

Très bien, madame. Je vous en fait porter tout de suite.
トレ ビヤン マダム ジュ ヴー ザン フェ ポルテ トゥ ドゥ スュイトゥ

Naomi

Merci bien. Je suis désolée du dérangement.
メルスィ ビヤン ジュ スュイ デゾレ デュ デランジュマン

直美　　：こんばんは．新しいシーツをもらえますか？
フロント係：部屋係がシーツを取り換えるのを忘れたのでしょうか？
直美　　：いいえ，違います．汚してしまったのです．
フロント係：かしこまりました．すぐに持たせます．
直美　　：ありがとう．お手数かけてすみません．

基本のひとこと

●部屋に〜がもうないのですが．
Je n'ai plus de ___A（名詞）___ **dans ma chambre.**
ジュ　ネ　プリュ　ドゥ　　　　　　　　　ダン　マ　シャンブル

●〜がつかないのですが．
Je n'ai plus de ___B（名詞）___ **.**
ジュ　ネ　プリュ　ドゥ

●〜してしまった．
J'ai ___C（過去分詞）___ **.**
ジェ

ホテル

A
- **dentifrice** 歯磨き
  ダンティフリス
- **brosse à dents** 歯ブラシ
  ブロサ　ダン
- **rasoir** カミソリ
  ラゾワール
- **mousse à raser** シェービングフォーム
  ムーサ　ラゼ
- **savon** 石鹸
  サヴォン
- **serviette de bain propre** きれいなタオル
  セルヴィエットゥ　ドゥ　バン　プロプル
- **mouchoirs en papier** ティシュー
  ムシュワール　アン　パピエ
- **papier toilettes / papier hygiénique**
  パピエ　トワレットゥ　パピエ　イジェニック
  トイレットペーパー
- **papier pour écrire** 便箋
  パピエ　プール　エクリール
- **draps propres** きれいなシーツ
  ドラ　プロプル

B
- **courant dans la salle de bains**
  クーラン　ダン　ラ　サル　ドゥ　バン
  バスルームの中の電気
- **lumière dans la chambre** 部屋の中の電気
  リュミエール　ダン　ラ　シャンブル
- **télévision dans ma chambre** 部屋の中のテレビ
  テレヴィズィヨン　ダン　マ　シャンブル

C
- **sali la moquette** カーペットを汚して
  サリ　ラ　モケットゥ
- **cassé la télécommande** リモコンを壊して
  カッセ　ラ　テレコマンドゥ
- **fait tomber la lampe de chevet**
  フェ　トンベ　ラ　ランプ　ドゥ　シュヴェ
  ベットサイドのランプを落として
- **fait un trou dans le drap** シーツに穴を開けて
  フェ　アン　トルゥー　ダン　ル　ドラ
- **abimé l'abat-jour** ランプシェードを壊して
  アビメ　ラバジュール
- **utilisé tout le papier toilettes**
  ユティリゼ　トゥ　ル　パピエ　トワレットゥ
  トイレットペーパーを全部使って
- **utilisé tout le dentifrice** 歯磨きを全部使って
  ユティリゼ　トゥ　ル　ダンティフリス
- **utilisé tous les mouchoirs en papier**
  ユティリゼ　トゥ　レ　ムシュワール　アン　パピエ
  ティッシュを全部使って
- **vomi sur les draps** シーツに吐いて
  ヴォミ　スュル　レ　ドラ
- **vomi dans le lavabo** 洗面台に吐いて
  ヴォミ　ダン　ル　ラヴァボ
- **fait dans le lit** ベットで漏らして
  フェ　ダン　ル　リ
- **brisé le miroir sans faire exprès** 鏡を壊して
  ブリゼ　ル　ミロワール　サン　フェール　エクスプレ

La vie à l'hôtel　63

役に立つフレーズ　ーホテルでの生活ー

●トイレが詰まっています．
Les toilettes sont bouchées.
　レ　トワレットゥ　ソン　　ブシェ

●トイレの取っ手が機能していません（水が流れっぱなしです）．
La chasse d'eau est bloquée.
　ラ　シャス　ドオ　エ　ブロケ

●浴槽が汚れています．
La baignoire n'est pas propre.
　ラ　ベニョワール　ネ　パ　プロプル

●シーツが破れています．
Les draps sont déchirés.
　レ　ドラ　ソン　デシレ

●カーテンが破れています．
Le rideau est arraché.
　ル　リド　エ　タラシェ

●窓が汚れています．
Les vitres sont sales.
　レ　ヴィトル　ソン　サル

●鏡が壊れています．
Le miroir est brisé.
　ル　ミロワール　エ　ブリゼ

●電球が切れています．
L'ampoule est grillée.
　ランプル　エ　グリエ

●部屋が臭いのです．
Ça sent mauvais dans la chambre.
　サ　サン　モヴェ　ダン　ラ　シャンブル

● リモコンが動かないのです．
La télécommande de la télévision ne marche pas.
　ラ　　　テレコマンドゥ　　　ドゥ ラ テレヴィズィヨン　ヌ　　マルシュ　　パ

● 携帯電話の充電器を貸してもらえますか？
Je peux vous emprunter un chargeur pour téléphone portable, s'il
ジュ　プ　　ヴー　　ザンプランテ　　アン シャルジゥール　プール　　テレフォヌ　　ポルターブル　スィル
vous plaît ?
　ヴ　　　プレ

● どうぞ．ご出発まで充電器をお使いください．
Voilà. Vous pouvez garder le chargeur jusqu'à votre départ.
ヴォワラ　　ヴー　　　プヴェ　　　ガルデ　　ル　シャルジゥール　　ジュスカ　　ヴォトル　　デパール

● すぐに対応いたします．係りの者を行かせます．
Nous nous occupons tout de suite de votre problème. Je vous envoie
ヌー　　ヌー　　　ゾキュポン　　トゥ ドゥ スュイトゥ ドゥ ヴォトル　　プロブレム　　ジュ　ヴー　　ザンヴォワ
quelqu'un.
ケルカン

● できるだけ早く問題に対処しましょう．
Nous réglerons ce problème aussi vite que possible.
ヌー　　レグルロン　　ス　　プロブレム　　オッスィ ヴィトゥ ク　ポッスィーブル

● ご不便をおかけして申し訳ありません．
Veuillez nous excuser pour cet inconvénient.
ヴイエ　　　ヌー　　ゼクスキュゼ　　プール　　セッタンコンヴェニャン

役に立つ単語 　ーホテルでー

la réception フロント
ラ　レセプスィヨン

le réceptionniste フロント係
ル　レセプスィヨニストゥ

un sèche-cheveux ドライヤー
アン　セシュ　シュヴー

le service blanchisserie クリーニングサービス
ル　セルヴィス　ブランシスリ

le service de chambre 部屋の掃除
ル　セルヴィス　ドゥ　シャンブル

la femme de chambre 部屋係
ラ　ファム　ドゥ　シャンブル

un lavabo 洗面台
アン　ラヴァボ

une serviette supplémentaire 予備のタオル
ユヌ　セルヴィエットゥ　スュプレマンテール

le shampoing シャンプー
ル　シャンポワン

le savon 石鹸
ル　サヴォン

La vie à l'hôtel

Renseignements

フランスでは日本と違って，コンビニがなく，お店も閉店時間が早い（だいたい夕方7時まで）ので，夜遅く買い物をすることができません．また日曜日にも大部分のお店が閉まっています．フランスでは確かに宗教上のお休みはある程度神聖視されていて，労働者の根本的な権利として定着しています．しかし例外はあります．フランス人が一番楽しみにしている祭日，クリスマスの何週間か前から日曜日に開いているお店がだんだん増えています．

次のインターネットのサイトで日曜日に（特にパリで）開いているお店を見つけることができます．

http://www.dimancheaussi.com/

フランスの低いランクのホテルは暖房はありますが，冷房付きの部屋はまれです．

2-3 お天気
Le temps

Shô

Aujourd'hui, **il fait** beau, mais auriez-vous les prévisions météos pour demain, s'il vous plaît ?

La réceptionniste

Oui, on prévoit de la pluie le matin, avec des éclaircies l'après-midi.

Shô

Mince ! Je n'ai pas de parapluie. Pourrais-je vous en emprunter un demain, s'il vous plaît ?

La réceptionniste

Bien sûr. En voici un tout de suite !

Shô

Merci bien. Je vous le rendrai au check-out, c'est possible ?

La réceptionniste

Oui, monsieur.

翔　　　：今日はお天気がいいですが，明日の天気予報はどうでしょうか？
フロント係：朝は雨のようです．午後は晴れ間があるようです．
翔　　　：しまった！　傘を持っていない．明日傘を1本貸してもらえますか．
フロント係：もちろんです．今お渡ししましょう．
翔　　　：ありがとうございます．チェックアウトの時にお返ししますね，よろしいですか？
フロント係：はい，結構ですよ．

Naomi

Pardon, je voulais aller au parc Euro Disney demain,
パルドン ジュ ヴレ アレ オ パルク ウロ ディズネー ドゥマン

mais on m'a dit qu'il pleuvra. Que pourrais-je faire
メ オン マ ディ キル プルヴラ ク プレ ジュ フェール

d'autre par temps de pluie ?
ドートル パル タン ドゥ プリュイ

Le réceptionniste

Voyons. Regardons la carte touristique des environs...
ヴォワィヨン ルガルドン ラ カルトゥ トゥリスティック デ ザンヴィロン

Je vous conseille de faire un musée. Par exemple, vous
ジュ ヴー コンセィユ ドゥ フェール アン ミュゼ パル エクザンプル ヴー

avez le musée du textile qui est très intéressant, et il est
ザヴェ ル ミュゼ デュ テクスティル キ エ トゥレ ザンテレッサン エ イレ

juste à cent mètres d'ici. Vous pouvez y aller à pied.
ジュス タ サン メートル ディスイ ヴー プヴェ イ アレ ア ピエ

Naomi

Vous n'avez pas autre chose ?
ヴー ナヴェ パ オートル ショーズ

Le réceptionniste

Il y a la cathédrale Saint-Jean, pas loin de la sortie de
イリヤ ラ カテドラル サン ジャン パ ロワン ドゥ ラ ソルティ ドゥ

métro du même nom.
メトロ デュ メーム ノン

Naomi

Je l'ai déjà vue. Je crois que je vais faire les magasins !
ジュ レ デジャ ヴュ ジュ クロワ ク ジュ ヴェ フェール レ マガザン

直美　　　：すみません．明日ユーロディスニーランドに行きたかったのですが，雨が降るようです．雨の時には何か他にできることがあるでしょうか？
フロント係：では，近くの地図を見てみましょう．美術館をお勧めいたします．たとえば，興味深い織物の美術館がここからほんの100メートルのところにあります．歩いて行けますよ．
直美　　　：他にはありませんか？
フロント係：サン・ジャン大聖堂が同じ名前の地下鉄の出口のすぐ近くにあります．
直美　　　：それはもう見ました．買い物をすることにしましょう．

68　　2-3　お天気

基本のひとこと

●お天気が〜です．

il fait ＿＿A（形容詞）＿＿．
イル フェ

●明日は〜でしょう．

il ＿＿B（動詞）＿＿ **demain**．
イル　　　　　　　　　　ドゥマン

A
- beau （天気が）いい
  ボー
- bon 心地よい
  ボン
- chaud 暑い
  ショ
- couvert 曇りの
  クヴェール
- doux 心地よい
  ドゥー
- ensoleillé 晴れ
  アンソレィエ
- frais 涼しい
  フレ
- froid 寒い
  フロワ
- gris 曇りの
  グリ
- humide 湿気がある
  ユミドゥ
- lourd 蒸し暑い
  ル ル
- mauvais 悪い
  モヴェ
- nuageux 曇りの
  ニュアジュ
- orageux 荒れる
  オラジュ
- sec 乾燥する
  セック
- soleil 晴れる
  ソレイユ

B
- fera beau よい天気になる
  フラ ボー
- fera beau temps よい天気になる
  フラ ボ タン
- fera soleil 晴れる
  フラ ソレイユ
- fera mauvais temps 悪い天気になる
  フラ モヴェ タン
- fera nuageux 曇る
  フラ ニュアジュ
- fera brumeux 霧が出る
  フラ ブリュムゥ
- fera orageux 嵐になる
  フラ オラジュー
- pleuvra 雨が降る
  プルーヴラ
- y aura des éclaircies 晴れ間が出る
  イョラ デゼクレルスィ
- y aura du tonnerre 雷が鳴る
  イョラ デュ トネール
- y aura du vent 風が出る
  イョラ デュ ヴァン
- y aura une averse 大雨が降る
  イョラ ユ ナヴェルス
- y aura du brouillard 霧が出る
  イョラ デュ ブルィヤール

Le temps

- ☐ y aura du givre 霜が降りる
  イョラ デュ ジーヴル
- ☐ y aura de l'orage 嵐になる
  イョラ ドゥ ロラージュ
- ☐ neigera 雪が降る
  ネージュラ
- ☐ grêlera あられが降る
  グレールラ
- ☐ gèlera 凍てつく
  ジェルラ
- ☐ fera chaud 暑くなる
  フラ ショ

- ☐ fera froid 寒くなる
  フラ フロワ
- ☐ fera frais 涼しくなる
  フラ フレ
- ☐ fera bon 心地よくなる
  フラ ボン
- ☐ fera doux 暖かくなる
  フラ ドゥー
- ☐ fera 25 degrés 25度になる
  フラ ヴァントゥサン ドゥグレ
- ☐ fera − 3 零下3度になる
  フラ モワン トロワ

役に立つフレーズ －お天気－

●明日 6 月 10 日水曜日の天気予報です．
Voici les prévisions météos pour demain, mercredi 10 juin.

●さて，天気予報です！
Et maintenant les prévisions météos !

●明日はどういう天気でしょう？
Quel temps fera-t-il demain ? / Quel temps prévoit-on demain ? / Que prévoit la météo demain ? / Quelles sont les prévisions météo de demain ?

●明日の天気を聞きましたか？
Vous avez entendu les prévisions météo pour demain ?

●いいえ，明日の天気予報は知りません．
Non, je ne connais pas les prévisions pour demain.

●朝はいい天気ですが，午後は曇ると言っています．
La météo dit qu'il fera beau le matin, mais nuageux l'après-midi.

●毎晩テレビで 20 時のニュースのすぐ後に天気予報を見ることができます．
Vous pouvez regarder la météo tous les soirs à la télévision, juste après le journal de 20 heures.

●フランスの南 / 西 / 東 / 北は天気はよくなるでしょう．
Il fera beau dans *le sud* / *l'ouest* / *l'est* / *le nord* de la France.

Le temps

● フランスの南 / 西 / 東 / 北の半分は雨が降るでしょう．
Il pleuvra dans la moitié *sud / ouest / est / nord* du pays.

● ブルターニュ地方の海岸では強い嵐がありそうです．海岸には近寄らないでください！
On annonce une forte tempête sur les côtes bretonnes.
Ne vous approchez pas des côtes !

● 今週末はマシフ・サントラル全域で雷を伴う嵐に注意してください！
Attention aux orages et à la foudre dans tout le Massif Central ce week-end !

● モンペリエ地方では大雨があるでしょう．増水や地滑りに注意してください．
Il devrait y avoir de fortes pluies dans la région de Montpellier.
Attention aux crues et aux éboulements de terrain !

● モンブラン山系では雪崩の危険があります．
Il y a des risques d'avalanche dans le massif du Mont-Blanc.

● 凍てつく．
Il gèle.

● あられが降る．
Il grêle.

● 雪が降る．
Il neige.

2-3 お天気

● 雨が降る．
Il pleut.
イル プルゥー

● 雷が鳴る．
Il tonne.
イル トンヌ

● 空が曇る．
Le ciel se couvre.
ル スィエル ス クーヴル

● 空が晴れる．
Le ciel est dégagé.
ル スィエル エ デガジェ

● 天候が不安定だ．
Le ciel est variable.
ル スィエル エ ヴァリアーブル

● それでは昨晩の強い雨の影響による高速道路 A2 の交通状況をお知らせします．
Et maintenant des nouvelles de la circulation sur l'autoroute A2
エ マントゥナン デ ヌーヴェル ドゥ ラ スィルキュラスィヨン スュル ロトルートゥ ア ドゥ
à la suite des fortes pluies de la nuit dernière.
ア ラ スュイトゥ デ フォルトゥ プリュイ ドゥ ラ ニュイ デルニエール

● 高速道路 A2 は昨夜の洪水のためにコンブルからサン・テベールまで不通になっています．
L'autoroute A2 est coupée entre Combles et Saint-Aybert en raison
ロトルートゥ ア ドゥ エ クペ アントル コンブル エ サン テベール アン レゾン
d'inondations de la nuit dernière.
ディノンダスィヨン ドゥ ラ ニュイ デルニエール

● この状況は数日間 / 数時間続くでしょう．
Cette situation devrait durer quelques *jours / heures*.
セットゥ スィテュアスィヨン ドゥヴレ デュレ ケルク ジュール ズール

Le temps 73

●モンブランのトンネルは豪雪により現在不通になっています．
Le tunnel du Mont-Blanc est actuellement fermé pour cause de fortes tombées de neige.
ル テュネル デュ モン ブラン エ タクテュエルマン フェルメ プール コーズ ドゥ フォルトゥ トンベ ドゥ ネージュ

●現在リヨンとグルノーブルの間は雪のために交通渋滞が多くなっています．
La neige cause actuellement de nombreux bouchons entre Lyon et Grenoble.
ラ ネージュ コーズ アクテュエルマン ドゥ ノンブル ブッション アントル リヨン エ グルノーブル

●運転に注意してください．
Soyez vigilants sur la route !
ソワイェ ヴィズィラン スュル ラ ルートゥ

●気をつけてください．
Faites attention à vous !
フェトゥ アタンスィヨン ア ヴー

●危険を冒さないでください！ 今晩はここに泊まったほうがいいでしょう．
Ne prenez pas de risque inutile ! Il vaut mieux passer la nuit ici.
ヌ プルネ パ ドゥ リスク イニュティル イル ヴォ ミュー パセ ラ ニュイ イスィ

役に立つ単語 ーお天気ー

un arc en ciel 虹
アン ナル カン スィエル

des chutes de neige 降雪
デ シュットゥ ドゥ ネージュ

des éclaircies 晴れ間
デ ゼクレルスィ

des éclairs 稲光
デ ゼクレール

de la foudre 雷
ドゥ ラ フードル

de la grêle あられ
ドゥ ラ グレル

une inondation 洪水
ユニノンダスィヨン

du tonnerre 雷鳴
デュ トネール

une vague de chaleur 熱風
ユヌ ヴァーグ ドゥ シャラール

une vague de froid 寒気
ユヌ ヴァーグ ドゥ フロワ

du verglas 雨氷
デュ ヴェルグラ

2-4 ホテルのチェックアウト
Faire le check-out

Shô

Bonjour, madame. Je voudrais faire le check-out, s'il vous plaît. Voici la clé.

La réceptionniste

Bien, monsieur. Un instant, s'il vous plaît. Vous avez utilisé le bar de la chambre ?

Shô

Non.

La réceptionniste

C'est parfait, monsieur. **Je vous souhaite** une bonne journée. Au plaisir de vous revoir chez nous.

Shô

Merci, madame.

翔　　　：おはようございます．チェックアウトをお願いします．鍵です．
フロント係：かしこまりました．少々お待ちください．部屋のバーコーナーをお使いですか？
翔　　　：いいえ．
フロント係：わかりました．よい一日をお過ごしください．またのお越しをお待ちしております．
翔　　　：ありがとうございます．

Naomi

Bonjour. Je voudrais faire le check-out, s'il vous plaît. Il reste quelque chose à régler ?

Le réceptionniste

Un instant, madame. Je vous dis ça tout de suite… Non, c'est parfait, tout est en ordre. Votre clé, s'il vous plaît.

Naomi

Voilà.

直美　　：おはようございます．チェックアウトをお願いします．何かお支払がまだありますか？
フロント係：少々お待ちください．すぐにお返事します…いいえ，何もございません，すべてお済みです．鍵をお願いします．
直美　　：はい，どうぞ．

Naomi

Bonjour. J'aimerais faire le check-out, s'il vous plaît.

Le réceptionniste

Bien madame. Un instant, s'il vous plaît. Vous avez utilisé le bar ?

Naomi

Oui, **j'ai** bu la petite bouteille de vin rouge.

Le réceptionniste

Cela vous fera 5,10 euros, s'il vous plaît.

2-4　ホテルのチェックアウト

Naomi
Voilà.
ヴォワラ

直美　　　：おはようございます．チェックアウトをお願いします．
フロント係：かしこまりました．少々お待ちください．バーコーナーをお使いですか？
直美　　　：赤ワインの小ボトルを飲みました．
フロント係：5 ユーロ 10 になります．
直美　　　：はい，どうぞ．

基本のひとこと

● よい〜を！
Je vous souhaite ___A___（名詞）.
ジュ ヴー スウエットゥ

● 〜をした．
J'ai ___B___（過去分詞）.
ジェ

A

- une bonne journée　よい一日を
  ユヌ　ボヌ　ジュルネ
- un bon après-midi　よい午後を
  アン　ボ　ナプレ　ミディ
- une bonne nuit　よい夜を
  ユヌ　ボヌ　ニュイ
- un bonne soirée　よい夕べを
  アン　ボヌ　ソワレ
- un bon séjour　よい滞在を
  アン　ボン　セジュール
- un bon voyage　よい旅を
  アン　ボン　ヴォワィヤージュ
- une bonne excursion　楽しい観光を
  ユヌ　ボネクスキュルスィヨン
- une bonne semaine　よい1週間を
  ユヌ　ボヌ　スメーヌ
- un bel été　よい夏を
  アン　ベレテ
- de bonnes vacances　よい休暇を
  ドゥ　ボヌ　ヴァカンス
- un bon anniversaire　よい誕生日を
  アン　ボン　ナニヴェルセール
- une bonne année　よい年を
  ユヌ　ボ　ナネ
- un joyeux Noël　楽しいクリスマスを
  アン　ジョワィユ　ノエル
- de joyeuses Pâques　楽しいイースターを
  ドゥ　ジョワィユーズ　パーク

B

- bu la bouteille de whisky
  ビュ　ラ　ブティユ　ドゥ　ウィスキ
  ウイスキーのボトルを飲んだ
- mangé le petit déjeuner dans la salle-restaurant
  マンジェ　ル　プティ　デジュネ　ダン　ラ　サル　レストラン
  朝食をレストランで食べた
- utilisé le service de TV payante
  ユティリゼ　ル　セルヴィス　ドゥ　テヴェ　ペィヤントゥ
  有料TVを見た
- utilisé le service de massage en chambre
  ユティリゼ　ル　セルヴィス　ドゥ　マサージュ　アン　シャンブル
  マッサージを受けた
- utilisé la piscine　プールを使った
  ユティリゼ　ラ　ピスィヌ
- utilisé la salle de sport　スポーツルームを使った
  ユティリゼ　ラ　サル　ドゥ　スポル
- utilisé le jacuzzi　ジャグジーを使った
  ユティリゼ　ル　ジャクズィ
- utilisé le parking de l'hôtel
  ユティリゼ　ル　パルキング　ドゥ　ロテル
  ホテルの駐車場を使った
- utilisé le service *blanchisserie/pressing*
  ユティリゼ　ル　セルヴィス　ブランシスリ　プレッスィング
  クリーニングサービスを使った

役に立つフレーズ　ーホテルのチェックアウトー

●お部屋番号は何番でしょうか？
Quel est le numéro de votre chambre ?
　ケレ　　ル　　ニュメロ　ドゥ ヴォトル　　シャンブル

●よいご滞在でしたでしょうか？
Votre séjour chez nous s'est-il bien passé ?
ヴォトル セジュール シェ　ヌー　　セティル ビヤン　パッセ

●はい，とてもよかったです．
Oui, c'était parfait.
ウイ　　セテ　　パルフェ

●いいえ，ちょとクレームがあるのですが．
Non, je voudrais faire une réclamation.
ノン　ジュ　ヴードレ　フェール ユヌ　レクラマスィヨン

●お支払いがまだでございます．
Vous n'avez pas encore payé la note. / Vous n'avez pas encore réglé
ヴー　ナヴェ　パ　アンコール ペイエ ラ ノトゥ　　　ヴー　　ナヴェ　　パ　アンコール　レグレ
votre séjour.
ヴォトル セジュール

●荷物を降ろしてもらえますか？
Pourriez-vous faire descendre mes bagages ?
　プリエ　　　ヴー　フェール　デサンドル　　メ　　バガージュ

●すぐにポーターをお呼びします．
J'appelle un porteur tout de suite.
　ジャペル　　アン ポルトゥール トゥ ドゥ スュイトゥ

●部屋に何もお忘れ物がないでしょうか？
Vous n'avez rien oublié dans votre chambre ?
ヴー　　ナヴェ　リャン ヌブリエ　ダン　ヴォトル　シャンブル

●いいえ，大丈夫です．
Non, c'est bon.
ノン　　セ　　ボン

Faire le check-out

● 有料サービスをご利用なさいましたか？
Vous avez utilisé un service payant ?
ヴー　ザヴェ　ユティリゼ　アン　セルヴィス　ペイヤン

● 有料サービスは使っていません．
Non, je n'ai pas utilisé de service payant.
ノン　ジュ　ネ　パ　ユティリゼ　ドゥ　セルヴィス　ペイヤン

● ホテル・クラブのメンバーでいらっしゃいますか？
Êtes-vous membre d'un club hôtelier ?
エトゥ　ヴー　マンブル　ダン　クリュブ　オトゥリエ

● いいえ，メンバーズカードは持っていません．
Non, je n'ai pas de carte de membre.
ノン　ジュ　ネ　パ　ドゥ　カルトゥ　ドゥ　マンブル

● このメンバーズカードで割引がありますか？
Cette carte de membre donne-t-elle droit à une réduction
セットゥ　カルトゥ　ドゥ　マンブル　ドヌ　テル　ドルワ　ア　ユヌ　レデュクスィオン
dans votre hôtel ?
ダン　ヴォトル　オテル

● はい，1泊につき5％の割引があります．
Oui, vous avez 5 % sur le prix de la nuitée.
ウィ　ヴー　ザヴェ　サンクプールサン　スュル　ル　プリ　ドゥ　ラ　ニュイテ

● いいえ．うちのホテルはそのネットワークのメンバーではありません．
Non, notre hôtel n'est pas membre de ce service.
ノン　ノトル　オテル　ネ　パ　マンブル　ドゥス　セルヴィス

● 何かお忘れでしょうか？
Vous avez oublié quelque chose ?
ヴー　ザヴェ　ウブリエ　ケルク　ショーズ

● すみませんが，部屋に携帯を忘れました．探しに行ってもよいでしょうか？
Excusez-moi, j'ai oublié mon portable dans la chambre. Je peux aller
エクスキュゼ　モワ　ジェ　ウブリエ　モン　ポルターブル　ダン　ラ　シャンブル　ジュ　プ　アレ
le chercher, s'il vous plaît ?
ル　シェルシェ　スィル　ヴ　プレ

●預かってもらっている貴重品を返してもらいたいのですが．
Je voudrais retirer mes objets de valeur de votre coffre.
ジュ　ヴードレ　　ルティレ　　メ　ゾブジェ ドゥ ヴァルゥール ドゥ ヴォトル　コフル

●出発する前にトイレを使ってもよろしいでしょうか？
Je peux utiliser les toilettes avant de partir, s'il vous plaît ?
ジュ　プ　ユティリゼ　レ　トワレットゥ　アヴァン ドゥ パルティール スィル ヴ　プレ

●夕方までスーツケースを預かってもらえますか？
Je peux vous confier mes bagages jusqu'au soir, s'il vous plaît ?
ジュ　プ　ヴー　コンフィエ　メ　バガージュ　ジュスコ　ソワール スィル ヴ　プレ

●昼間は買い物をしなければなりません．
J'ai quelques courses à faire dans la journée.
ジェ　ケルク　　クールス　ア フェール　ダン　ラ　ジュルネ

●空港に行く前に取りに戻ります．
Je viendrai les récupérer avant de partir pour l'aéroport.
ジュ ヴィャンドレ　レ　レキュペレ　アヴァン ドゥ パルティル プール　ラエロポール

●タクシーを呼んでもらえますか？
Pouvez-vous m'appeler un taxi, s'il vous plaît ?
プヴェ　　ヴー　　マプレ　　アン タクスィ スィル ヴ　プレ

●すぐに１台お呼びします．
Je vous en appelle un tout de suite.
ジュ ヴー ザン　ナペル　アン トゥ ドゥ スュイトゥ

Faire le check-out

役に立つ単語　ーホテルのチェックアウトー

un appartement hôtel　アパートメントホテル
アン　ナパルトマン　オテル

un frigo / un frigidaire　冷蔵庫
アン　フリゴ　アン　フリジデール

une cuisinière　ガスコンロ
ユヌ　キュイズィニエール

une cafetière　コーヒーメーカー
ユヌ　カフティエール

un four　オーブン
アン　フール

un four micro-onde　電子レンジ
アン　フール　ミクロオンドゥ

un aspirateur　掃除機
アン　ナスピラトゥール

un évier　シンク
アン　ネヴィエ

une cuisine équipée　システムキッチン
ユヌ　キュイズィヌ　エキペ

un séjour　リビング
アン　セジュール

une chambre à coucher　寝室
ユヌ　シャンブラ　ア　クシェ

une salle de bains　浴室
ユヌ　サル　ドゥ　バン

Partie 3
Les transports
交通機関

3-1 地下鉄に乗る
Prendre le métro

Shô

Bonjour, madame. **Je ne sais pas** comment utiliser le guichet automatique. Vous pouvez m'expliquer, s'il vous plaît ?

La guichetière

Bien sûr, monsieur, j'arrive tout de suite.

Shô

Merci, c'est gentil.

翔　　：こんにちは．自動券売機の使い方がわからないのです．教えてもらえますか？
窓口係：もちろんです．すぐに行きます．
翔　　：ありがとう．

Naomi

Bonjour, vous avez des forfaits à la journée, s'il vous plaît ?

Le guichetier

Oui, nous avons le forfait Paris-Visite : c'est 11,15 euros la journée. Vous pouvez voyager à volonté dans Paris, en métro, en bus ou en RER.

Naomi

C'est parfait. Donnez-moi un forfait trois jours, s'il vous plaît.

Le guichetier

Voilà, madame. Ça vous fait 24,80 euros.

直美　：こんにちは．一日フリーパスはありますか？
窓口係：はい，パリ・ヴィジットがあります．一日で 11.15 ユーロでございます．パリの地下鉄とバスと RER が一日乗り放題です．
直美　：わかりました．3 日間券をお願いします．
窓口係：はい．24.80 ユーロになります．

Le contrôleur

Votre ticket, s'il vous plaît, madame.

Naomi

Voilà mon ticket Paris Visite, monsieur.

Le contrôleur

Vous n'êtes pas en règle, madame.

Naomi

Ah bon ? Qu'est-ce qui ne va pas ?

Le contrôleur

Vous devez écrire sur le ticket votre nom, votre prénom et les dates de début et de fin de validité !

Naomi

Excusez-moi, je ne le savais pas du tout.

Prendre le métro

Le contrôleur

C'est bon pour cette fois. Faites attention la prochaine fois !
セ　ボン　プール　セットゥ　フォワ　フェトゥ　アタンスィョン　ラ　プロシェヌ　フォワ

車掌：チケットをお願いします．
直美：パリ・ヴィジットです，どうぞ．
車掌：規定どおりになっていませんね．
直美：そうですか？どこがいけないのでしょうか？
車掌：チケットにお名前と使用開始日と終了日を記入しなければなりません．
直美：すみません，まったく知らなかったのです．
車掌：今回はよろしいですが，次回は気をつけてください．

基本のひとこと

● 〜がわかりません．
Je ne sais pas ＿＿＿ A ＿＿＿ .
ジュ ヌ セ パ

● 〜しなければなりません．
Vous devez ＿＿＿ B （不定詞）＿＿＿ .
ヴ ドゥヴェ

A

- **comment faire pour aller au Louvre**
  コマン フェール プール アレ オ ルーヴル
  ルーブルまでの行き方
- **comment aller aux Champs-Elysées**
  コマン アレ オ シャンゼリゼ
  シャンゼリゼまでの行き方
- **quel type de ticket prendre**
  ケル ティプ ドゥ ティケ プランドル
  どんなチケットにしたらいいか
- **sur quel bouton appuyer**
  スュル ケル ブトン アピュイエ
  どのボタンを押したらいいか
- **où trouver un plan du quartier**
  ウ トルヴェ アン プラン デュ カルティエ
  どこで町の地図をもらえるか
- **comment lire le nom de cette** *station / gare*
  コマン リール ル ノン ドゥ セットゥ スタスィヨン ガール
  この駅の名前をどう読むのか
- **quoi faire** 何をすればいいか
  クワ フェール
- **comment faire** どうすればいいか
  コマン フェール
- **à qui demander** 誰にきいたらいいか
  ア キ ドゥマンデ
- **parler français** フランス語を話す
  パルレ フランセ
- **parler anglais** 英語を話す
  パルレ アングレ

B

- **choisir le type de ticket**
  ショワズィル ル ティプ ドゥ ティケ
  チケットのタイプを選ぶ
- **appuyer sur le bouton** ボタンを押す
  アピュイエ スュル ル ブトン
- **confirmer votre choix** 選択を確定する
  コンフィルメ ヴォトル ショワ
- **ajouter vos nom et prénom**
  アジュテ ヴォ ノン エ プレノン
  姓名を記入する
- **faire attention aux pick-pockets**
  フェーラタンスィヨン オ ピック ポケットゥ
  スリに気をつける
- **attendre en retrait de la bordure du quai**
  アタンドル アン ルトゥレ ドゥ ラ ボルデュール デュ ケ
  プラットホームのラインの後ろで待つ
- **avoir votre passeport sur vous**
  アヴォワール ヴォトル パスポール スュル ヴ
  パスポートを携帯する
- **prendre la ligne 1 jusqu'aux Halles**
  プランドル ラ リーニュ アン ジュスコ アル
  1番線でレアール駅まで行く
- **changer à la station Gambetta**
  シャンジェ ア ラ スタスィヨン ガンベッタ
  ガンベッタ駅で乗り換える
- **descendre à la station Gare du nord**
  デサンドル ア ラ スタスィヨン ガール デュ ノール
  ガール・デュ・ノール駅で降りる
- **changer pour la ligne 1 direction Marne-la-Vallée**
  シャンジェ プール ラ リーニュ アン ディレクスィヨン マルヌ ラ ヴァレ
  1番線のマルヌ・ラ・ヴァレ行きに乗り換える

交通（機関）

Prendre le métro 87

役に立つフレーズ ー地下鉄に乗るー

- すみません．この駅からデファンスに行くにはどうしたらいいでしょうか？

Excusez-moi, monsieur. Comment puis-je aller à la Défense à partir de cette station, s'il vous plaît ?

- すみません．ここは何駅ですか？

Pardon, c'est quelle station ici ?

- ここはダヌブ駅です（あなたはダヌブ駅にいます）．

Ici, vous êtes à la station Danube.

- 何番線に乗ったらよいのでしょう？

Quelle ligne dois-je prendre ?

- 7番線に乗り，クリメ駅まで行ってください．

Prenez la ligne 7 jusqu'à la station Crimée.

- 何番線に乗り換えればいいでしょうか？

Pour quelle ligne dois-je changer ?

- 5番線のプラス・ディタリ駅行きに乗り換えて，ガール・デュ・ノール駅で降りてください．

Changez pour la ligne 5, direction Place d'Italie, et descendez à la Gare du Nord.

- そこで，RER B のロバンソン行きに乗ってください．

Là, prenez le RER B direction Robinson.

3-1 地下鉄に乗る

- シャトレ‐レ・アール駅で RER A のセルジ駅行きに乗り換えてください．

Changez à Châtelet-Les Halles pour le RER A, direction Cergy.
シャンジェ ア シャトレ レ アール プール ル エールウエール ア ディレクスィヨン セルジィ

- デファンスは何番目の駅ですか？

La Défense est à combien de stations ?
ラ デファンス エ タ コンビヤン ドゥ スタスィヨン

- デファンスは RER でシャトレ‐レ・アール駅から 3 つ目の駅です．

La Défense est la troisième station à partir de Châtelet-Les Halles en
ラ デファンス エ ラ トロワズィエム スタスィヨン ア パルティル ドゥ シャトレ レ アール アン
RER.
エール ウ エール

- デファンスはパリの郊外です．気をつけてください．ゾーン 1 のチケットではそこまで行くことはできません．

Attention, la Défense est en dehors de Paris. Vous ne pouvez pas aller
アタンスィヨン ラ デファンス エ アン ドゥオール ドゥ パリ ヴー ヌ プヴェ パ アレ
là-bas avec un ticket de zone 1.
ラ バ アヴェック アン ティケ ドゥ ゾーヌ アン

- すみません，何が起こったのですか？

Pardon, qu'est-ce qui se passe ?
パルドン ケ ス キ ス パス

- 5 番線のバスティーユ駅とジョレス駅の区間は工事中です．

La ligne 5 est en travaux entre les stations Bastille et Jaurès.
ラ リーニュ サンク エ タン トラヴォ アントル レ スタスィヨン バスティーユ エ ジョレス

- RATP（パリ交通公団）の従業員のストのため，今日パリのメトロはすべてストップです．

En raison d'un mouvement de grève des agents de la RATP, aucun
アン レゾン ダン ムーヴマン ドゥ クレーヴ デ ザジャン ドゥ ラ エラテペ オカン
métro ne circulera aujourd'hui sur l'ensemble du réseau.
メトロ ヌ スィルキュラ オジュルドゥイ スュル ランサンブル デュ レゾー

- 電車は線路上の事故で止まっています．

Les trains sont arrêtés à cause d'un incident sur les voies.
レ トラン ソン タレテ ア コーズ ダン ナンスィダン スュル レ ヴォワ

Prendre le métro

● ベルサイユ宮殿はゾーン１の中にありますか？
Est-ce que le château de Versailles est en zone 1 ?
エ ス ク ル シャト ドゥ ヴェルサイユ エ タン ゾーヌ アン

● このチケットでフォンテーヌブローまで行けますか？
Puis-je aller jusqu'à Fontainebleau avec ce ticket ?
ピュイ ジュ アレ ジュスカ フォンテヌブロ アヴェク ス ティケ

● いいえ，フォンテーヌブローはゾーン５です．別のチケットをお買い求めください．
Non, Fontainebleau est en zone 5. Vous devez acheter un autre ticket.
ノン フォンテーヌブロ エ タン ゾーヌ サンク ヴー ドゥヴェ アシュテ アン ノートル ティケ

役に立つ単語 ー地下鉄に乗るー

une station 地下鉄の駅
ユヌ スタスィヨン

un quai ホーム
アン ケ

une gare 電車の駅
ユヌ ガール

un escalier 階段
アン エスカリエ

un escalator エスカレーター
アン ネスカラトール

une direction 行先
ユヌ ディレクスィヨン

un changement 乗り換え
アン シャンジュマン

une correspondance 乗り換え
ユヌ コレスポンダンス

une zone 区域
ユヌ ゾーヌ

un guichet automatique 自動券売機
アン ギシェ オトマティック

un billet / un ticket 切符，チケット
アン ビエ アン ティケ

un carnet 10枚つづりの（割安）チケット
アン カルネ

un aller simple 片道
アン ナレ サンプル

un aller-retour 往復
アン ナレ ルトゥール

une réduction 割引
ユヌ レデュクスィヨン

un forfait 割引制度
アン フォルフェ

un agent de la RATP パリ交通公団の従業員
アン ナジャン ドゥ ラ エラテペ

un contrôleur 車掌
アン コントロルール

une annonce アナウンス
ユヌ ナノンス

une rame de métro 地下鉄の車両
ユヌ ラム ドゥ メトロ

un direct 直行
アン ディレクトゥ

un omnibus 各駅停車
アン ノムニビュス

un semi-direct 快速
アン スミ ディレクトゥ

Renseignements

📷 パリの交通機関網とチケットについてはこちらをご覧ください．

http://www.ratp.fr/fr/ratp/c_20585/titres-tarifs/

　1枚のチケットは1.80ユーロです．10枚（カルネ，carnet de 10 tickets）で買うと，お得な14.10ユーロになります．

期間の決まった滞在には1日から5日間まであるチケット，パリヴィジットが理想的です．料金は利用日数と区分けによって決まります（パリとその近郊が同心円のゾーンに区切られています．パリはゾーン1，次いでその近郊はゾーン2～4，一番遠いところでは，例えばフォンテーヌブロー城はゾーン5になります．パリヴィジットではRERまたはロワッシーバスでオペラからシャルル・ド・ゴール空港まで行くこともできます．最も安いチケットは11.15ユーロで，ゾーン1からゾーン3まで一日乗り放題です．最も高い料金は61.25ユーロで，ゾーン1からゾーン5まで行けます．(2016年現在) パリ・ヴィジットの料金とその他のお得な情報はこちらでご覧ください．

www.ratp.fr/ja/ratp/c_20593/paris-visite

長期滞在者向けにはナヴィゴというICカードもありますが，日本語のサイトで調べることもできます．

http://jams-parisfrance.com/info/metroparisien_tarifs/

これらすべてのチケットは地下鉄やRERの駅で購入できます．

📷 一方，晴れている日は自転車でパリを観光してはいかがでしょうか．Velib'（ヴェリブ）ネットワークを使えば便利です．この自転車レンタルサービスはパリ全体において23 600台の自転車を提供しています．借りた自転車は別のサイクル・ステーションで返してもOKです．また，予約は不要です　1日分（1.70ユーロ）か7日分（8ユーロ）のチケットが買えます．一日24時間いつでもVelib'（ヴェリブ）を使えます．詳しい情報は

http://jp.france.fr/ja/information/24124

http://en.velib.paris.fr/ （英語版）

Prendre le métro　91

3-2 電車の切符を買う
Acheter un billet de train

Shô

Bonjour, madame. Je voudrais un billet aller-retour
Paris – Lille en TGV, s'il vous plaît.

La guichetière

Vous partez à quelle date ?

Shô

Je pars aujourd'hui, avec le prochain train si possible.

La guichetière

Le prochain TGV pour Lille part à 16h01. Cela vous convient ?

Shô

Oui, réservez-moi une place, s'il vous plaît.

翔　　：こんにちは．TGV のパリーリール間の往復の切符がほしいのですが．
窓口係：何日の出発ですか？
翔　　：今日です．できれば，次の列車で行きたいのです．
窓口係：次のリール行きの TGV は 16 時 01 分です．よろしいでしょうか？
翔　　：はい，席を一つお願いします．

Naomi

Bonjour. Un aller simple pour Lyon en TGV,
ボンジュール アン ナレ サンプル プール リヨン アン テジェヴェ

s'il vous plaît.
スィル ヴ プレ

Le guichetier

C'est pour quand ?
セ プール カン

Naomi

Le 10 septembre, départ vers 8h du matin, si possible.
ル ディ セプタンブル デパール ヴェール ユィトゥール デュ マタン スィ ポスィブル

Le guichetier

Vous avez un départ Paris – gare de Lyon à 7h53,
ヴーザヴェ アン デパール パリ ガール ドゥ リヨン ア セトゥールサンカントゥトロワ

arrivée à 9h57, gare de la Part-Dieu.
アリヴェ ア ヌヴゥールサンカントゥセットゥ ガール ドゥ ラ パール ディユ

交通（機関）

Naomi

Très bien. Alors je voudrais une place côté fenêtre,
トレ ビヤン アロール ジュ ヴードレ ユヌ プラス コテ フネートル

s'il vous plaît.
スィル ヴ プレ

Le guichetier

Voilà, ça vous fera 69 euros.
ヴォワラ サ ヴー フラ スワサントゥヌフウロ

直美　：こんにちは．TGV でリヨン行きの片道チケットをお願いします．
窓口係：いつですか？
直美　：できれば，9 月 10 日，朝の 8 時頃でお願いします．
窓口係：パリのリヨン駅 7 時 53 分出発，パル・ディユ駅到着 9 時 57 分がございます．
直美　：わかりました．窓際の席をお願いします．
窓口係：69 ユーロになります．

Acheter un billet de train　93

Shô

Bonjour, madame. Je voudrais un billet aller-retour Lyon – Pérouges. Départ immédiat.
ボンジュール　マダム　ジュ　ヴードレ　アン　ビエ　アレ　ルトゥール　リヨン
ペルージュ　デパール　イメディア

La guichetière

Vous avez une réduction ?
ヴー　ザヴェ　ユヌ　レデュクスィヨン

Shô

Non. **Il faut** réserver ?
ノン　イル　フォ　レゼルヴェ

La guichetière

Non, ce n'est pas nécessaire. 7,30 euros, s'il vous plaît.
ノン　ス　ネ　パ　ネセセール　セットゥ　ウロ　トゥラントゥ　スィル　ヴ　プレ

翔　　：こんにちは．リヨン－ペルージュの往復切符をお願いします．次の電車で．
窓口係：割引をお持ちですか？
翔　　：いいえ．予約が必要ですか？
窓口係：いいえ，必要ではありません．7.30 ユーロになります．

基本のひとこと

● ～しなければなりません．
Il faut ＿＿＿（不定詞）＿＿＿．
イル フォ

- acheter le ticket à la machine
  アシュテ ル ティケ ア ラ マシーヌ
  券売機で切符を買う
- choisir le type de ticket 切符のタイプを選ぶ
  ショワズィル ル ティップ ドゥ ティケ
- choisir la gare de départ 出発の駅を選ぶ
  ショワズィル ラ ガール ドゥ デパール
- choisir la destination 到着駅を選ぶ
  ショワズィル ラ デスティナスィヨン
- choisir la date 日時を選ぶ
  ショワズィル ラ ダトゥ
- choisir l'heure de départ 出発時間を選ぶ
  ショワズィル ルゥール ドゥ デパール
- appuyer sur le bouton このボタンを押す
  アピュイエ スュル ル ブトン

- confirmer votre choix 選択を確定する
  コンフィルメ ヴォトル ショワ
- composter le billet 切符を改札する
  コンポステ ル ビエ
- changer à Lyon リヨンで乗り換える
  シャンジェ ア リヨン
- descendre à Lyon - Perrache
  デサンドル ア リヨン ペラシュ
  リヨンペラシュで降りる
- monter en avant du train 前方車両に乗る
  モンテ アン ナヴァン デュ トラン
- monter en arrière du train 後方車両に乗る
  モンテ アン ナリエール デュ トラン

交通（機関）

Acheter un billet de train　95

役に立つフレーズ　―電車の切符を買う―

● 旅行者への割引がありますか？
Vous avez des réductions pour les touristes ?
ヴー　ザヴェ　デ　レデュクスィヨン　プール　レ　トゥーリストゥ

● いいえ，特別割引のカードが必要です．
Non, il faut des cartes de réduction spéciales.
ノン　イル　フォ　デ　カルトゥ　ドゥ レデュクスィヨン　スペスィヤル

● すべての席が禁煙席です．
Toutes les places sont non-fumeur.
トゥトゥ　レ　プラス　ソン　ノン　フュムール

● 二等の席になさいますか？
Vous désirez une place en seconde ?
ヴー　デズィレ　ユヌ　プラス　アン　スゴンドゥ

● 一等の席をお願いします．
Je voudrais une place en première classe, s'il vous plaît.
ジュ　ヴードレ　ユヌ　プラス　アン　プルミエール　クラス　スィル　ヴ　プレ

● 通路側の席 / 窓際の席をお願いします．
Je voudrais une place côté *couloir* / *fenêtre*.
ジュ　ヴードレ　ユヌ　プラス　コテ　クロワール　フネートル

● お支払いはどうなさいますか？
Vous réglez comment ?
ヴー　レグレ　コマン

● カードで / 現金で払います．
Je règle *par carte* / *en espèces*.
ジュ　レグル　パール　カルトゥ　アン　ネスペース

● 予約してカードで支払ったチケットをもらいたいのですが．
Je voudrais retirer le billet que j'ai réservé et payé par carte.
ジュ　ヴードレ　ルティレ　ル　ビエ　ク　ジェ　レゼルヴェ　エ　ペイエ　パル　カルトゥ

● 自動換券機でチケットをお取りください．
Allez retirer votre billet à la *machine / borne* de retrait automatique.

● 自転車を持って電車に乗れますか？
Je peux prendre le train avec mon vélo ?

● リヨン—ジュネーヴ間の時刻表がありますか？
Vous avez les horaires pour la ligne Lyon – Genève, s'il vous plaît ?

● マルセイユ行きの始発 / 最終電車は何時ですか？
À quelle heure part le *premier / dernier* train pour Marseille ?

● 電車に乗り遅れました．次の電車に乗れますか？
J'ai raté mon train. Puis-je prendre le prochain ?

● はい，しかし，チケットを変更しなければなりません．
Oui, mais il faut changer de billet.

● チケットを払い戻ししてもらえますか？
Puis-je me faire rembourser mon billet ?

● はい．この書類にご記入ください．
Oui. Veuillez remplir ce formulaire.

● 電車は1時間遅れています．
Le train a une heure de retard.

● 電車はキャンセルになりました．
Le train est annulé.

交通（機関）

Acheter un billet de train

● 代わりにバスが運行します．
Il y a un bus de remplacement.
<small>イリヤ　アン ビュス ドゥ　　ランプラスマン</small>

● 何時ですか？
Quelle heure est-il ?
<small>　　ケルゥール　　　エ ティル</small>

● 時間を教えてもらえますか？
Vous avez l'heure, s'il vous plaît ?
<small>ヴー　ザヴェ　ルゥール　スィル　ヴ　　プレ</small>

● 2時15分/半/15分前です．
Il est deux heures *et quart* / *et demie* / *moins le quart*.
<small>イ　レ　ドゥ　ズゥール エ　カール　エ　ドゥミ　　モワン　ル　カール</small>

● 2時5分/10分/20分/25分です．
Il est deux heures *cinq* / *dix* / *vingt* / *vingt-cinq*.
<small>イ　レ　ドゥ　ズゥール　サンク　　ディス　　ヴァン　ヴァントゥ サンク</small>

● 2時5分前/10分前/20分前/25分前です．
Il est deux heures *moins cinq* / *moins dix* / *moins vingt* / *moins*
<small>イ　レ　　ドゥズゥール　　モワン　サンク　　モワン ディス　モワン　ヴァン　　モワン</small>
vingt-cinq.
<small>ヴァントゥ サンク</small>

● 何時の出発ですか？
À quelle heure partez-vous ?
<small>ア　　ケルゥール　　パルテ　　ヴー</small>

● 16時に出発します．
Je pars à seize heures.
<small>ジュ パール ア　　セーズゥール</small>

時間 (L'heure)
ルゥール

Il est une heure. 1時です。
イ レ ユヌ ゥール

Il est deux heures. 2時です。
イ レ ドゥ ズゥール

Il est trois heures 3時です。
イ レ トロワ ズゥール

Il est quatre heures 4時です。
イ レ カトルゥール

Il est cinq heures 5時です。
イ レ サンクゥール

Il est six heures 6時です。
イ レ スィズゥール

Il est sept heures 7時です。
イ レ セトゥール

Il est huit heures 8時です。
イ レ ユイトゥール

Il est neuf heures 9時です。
イ レ ヌヴゥール

Il est dix heures 10時です。
イ レ ディズゥール

Il est onze heures 11時です。
イ レ オンズゥール

Il est midi 12時です。
イ レ ミディ

Il est minuit. 24時です。
イ レ ミニュイ

交通（機関）

Renseignements

よく言われることですが，パリだけがフランスではありません．**TGV**（テジェヴェ）を使えば，パリの景観とは全く違った，多彩な歴史遺産をもつフランスの地方都市に数時間で行けます．フランスの人口は，パリが約2200万人，次いでマルセイユが約85万人，リヨンが約50万人，日本の大都市と比較するとフランスの都市は小さな町という感じです．しかしその地方の魅力は計り知れないものがあります．

たとえばリヨンではフランスで一番広いルネッサンス時代の旧市街があります．典型的なリヨン料理を堪能できる地元レストランが並び，中世のサン・ジャン大聖堂や，そこからケーブルカーで登れるフルヴィエール大聖堂，大聖堂と同じ丘の上に建てられた古代ローマ劇場跡地とそのガロ・ロマン博物館も見のがせません．

http://www.patrimoine-lyon.org/

リヨンから歴史や芸術遺産に恵まれた他の都市，グルノーブル，サン・テティエンヌなどへ行くのも容易です．中世の街ペルージュもすぐ近く，ちょっと寄り道してはいかがでしょうか？

Acheter un billet de train

役に立つ単語　ー電車の切符を買うー

le chef de gare 駅長
ル　シェフ　ドゥ　ガール

l'employé de gare 駅員
ランプロワィエ　ドゥ　ガール

l'arrêt de bus バス停
ラレ　ドゥ　ビュス

la station de métro 地下鉄の駅
ラ　スタスィヨン　ドゥ　メトロ

la station de taxis タクシー乗り場
ラ　スタスィヨン　ドゥ　タクスィ

le terminus 終点
ル　テルミニュス

le train 電車
ル　トラン

le guichet 窓口
ル　ギシェ

le guichet automatique 券売機
ル　ギシェ　オトマティック

la consigne automatique コインロッカー
ラ　コンスィーニュ　オトマティック

la consigne à bagages 荷物預かり所
ラ　コンシーニュ　ア　バガージュ

le chariot à bagages カート
ル　シャリオ　ア　バガージュ

le composteur 改札機
ル　コンポストゥール

le distributeur automatique de billets
ル　ディストリビュトゥール　オトマティック　ドゥ　ビエ
自動券売機

le tableau d'affichage 時刻表
ル　タブロ　ダフィッシャージュ

la cafétéria カフェテリア
ラ　カフェテリア

le marchand de journaux キオスク
ル　マルシャン　ドゥ　ジュルノ

les toilettes publiques 公衆トイレ
レ　トワレットゥ　ピュブリック

la correspondance 乗り換え
ラ　コレスポンダンス

la ligne 路線
ラ　リーニュ

les grandes lignes 遠距離線
レ　グランドゥ　リーニュ

les horaires 時刻表
レ　ゾレール

les lignes de banlieue 郊外の路線
レ　リーニュ　ドゥ　バンリュ

le quai ホーム
ル　ケ

la salle d'attente 待合室
ラ　サル　ダタントゥ

la signalisation 信号機
ラ　スィニャリザスィヨン

le tunnel トンネル
ル　テュネル

la voie （駅の）番線
ラ　ヴォワ

Renseignements

日本からの電車オンライン予約はこちらをご覧ください．

http://www.voyages-sncf.com/

3-3 電車に乗る
Prendre le train

25

Shô

Excusez-moi, madame. Je cherche le quai pour le TGV Paris – Lille.

L'employée de gare

Quelle est l'heure de départ ?

Shô

Je pars à 16h01.

La guichetière

Voyons... Ce TGV est à la voie 14.

Shô

Merci, bonne journée.

翔　：すみません．パリーリールの TGV のホームを探しているのですが．
駅員：何時の出発ですか？
翔　：16 時 1 分発です．
駅員：お待ちください…その TGV は 14 番ホームです．
翔　：ありがとうございます，よい一日を．

Naomi

Excusez-moi, je ne trouve pas mon train.

L'employé de gare

Quel train prenez-vous ?

交通（機関）

Prendre le train　101

Naomi
Le TGV pour Lyon Part-Dieu de 7h53.
ル テジェヴェ プール リヨン パル ディユ ドゥ セトゥールサンカントゥトロワ

L'employé de gare
Dépêchez-vous : **il va** partir dans trois minutes. Il est à la voie 16.
デペシェ ヴー イル ヴァ パルティル ダン トロワ ミニュトゥ イレ タラ ヴォワ セーズ

Naomi
Merci beaucoup !
メルスィ ボク

L'employé de gare
N'oubliez pas de composter votre billet !
ヌブリエ パ ドゥ コンポステ ヴォトル ビエ

直美：すみません．私の列車が見つからないのですが．
駅員：どの列車に乗るのですか？
直美：リヨン・パール・ディユ行き7時53分のTGVです．
駅員：急いでください．3分後に出発です．16番ホームです．
直美：ありがとうございます！
駅員：チケットを改札機に通すことを忘れないでください！

La contrôleuse
Monsieur, bonjour. Contrôle des billets, s'il vous plaît.
ムスィユー ボンジュール コントゥロール デ ビエ スィル ヴ プレ

Shô
Voilà.
ヴォワラ

La contrôleuse
Merci bien. Bon voyage. Madame, votre billet, s'il vous plaît.
メルスィ ビヤン ボン ヴォワィヤージュ マダム ヴォトル ビエ スィル ヴ プレ

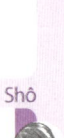

102　3-3　電車に乗る

Une voyageuse

Le voilà.
ル ヴォワラ

La contrôleuse

Il n'est pas composté. Je suis dans l'obligation de vous
イル ネ パ コンポステ ジュ スュイ ダン ロブリガスィヨン ドゥ ヴー

dresser une amende. Cela vous fera 55 euros.
ドレッセー ユナマンド スラ ヴー フラ サンカントゥサンク ウーロ

車掌　：こんにちは．チケットを拝見します．
翔　　：はい，どうぞ．
車掌　：ありがとうございます．よい旅を！（別の人に）チケットをお願いします．
旅行者：はい，どうぞ．
車掌　：改札機を通していませんね．罰金を支払ってもらわなければなりません．55 ユーロに
　　　　なります．

Naomi

Excusez-moi, monsieur. Je suis montée en vitesse et je
エクスキュゼ モワ ムスュー ジュ スュイ モンテ アン ヴィテス エ ジュ

n'ai pas eu le temps de composter le billet.
ネ パ ズュ ル タン ドゥ コンポステ ル ビエ

Le contrôleur

Bien, madame. Faites attention la prochaine fois…
ビヤン マダム フェトゥ アタンスィヨン ラ プロシェヌ フォワ

Voilà, vous êtes en règle.
ヴォワラ ヴー ゼットゥ アン レグル

直美：すみません．急いでいたので，改札機を通す時間がなかったのです．
車掌：わかりました．次回からは気をつけてください…これで大丈夫です．

交通（機関）

Prendre le train　103

基本のひとこと

●後で / まもなく〜します．
Je vais / Il va / Vous allez ___A（不定詞）___ .
ジュ ヴェ　イル ヴァ　ヴー　ザレ

●〜する時間がなかったのです．
Je n'ai pas eu le temps de / d' ___B（不定詞）___ .
ジュ　ネ　パ　ズュ　ル　タン　ドゥ

A
- acheter *le ticket / le billet* à la machine
  アシュテ　ル　ティケ　ル　ビエ　ア　ラ　マシーヌ
  券売機でチケットを買う
- être en retard　遅れてしまう
  エートゥル　アン　ルタール
- faire une course　買い物をする
  フェール　ユヌ　クールス
- sortir ce soir　今晩出かける
  ソルティル　ス　ソワール
- appuyer sur le bouton　ボタンを押す
  アピュイエ　スュル　ル　ブトン
- monter dans le train　列車に乗る
  モンテ　ダン　ル　トラン
- descendre du train　列車から降りる
  デサンドル　デュ　トラン
- changer à Lyon　リヨンで乗り換える
  シャンジェ　ア　リヨン

B
- composter le billet　チケットを改札機に通す
  コンポステ　ル　ビエ
- regarder le rayon souvenirs
  ルガルデ　ル　レイヨン　スヴニール
  お土産売り場を見る
- faire ma valise　荷物をつくる
  フェール　マ　ヴァリーズ
- défaire ma valise　荷物をとく
  デフェール　マ　ヴァリーズ
- manger　食べる
  マンジェ
- aller aux toilettes　トイレに行く
  アレ　オ　トワレットゥ
- acheter ce que je voulais
  アシュテ　ス　ク　ジュ　ヴレ
  ほしかったものを買う

役に立つフレーズ　ー電車に乗るー

● オルレアン行きの片道チケットを1枚お願いします．
Je voudrais un aller simple pour Orléans, s'il vous plaît.
ジュ　ヴードレ　アン　ナレ　サンプル　プール　オルレアン　スィル　ヴ　プレ

● ストラスブール行き二等の往復チケットを1枚お願いします．
Je voudrais un aller-retour en seconde classe pour Strasbourg.
ジュ　ヴードレ　アン　ナレルトゥール　アン　スゴンドゥ　クラース　プール　ストラスブール

● パリ行きの19時10分発TGVの座席を予約したいのですが．
Je voudrais réserver une place dans le TGV de 19h10 pour Paris.
ジュ　ヴードレ　レゼルヴェ　ユヌ　プラス　ダン　ル　テジェヴェ　ドゥ　ディズヌーヴールディス　プール　パリ

● ボルドー行きの列車はどれでしょうか？
Quel est le train pour Bordeaux ?
ケ　レ　ル　トラン　プール　ボルドー

● バイヨンヌ行きの電車に乗ってください．
Il faut prendre le train pour Bayonne.
イル　フォ　プランドル　ル　トラン　プール　バイヨンヌ

● ルーアン行きの列車はどのホームから出発しますか？
Le train pour Rouen part de quelle voie ?
ル　トラン　プール　ルアン　パール　ドゥ　ケル　ヴォワ

● 3番ホームから出ます．
Il part de la voie 3.
イル　パール　ドゥ　ラ　ヴォワ　トロワ

● モン・サン・ミシェルに行くにはどこで乗り換えですか？
Où faut-il changer pour aller au Mont-Saint-Michel ?
ウ　フォティル　シャンジェ　プール　アレ　オ　モン　サン　ミシェル

● ルーアンで乗り換えないといけません．
Il faut changer à Rouen.
イル　フォ　シャンジェ　ア　ルアン

交通（機関）

Prendre le train　105

●改札機はどこですか？
Où est le composteur ?
ウ　エ　ル　コンポストゥール

●列車はどれくらい後に到着 / 出発しますか？
Le train *arrive* / *part* dans combien de temps ?
ル　トラン　アリヴ　パール　ダン　コンビヤン　ドゥ　タン

● 10 分後に到着します．
Il arrive dans 10 minutes.
イ　ラリヴ　ダン　ディ　ミニュトゥ

●そこは座席 12 番ですか？
Est-ce la place 12 ?
エ　ス　ラ　プラス　ドゥーズ

●すみません，そこは私の席だと思います．
Excusez-moi, mais je crois que vous êtes assis(e) à ma place.
エクスキュゼ　モワ　メ　ジュ　クロワ　ク　ヴー　ゼットゥ　アスィ(ズ)　ア　マ　プラス

●その席は空いていますか？
La place est libre ?
ラ　プラス　エ　リーブル

●はい，どうぞ．お座りください．
Oui, je vous en prie. Asseyez-vous.
ウィ　ジュ　ヴ　ザン　プリ　アセィエ　ヴー

●その席は誰かいますか？
Cette place est-elle occupée ?
セットゥ　プラス　エテル　オキュペ

●私の席が見つかりません．
Je ne trouve pas ma place.
ジュ　ヌ　トルヴ　パ　マ　プラス

●すみません，席を間違えました．
Pardon, je me suis trompé(e) de place.
パルドン　ジュ　ム　スュイ　トロンペ　ドゥ　プラス

●ここに荷物を置いてもよろしいでしょうか？
Cela vous dérange si je pose mon bagage ici ?
　スラ　　ヴ　　デランジュ　スィ ジュ ポーズ　モン　　バガージュ イスィ

●最終列車は何時に到着 / 出発しますか？
À quelle heure *arrive* / *part* le dernier train ?
ア　　ケルゥール　　アリヴ　　　パール　ル　デルニエ　　トラン

●予約の変更をお願いしたいのですが．
J'aimerais modifier ma réservation.
　　ジェムレ　　　モディフィエ　　マ　　レゼルヴァスィヨン

●次の駅はどこですか？
Quel est le prochain arrêt / Quelle est la gare suivante ?
ケ　　レ　ル　プロシェ　　ナレ　　　　ケル　　ラ ガール スュイヴァントゥ

●チケットをなくしてしまいました．
J'ai perdu mon billet.
ジェ　ペルデュ　　モン　　　ビエ

●パスポートを持っていません．
Je n'ai pas de passeport.
ジュ　ネ　　パ　ドゥ　　パスポール

●私は電車を間違えました．
Je ne suis pas dans le bon train.
ジュ ヌ　スュイ　パ　　ダン　ル　ボン　トラン

交通（機関）

Prendre le train　107

役に立つ単語

ー窓口でー

un aller simple 片道
アン ナレ サンプル

un aller-retour 往復
アン ナレ ルトゥール

un billet / un ticket チケット，切符*
アン ビエ アン ティケ

une carte d'abonnement 定期券
ユヌ カルトゥ ダボヌマン

une destination 行き先
ユヌ デスティナスィヨン

l'heure d'arrivée 到着時間
ルゥール ダリヴェ

l'heure de départ 出発時間
ルゥール ドゥ デパール

l'heure de pointe ラッシュ・アワー
ルゥール ドゥ ポワントゥ

un horaire 時刻表
アン ノレール

un retard 遅刻，遅れ
アン ルタール

la première classe 一等
ラ プルミエール クラース

la deuxième classe 二等
ラ ドゥズィエム クラース

une réduction 割引
ユヌ レデュクスィヨン

un remboursement 払い戻し
アン ランブルスマン

les tarifs 運賃
レ タリフ

*ticket と billet は厳密な区別なく使われるが，地下鉄のチケットなど小さなサイズのものは ticket，列車の切符など大きめのものは billet である．

ー列車の中でー

un wagon-lit 寝台車
アン ヴァゴン リ

un wagon-restaurant 食堂車
アン ヴァゴン レストラン

un compartiment 客車
アン コンパルティマン

une couchette 簡易寝台
ユヌ クシェットゥ

être assis(e) 座っている
エートル アスィ(ズ)

rester debout 立っている
レステ ドゥブ

le couloir 廊下
ル クロワール

la fenêtre 窓
ラ フネートル

une place réservée 予約席
ユヌ プラス レゼルヴェ

une place non réservée 自由席
ユヌ プラス ノン レゼルヴェ

un siège / une place 座席
アン スィエージュ ユヌ プラス

un contrôleur / une contrôleuse 車掌
アン コントロルゥール ユヌ コントロルゥーズ

un voyageur / une voyageuse 旅行者
アン ヴォワィヤジュール，ユヌ ヴォワィヤジューズ

un appui-tête ヘッドレスト
アン ナピュイテットゥ

un compartiment à bagages 荷物入れ
アン コンパルティマン ア バガージュ

un porte-bagages 荷物棚
アン ポルトゥ バガージュ

une portière automatique 自動ドア
ユヌ ポルティエール オトマティック

un signal d'alarme 非常ベル
アン スィニャル ダラルム

un repose-pied 足置き
アン ルポーズ ピエ

Renseignements

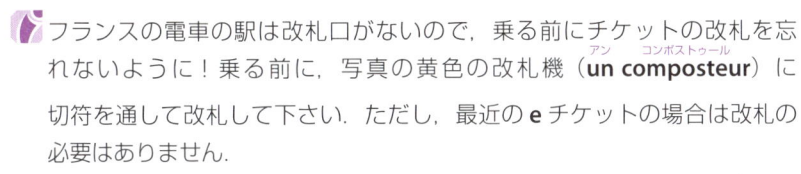

フランスの電車の駅は改札口がないので，乗る前にチケットの改札を忘れないように！乗る前に，写真の黄色の改札機（**un composteur**）に切符を通して改札して下さい．ただし，最近の e チケットの場合は改札の必要はありません．

列車は行き先により車両が違うことがあるので，確認しておきましょう．

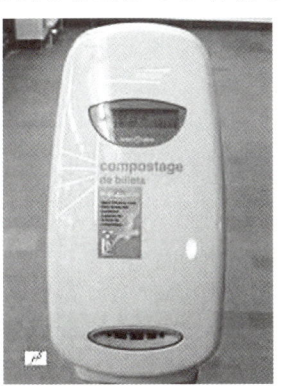

交通（機関）

Prendre le train

3-4 タクシーに乗る
Prendre le taxi

Shô

Bonjour, madame. Vous êtes libre ?
ボンジュール　マダム　ヴー　ゼットゥ リーブル

Le chauffeur

Oui, où allez-vous ?
ウィ　ウ　アレ　ヴー

Shô

Emmenez-moi au musée du Louvre, s'il vous plaît.
アムネ　モワ　オ　ミュゼ　デュ　ルーヴル　スィル　ヴ　プレ

Le chauffeur

Très bien, c'est parti !
トレ　ビヤン　セ　パルティ

翔　　：こんにちは．空いていますか？
運転手：はい．どちらまでですか？
翔　　：ルーブル美術館までお願いします．
運転手：かしこまりました．

Naomi

Taxi !
タクスィ

Le chauffeur

Bonjour, madame. Je vous emmène où ?
ボンジュール　マダム　ジュ　ヴ　ザンメヌ　ウ

Naomi

Je voudrais aller à la gare Montparnasse, s'il vous plaît.
ジュ　ヴードレ　アレ　ア ラ ガール　モンパルナス　スィル　ヴ　プレ

Ça prend combien de temps ?
サ　プラン　コンビヤン　ドゥ　タン

110　3-4　タクシーに乗る

Le chauffeur

En temps normal, 30 minutes **à partir d'**ici, mais à
_{アン タン ノルマル トラントゥ ミニュトゥ ア パルティル ディスィ メ ア}

l'heure de pointe, **il faut** 50 minutes au moins.
_{ルゥール ドゥ ポワントゥ イル フォ サンカントゥ ミニュトゥ オ モワン}

Naomi

Faites au plus vite, s'il vous plaît. J'ai un train à prendre.
_{フェットゥ オ プリュ ヴィトゥ スィル ヴ プレ ジェ アン トラン ア プランドル}

Le chauffeur

Entendu, madame.
_{アンタンデュ マダム}

直美　：タクシー！
運転手：こんにちは．どちらまでですか？
直美　：モンパルナス駅までお願いします．どのくらいかかりますか？
運転手：普通なら，ここから 30 分です．でも混んでいるときは少なくとも 50 分はかかります．
直美　：できるだけ早くお願いします．列車に乗らなければならないのです．
運転手：かしこまりました．

Le chauffeur

Voilà, vous y êtes !
_{ヴォワラ ヴー ズィ エットゥ}

Shô

Combien fait la course ?
_{コンビヤン フェ ラ クールス}

Le chauffeur

16 euros tout juste.
_{セーズ ウロ トゥ ジュストゥ}

Shô

Voilà.
_{ヴォワラ}

運転手：はい，着きました．
翔　　：いくらになりますか？
運転手：ちょうど 16 ユーロです．
翔　　：はい．

Prendre le taxi　111

基本のひとこと

● ～に行きたいです．
Emmenez-moi / Je voudrais aller _____A_____ ．
アムネ　モワ　ジュ　ヴードレ　アレ

● （時間が）～かかる．
Ça prend / Il faut _____B_____ ．
サ　プラン　イル　フォ

● ～（場所）から
à partir _____C_____ ．
ア　パルティル

A
- □ à la gare　駅に
  ア　ラ　ガール
- □ à la place de la Bastille　バスティーユ広場に
  ア　ラ　プラス　ドゥ　ラ　バスティーユ
- □ à la station Opéra　オペラ駅に
  ア　ラ　スタスィヨン　オペラ
- □ au Trocadéro　トロカデロに
  オ　トロカデロ
- □ au musée d'Orsay　オルセー美術館に
  オ　ミュゼ　ドルセー
- □ aux Invalides　アンヴァリッドに
  オ　ザンヴァリドゥ
- □ dans le quartier de Saint-Germain
  ダン　ル　カルティエ　ドゥ　サンジェルマン
  サンジェルマン街に

B
- □ deux minutes　2分
  ドゥ　ミニュトゥ
- □ un quart d'heure　15分
  アン　カルドゥール
- □ une demi-heure　30分
  ユヌ　ドゥミゥール
- □ trente minutes　30分
  トゥラントゥ　ミニュトゥ
- □ trois quarts d'heure　45分
  トロワ　カルドゥール
- □ une heure　1時間
  ユ　ヌール
- □ plus d'une heure　1時間以上
  プリュ　デュヌール

C
- □ d'ici　ここから
  ディスィ
- □ de là-bas　あそこから
  ドゥ　ラバ
- □ de la gare　駅から
  ドゥ　ラ　ガール
- □ de l'Opéra　オペラ座から
  ドゥ　ロペラ
- □ du Trocadéro　トロカデロから
  デュ　トロカデロ
- □ des Invalides　アンヴァリッドから
  デ　ザンヴァリドゥ

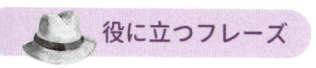

役に立つフレーズ －タクシーに乗る－

●タクシーを呼んでいただけませんか？
Appelez-moi un taxi, s'il vous plaît !
アプレ　モワ　アン タクスィ スィル ヴ　　プレ

●明日の朝6時にシャペル通り3番地にタクシーをお願いします．
Je voudrais un taxi au 3, rue de la Chapelle, pour demain matin,
ジュ　ヴードレ　アン タクスィ オ トロワ リュ ドゥ ラ　シャペル　　プール　ドゥマン　マタン
6 heures.
スィ ズゥール

●すみません．予約済です．
Désolé(e), je suis pris(e) !
デゾレ　　　ジュ スュイ プリ(ズ)

●どうぞ，お乗りください．
Montez !
モンテ

●シートベルトを締めてください．
Mettez votre ceinture !
メテ　　ヴォトル　サンテュール

●行き方をご存知ですか？
Savez-vous comment aller là-bas ?
サヴェ　　ヴー　　コマン　　アレ　ラ　バ

●正確な住所はわかりますか？
Avez-vous l'adressse exacte ?
アヴェ　　ヴー　　ラドレス　　エグザクトゥ

●どこまで行かれますか？
Jusqu'où dois-je vous emmener ?
ジュスク　ドワージュ　ヴー　ザンムネ

●国際線ですか？国内線ですか？
Lignes internationales ou lignes domestiques ?
リーニュ　アンテルナスィヨナル　ウ　リーニュ　　ドメスティック

交通（機関）

Prendre le taxi　113

●その場所がわかりません．そこまで案内してもらえますか？
Je ne sais pas où est cet endroit. Vous pouvez me guider jusque là-bas ?
ジュ ヌ セ パ ウ エ セッタンドロワ ヴー プヴェ ム ギデ ジュスク ラ バ

●少々お待ちください．それがどこかタクシーセンターに問い合わせてみます．
Un instant, je demande au central téléphonique où c'est.
アン ナンスタン ジュ ドゥマンドゥ オ サントラル テレフォニック ウ セ

●この道はよく混んでいますが，他の道を行ってもいいですか？
Cette rue est souvent embouteillée. Puis-je prendre un autre chemin ?
セットゥ リュ エ スヴァン アンブティエ ピュイ ジュ プランドル アン ノートル シュマン

●もうすぐ着きます．
On est presque arrivés.
オン ネ プレスク アリヴェ

●この近くです．
C'est près d'ici.
セ プレ ディスィ

●そこまでどのくらいかかりますか？
Combien de temps cela prend-il ?
コンビヤン ドゥ タン スラ プラン ティル

●あと10分です．
Encore 10 minutes.
アンコール ディ ミニュトゥ

●私は急いでいます．近道を知っていますか？
Je suis pressé(e). Connaissez-vous un raccourci ?
ジュ スュイ プレセ コネセ ヴー アン ラクルシ

●暖房/冷房をつけてもらえますか？
Pouvez-vous mettre *le chauffage / la climatisation* ?
プヴェ ヴー メトル ル ショファージュ ラ クリマティザスィヨン

●ラジオをつけて/消してもらえますか？
Pouvez-vous *allumer / éteindre* la radio ?
プヴェ ヴー アリュメ エタンドル ラ ラディオ

● 急いでください，お願いします．
Faites vite, s'il vous plaît !
フェットゥ ヴィトゥ スィル ヴ プレ

● どこで止めますか？
Où puis-je vous déposer ? / Où dois-je m'arrêter ?
ウ ピュイ ジュ ヴー デポゼ ウ ドワージュ マレテ

● ここでよろしいでしょうか？
Cela vous va-t-il ici ?
スラ ヴー ヴァ ティル イスィ

● 止まってください．
Arrêtez-vous ici, s'il vous plaît.
アレテ ヴー イスィ スィル ヴ プレ

● 降ろしてください．
Laissez-moi ici, s'il vous plaît !
レセ モワ イスィ スィル ヴ プレ

● そのお店の前でちょっと待ってもらえますか？すぐに戻ってきます．
Pouvez-vous vous arrêter un instant devant ce magasin, s'il vous plaît ?
プヴェ ヴー ヴ ザレテ アン ナンスタン ドゥヴァン ス マガザン スィル ヴ プレ
Je reviens tout de suite.
ジュ ルヴィャン トゥ ドゥスュイトゥ

● 荷物を手伝ってもらえますか？
Pouvez-vous m'aider avec les bagages, s'il vous plaît ?
プヴェ ヴー メデ アヴェク レ バガージュ スィル ヴ プレ

● トランクを開けてもらえますか？
Ouvrez le coffre, s'il vous plaît !
ウヴレ ル コフル スィル ヴ プレ

● ちょっと待ってください，トランクからあなたのお荷物を降ろします．
Un instant, je sors vos bagages du coffre.
アン ナンスタン ジュ ソル ヴォ バガージュ デュ コフル

交通（機関）

Prendre le taxi

Renseignements

🛈 観光客はタクシーの運転手やカフェやレストランのギャルソン，ホテルのポーターなどにチップをあげるのが習慣だったころのイメージを持っているようですが，しかし時代は変わりました．ケチるもしくはテーブルの上に何も残さなくていいようになったのです．

しかし，もしどうしてもチップを渡したいのでしたら，参考にしてください．

空港のポーターには荷物1個につき50サンチーム．

タクシーは運賃の10%

レストラン，カフェ，バーでは1杯につき昼間は20サンチーム，夜は50サンチームか1ユーロ，食事には1ユーロから2.50ユーロ，しかしサービス料はすでに料金に含まれています．

繰り返しますが，あげなければならないということはありませんし，もちろんもっとあげてもよいのです．

🛈 **タクシー代**

パリにはいくつものタクシー会社がありますが，全社が統一料金，同じサービスというわけではありません．しかし全社ともある程度の規約に従わなければなりません，特に適応最大料金に関して．これは毎年県条例により決められます．

▶注意：時間帯により，料金は変わります．

A 料金：日曜祭日以外の10時から17時

B 料金：17時から10時まで（ラッシュ時と夜間），日曜日の7時から24時と祭日の0時から24時

C 料金：日曜日の0時から7時

タクシー料金については下記をご覧ください．

http://vosdroits.service-public.fr/professionnels-entreprises/F22127.xhtml

Partie 4
Dans la rue

通りで

4-1 道を尋ねる
Demander son chemin

Shô

Excusez-moi, madame. Je cherche une pharmacie.
エクスキュゼ　モワ　　マダム　　ジュ　シェルシュ　ユヌ　　ファルマスィ

La passante

Je suis désolée, monsieur. Je ne connais pas le quartier.
ジュ スュイ　デゾレ　　ムスュー　 ジュ ヌ　　コネ　　パ　 ル　カルティエ

Je suis touriste.
ジュ スュイ　トゥリストゥ

Shô

Ça ne fait rien. Merci.
サ　ヌ　フェ　リヤン　メルスィ

La passante

Demandez donc à l'agent de police là-bas !
ドゥマンデ　　　ドンク ア　ラジャン　ドゥ　ポリス　ラ　バ

Shô

Oui, bonne idée. Bonne journée, madame.
ウィ　　ボニデ　　　　ボヌ　　ジュルネ　　　マダム

翔　　：すみません，薬局をさがしているのですが．
通行人：ごめんなさい，この辺のことはわかりません．旅行者なのです．
翔　　：わかりました．ありがとう．
通行人：あそこにいるおまわりさんにきいてみてはどうですか！
翔　　：そうですね．ごきげんよう．

Naomi

Excusez-moi, est-ce qu'il y a une banque dans les environs ?
エクスキュゼ　モワ　　エ　ス　キリヤ　　ユヌ　　バンク　　ダン　レ　　ザンヴィロン

Le passant

Quelle banque cherchez-vous ?
ケル　　　バンク　　シェルシェ　　ヴー

118　4-1　道を尋ねる

Naomi

N'importe laquelle.
ナンポルトゥ　　ラケル

Le passant

Dans ce cas, il y a une banque juste au coin
ダン　ス　カ　イリヤ　ユヌ　　バンク　　　ジュスト　　　コワン

de la deuxième rue, à droite.
ドゥ　ラ　ドゥズィエム　　リュ　ア　ドロワトゥ

Naomi

Merci beaucoup !
メルスィ　　　　ボク

直美　：すみません，この近くに銀行がありますか？
通行人：どの銀行をお探しですか？
直美　：どの銀行でもよいのです．
通行人：それなら，ちょうど2番目の通りの右角に銀行がありますよ．
直美　：ありがとうございました．

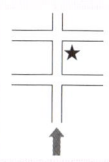

Shô

Pardon, madame, je voudrais aller rue Lebon, s'il vous plaît.
パルドン　　マダム　　ジュ　ヴードレ　　アレ　リュ　ルボン　スィル　ヴ　プレ

Le passant

C'est très simple. Traversez la place, prenez la rue juste
セ　トレ　サンプル　　トラヴェルセ　ラ　プラス　　プルネ　ラ　リュ　ジュス

en face. La rue Lebon est au troisième carrefour.
タン　ファス　ラ　リュ　ルボン　エ　ト　トロワズィエム　　カルフール

Shô

Merci.
メルスィ

翔　　：すみません，ルボン通りに行きたいのですが．
通行人：とても簡単です．広場を渡ってください，正面の通りをまっすぐ
　　　　行ってください．ルボン通りは3つ目の十字路です．
翔　　：ありがとうございました．

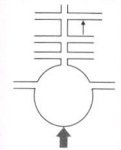

Demander son chemin　119

基本のひとこと

● 〜に聞いてください．

Demandez _____A_____ ．
ドゥマンデ

● 〜に行きたいのですが．

Je voudrais aller _____B_____ ．
ジュ　ヴードレ　アレ

A

- □ à cette personne　この人に
  ア　セットゥ　ペルソヌ
- □ à ce monsieur　この男の人に
  ア　ス　ムスィユー
- □ à cet homme　この男の人に
  ア　セットム
- □ à cette femme　この女性に
  ア　セットゥ　ファム
- □ à cette dame　この奥さんに
  ア　セットゥ　ダム
- □ à ce jeune homme　この若い男の人に
  ア　ス　ジュヌ　ノム
- □ à cette jeune femme　この若い女性に
  ア　セットゥ　ジュヌ　ファム
- □ à cet enfant　この子に
  ア　セッタンファン
- □ à cet agent de police　この警察官に
  ア　セッタジャン　ドゥ　ポリス
- □ à cet employé　この係りの人に
  ア　セッタンプロワィエ
- □ à cette employée　この係りの女の人に
  ア　セットゥンプロワィエ
- □ à *ce marchand / cette marchande*
  ア　ス　マルシャン　セットゥ　マルシャンドゥ
  この商人（男／女）に
- □ à *ce vendeur / cette vendeuse*
  ア　ス　ヴァンドゥール　セットゥ　ヴァンドゥーズ
  この販売員（男／女）に
- □ dans ce magasin　このお店で
  ダン　ス　マガザン
- □ dans cette boutique　このお店で
  ダン　セットゥ　ブティック

B

- □ à la gare　駅に
  ア　ラ　ガール
- □ à la poste　郵便局に
  ア　ラ　ポストゥ
- □ au bureau de change　両替所に
  オ　ビュロ　ドゥ　シャンジュ
- □ au théâtre　劇場に
  オ　テアトル
- □ à l'opéra　オペラ劇場に
  ア　ロペラ
- □ aux toilettes　トイレに
  オ　トワレットゥ
- □ aux Invalides　アンバリッドに
  オ　ザンヴァリドゥ

役に立つフレーズ　ー道を尋ねるー

30

● こんにちは，道を教えてもらえませんか？
Bonjour monsieur, vous pouvez m'indiquer *le chemin / la route*, s'il vous plaît ?
ボンジュール　ムスィユー　ヴー　プヴェ　マンディケ　ル　シュマン　ラ　ルートゥ　スィル　ヴ　プレ

● すみません，地図で教えてくださいますか？
Pardon, madame, vous pouvez me montrer sur le plan ?
パルドン　マダム　ヴー　プヴェ　ム　モントレ　スュル　ル　プラン

● 今，地図上だとどこにいますか？
On est où sur le plan ?
オン　ネ　ウ　スュル　ル　プラン

● すみません，おまわりさん．道に迷ってしまいました．
Excusez-moi, monsieur l'agent. Je suis perdu(e).
エクスキュゼ　モワ　ムスィユー　ラジャン　ジュ　スュイ　ペルデュ

● ヴォージュ広場を探しているのですが，おねがいします．
Je cherche la Place des Vosges, s'il vous plaît.
ジュ　シェルシュ　ラ　プラス　デ　ヴォージュ　スィル　ヴ　プレ

● この町 / 辺りの地図がありますか？
Vous auriez un plan *du quartier / des environs*, s'il vous plaît ?
ヴー　ゾリエ　アン　プラン　デュ　カルティエ　デ　ザンヴィロン　スィル　ヴ　プレ

● （ここから）駅まで行くにはどうしたらよいのでしょうか？
Comment puis-je aller (d'ici) jusqu'à la gare, s'il vous plaît ?
コマン　ピュイ　ジュ　アレ　ディスィ　ジュスカ　ラ　ガール　スィル　ヴ　プレ

● 左に曲がってください．そして右に．その後まっすぐ行くと駅です．
Tournez à gauche, puis à droite. Après allez tout droit jusqu'à la gare.
トゥルネ　ア　ゴーシュ　ピュイ　ア　ドロワトゥ　アプレ　アレ　トゥ　ドロワ　ジュスカ　ラ　ガール

● ご親切に，ありがとうございました．
Merci beaucoup. Vous êtes bien aimable !
メルスィ　ボク　ヴー　ゼットゥ　ビヤン　ネマーブル

通りで

Demander son chemin

●残念ながら，この近辺の者ではないのです．
Je suis désolé(e). Je ne suis pas d'ici.
<small>ジュ スュイ　デゾレ　ジュ ヌ スュイ パ ディスィ</small>

●この辺りのことはわからないのです．
Je ne connais pas cet endroit.
<small>ジュ ヌ　コネ　パ セッタンドロワ</small>

●この警察官 / この通行人（男）/ この通行人（女）にたずねた方がよいです．
Vous devriez demander à *cet agent de police / ce passant / cette passante*.
<small>ヴー　ドゥヴリエ　ドゥマンデ　ア　セッタジャン　ドゥ　ポリス　ス　パサン　セット パサントゥ</small>

●川に沿って行き，次の橋を渡ってください．
Longez le fleuve et prenez le prochain pont !
<small>ロンジェ　ル　フルーヴ　エ　プルネ　ル　プロシャン　ポン</small>

●戻らなくてはいけません．
Il faut revenir sur vos pas !
<small>イル フォ　ルヴニール　スュル ヴォ　パ</small>

●道 / 通り / 方向を間違えましたね．右に行くべきだったのです．
Vous vous êtes trompé(e) de *chemin / route / direction*. Il fallait prendre à droite !
<small>ヴー　ヴー　ゼットゥ　トロンペ　ドゥ　シュマン　ルートゥ　ディレクスィヨン イル ファレ プランドル　ア ドロワトゥ</small>

●歩いて行けますか？
Peut-on y aller à pied ?
<small>プ　トンイ　アレ　ア　ピエ</small>

●はい，5分で行けます．
Oui, c'est à cinq minutes.
<small>ウィ　セタ　サンク　ミニュトゥ</small>

●遠いですか？
Est-ce loin ?
<small>エ　ス　ロワン</small>

● バスで / 地下鉄で / 路面電車で行けますか？
Peut-on y aller *en bus* / *en métro* / *en tramway* ?
プ トン.イ アレ アン ビュス アン メトロ アン トラムウェ

● はい，行けます．あそこに乗り場があります．
Oui, c'est possible. Vous avez un arrêt là-bas.
ウィ セ ポスィブル ヴー ザヴェ アン ナレ ラ バ

役に立つ単語 ―自分の居場所を知るために―

〈場所を表す前置詞〉

à côté de ～のそば
ア コテ ドゥ

de l'autre côté de ～の反対側
ドゥ ロートル コテ ドゥ

de ce côté de こちら側の～
ドゥ ス コテ ドゥ

à droite de ～の右側
ア ドロワトゥ ドゥ

à gauche de ～の左側
ア ゴーシュ ドゥ

au bout de ～の先
オ ブー ドゥ

au coin de / à l'angle de ～の角
オ コワン ドゥ アラングル ドゥ

au pied de ～のふもと
オ ピエ ドゥ

au sommet de ～のてっぺん
オ ソメ ドゥ

devant ～の前
ドゥヴァン

derrière ～の後ろ
デリエール

en bas de ～の下
アン バ ドゥ

en direction de ～の方向
アン ディレクスィヨン ドゥ

en face de ～の正面
アン ファス ドゥ

en haut de ～の上
アン オ ドゥ

le long de ～に沿って
ル ロン ドゥ

loin de / éloigné de ～から遠く
ロワン ドゥ エロワニェ ドゥ

près de / proche de ～の近く
プレ ドゥ プロシュ ドゥ

sous ～の下
スー

sur ～の上
スュル

au prochain *carrefour* / *croisement*
オ プロシャン カルフール クロワズマン
次の交差点，十字路で

au(x) prochain(s) feu(x) 次の信号で
オ プロシャン フゥ

dans la deuxième rue 2本目の通りに
ダン ラ ドゥズィエム リュ

au fond de l'impasse 袋小路の奥に
オ フォン ドゥ ランパス

通りで

Demander son chemin

Renseignements

📷 日本人は外国人に道を尋ねられることを怖がることがありますが，フランス人は喜んで対応します．ですが，フランス語を知っておかないと困ります．最近は英語で案内する人も多くみられるようになりました．まずはこう切り出してみてはどうでしょう « **Bonjour, monsieur / madame. Je ne parle pas bien français, mais pouvez-vous me renseigner, s'il vous plaît ?** »．
（ボンジュール　ムスィユー　マダム　ジュ　ヌ　パルル　パ　ビヤン　フランセ　メ　プヴェ　ヴー　ム　ランセニェ　スィル　ヴ　プレ）

「こんにちはフランス語はよく話せませんが，教えてもらえますか？」そこから始まります！

📷 フランスの住所は通り名と番号なので，地図があれば，簡単に見つけることができます．たとえば，リラ通り28番地を探すのなら地図の索引で通り名を見つければよいのです．索引では数字と文字の組み合わせで，たとえば４Ｄと地図上の位置を示しています．地図の４Ｄでリラ通りを見つけることができるはずです．通りの場所がわかったらそこへ行きましょう，そして家の番号を見ましょう．片側が奇数，向かいが偶数で並んでいます．目的の番号までたどればよいわけです．

また，グーグルマップも便利ですね．

4-2 観光案内所で
À l'office du tourisme

Shô

Bonjour, madame. Je voudrais un plan de la ville, s'il vous plaît.
ボンジュール　マダム　ジュ　ヴードレ　アン　ブラン　ドゥ　ラ　ヴィル　スィル　ヴ　プレ

L'employée

En quelle langue ?
アン　ケル　ラング

Shô

Vous avez des plans en anglais ?
ヴー　ザヴェ　デ　プラン　アン　ナングレ

L'employée

Nous avons des plans en japonais, si vous voulez.
ヌ　ザヴォン　デ　プラン　アン　ジャポネ　スィ　ヴ　ヴレ

Shô

C'est parfait ! Donnez-m'en un en japonais, s'il vous plaît.
セ　パルフェ　ドネ　マン　アン　アン　ジャポネ　スィル　ヴ　プレ

翔　：こんにちは．街の地図が欲しいのですが．
係員：何語がよいですか？
翔　：英語の地図はありますか？
係員：よろしければ，日本語の地図もありますよ．
翔　：いいですね！　日本語のものをください．

Naomi

Excusez-moi, est-ce que vous avez des brochures
エクスキュゼ　モワ　エ　ス　ク　ヴ　ザヴェ　デ　ブロシュール
touristiques sur les sites autour de Paris, s'il vous plaît ?
トゥリスティク　スュル　レ　スィットゥ オトゥール ドゥ　パリ　スィル　ヴ　プレ

L'employé

Quel endroit vous intéresse le plus ?
ケランドロワ　ヴー　ザンテレス　ル プリュス

Naomi

Chantilly, le parc Disneyland Paris, Versailles.
シャンティイ　ル　パルク　ディスネランドゥ　パリ　ヴェルサイユ

L'employé

Très bien. Voilà, madame.
トレ　ビヤン　ウワラ　マダム

Naomi

Merci beaucoup ! Vous avez d'autres suggestions
メルスィ　ボク　ヴ　ザヴェ　ドートル　スュグジェスティヨン
de visite ?
ドゥ ヴィズィトゥ

L'employé

Chartres et la Normandie ne sont pas très loin de Paris.
シャルトル　エ ラ　ノルマンディ　ヌ　ソン　パ　トレ ロワン ドゥ　パリ
Vous avez des dépliants derrière vous.
ヴー　ザヴェ　デ　デプリアン　デリエール　ヴー

直美：すみません．パリ近郊の観光用パンフレットはありますか？
係員：どの辺りに特に興味をお持ちですか？
直美：シャンティイ，ディスニーランド，ヴェルサイユなどです．
係員：わかりました．はい，こちらです．
直美：ありがとうございます．他にお勧めの場所はありますか？
係員：シャルトルやノルマンディもパリからそう遠くはないですよ．後ろにパンフレットがあります．

4-2　観光案内所で

Shô

Pardon, madame, **je voudrais des renseignements sur**
パルドン　　マダム　　　ジュ　　ウードレ　　デ　　　　ランセニュマン　　スュル

les moyens de transport parisiens, s'il vous plaît.
レ　モワイヤン　ドゥ　トランスポール　パリズィヤン　スィル　ヴ　　プレ

L'employée

Oui, voici un plan du métro parisien et un autre pour les
ウィ　ヴワスィ　アン　プラン　デュ　メトロ　　パリズィヤン　エ　アン　ノートル　プール　レ

lignes de bus.
リーニュ　ドゥ　ビュス

Shô

Merci, madame. Vous avez des horaires de train pour les
メルスィ　　　マダム　　　ヴ　ザヴェ　デ　　ゾレール　　ドゥ　トラン　プール　レ

autres villes françaises ?
ゾートル　ヴィル　　フランセーズ

L'employée

Je suis désolée. **Il faut vous adresser à** la SNCF.
ジュ　スュイ　　デゾレ　　　イル　フォ　　ヴー　　ザドレセ　　ア　ラ　エスエヌセエフ

翔　　：すみません．パリの交通機関について知りたいのですが．
係員：はい，これがパリの地下鉄の地図とバス経路図です．
翔　　：ありがとう．他の町への電車の時刻表がありますか？
係員：申し訳ございません．SNCF（フランス国有鉄道）にお問い合わせください．

基本のひとこと

● 〜について情報がほしいのですが．
Je voudrais des renseignements sur A（名詞） **.**
ジュ　ヴードレ　デ　ランセニュマン　スュル

● 〜にお問い合わせください．
Il faut vous adresser à B（名詞） **.**
イル フォ　ヴー　ザドレセ　ア

A
- ☐ **les heures d'ouverture des musées**
  レ ズゥール ドゥヴェルテュール デ ミュゼ
  美術館の開館時刻
- ☐ **les jours de fermeture des musées**
  レ ジュール ドゥ フェルムテュール デ ミュゼ
  美術館の閉館日
- ☐ **les parcs d'attraction** 遊園地
  レ パルク ダトラクスィヨン
- ☐ **les lieux touristiques** 観光地
  レ リュー トゥーリスティック
- ☐ **le quartier de Montmartre**
  ル カルティエ ドゥ モンマルトル
  モンマルトル地区
- ☐ **les horaires de train** 電車の時刻表
  レ ゾレール ドゥ トラン
- ☐ **les tarifs d'entrée des musées**
  レ タリフ ダントレ デ ミュゼ
  美術館の入場料
- ☐ **les forfaits et réductions disponibles**
  レ フォルフェ エ レデュクスィヨン ディスポニーブル
  割引料金
- ☐ **les tarifs des hôtels** ホテルの料金
  レ タリフ デ ゾテル
- ☐ **les visites guidées de la ville**
  レ ヴィズィトゥ ギデ ドゥ ラ ヴィル
  町のガイド付きの観光
- ☐ **les circuits organisés depuis Paris**
  レ スィルキュイ オルガニゼ ドゥピュイ パリ
  パリからのガイド付きのツアー

B
- ☐ **ce magasin** このお店
  ス マガザン
- ☐ **cette boutique** このお店
  セットゥ ブティック
- ☐ **ce bureau** この事務所
  ス ビュロー
- ☐ **ce comptoir** このカウンター
  ス コントワール
- ☐ **ce guichet** この窓口
  ス ギシェ
- ☐ **la poste** 郵便局
  ラ ポストゥ
- ☐ **la gendarmerie** 警察
  ラ ジャンダルムリ
- ☐ **l'accueil** 受付
  ラクウィユ
- ☐ **la réception** フロント
  ラ レセプスィヨン
- ☐ **votre banque** ご自分の銀行
  ヴォトル バンク

役に立つフレーズ　ー観光案内所でー

● この地域で見るべきところはどこでしょう？
Qu'est-ce qu'il y a à visiter dans la région ?
　ケ　ス　キリヤ　ア ヴィズィテ　ダン　ラ　レジヨン

● どこがお勧めですか？
Quelles visites me recommandez-vous ?
　ケル　ヴィズィトゥ ム　ルコマンデ　ヴー

● パリ市の観光パスやパッケージ料金はありますか？
Existe-t-il un forfait ou un pass visites pour la ville de Paris ?
　エクズィストゥ ティル アン フォルフェウ アン　パス ヴィズィトゥ プール ラ ヴィル ドゥ パリ

● はい，パリ・ミュージアム・パスがあります．
Oui, vous avez le Paris Museum Pass.
　ウィ　ヴ　ザヴェ ル　パリ　ミュゼオム　パス

● このパスで何ができますか？
Que peut-on faire avec ce pass ?
　ク　プ　トン フェール アヴェク ス　パス

● このパスのパンフレットに無料で入場できる場所のリストが記載されています．
Vous avez la liste des lieux avec entrée gratuite dans le dépliant
　ヴー　ザヴェ ラ リストゥ デ　リュ アヴェク アントレ グラテュイトゥ ダン ル デプリャン
du pass.
デュ パス

● このパスでどこの美術館が見れますか？
Ce pass donne accès à quels musées ?
　ス　パス　ドヌ　アクセ ア　ケル　ミュゼ

● このパスはヴェルサイユ宮殿でも使えますか？
Peut-on utiliser ce pass pour le château de Versailles ?
　プ　トン ユティリゼ ス　パス　プール ル　シャトー ドゥ ヴェルサイユ

À l'office du tourisme　129

●パスに入っています．
C'est inclus dans le pass.
　　セ　タンクリュ　　ダン　ル　パス

●パスに入っていません．
Ce n'est pas inclus dans le pass.
　ス　　ネ　　パ　アンクリュ　ダン　ル　パス

●日本語のパリの地図をもらえますか？
Je peux avoir un plan de Paris en japonais, s'il vous plaît ?
ジュ　ブ　アヴォワール　アン　ブラン　ドゥ　パリ　アン　ジャポネ　スィル　ヴ　プレ

●すみません，英語の地図しかありません．
Désolé(e), nous avons seulement des plans en anglais.
　　デゾレ　　　　ヌ　　　ザヴォン　　スルマン　　　デ　　ブラン　アン　ナングレ

●日本語のガイドブックがありますか？
Vous avez des guides en japonais, s'il vous plaît ?
　ヴー　ザヴェ　デ　ギッドゥ　アン　ジャポネ　　スィル　ヴ　プレ

●ガイド付きのパリ観光はありますか？
Y a-t-il des visites guidées de Paris, s'il vous plaît ?
　イヤティル　　デ　ヴィズィトゥ　　ギデ　　ドゥ　パリ　スィル　ヴ　プレ

●パリからモン・サン・ミシェルに行くにはどうしたらいいのでしょう？
　高速バスはありますか？
Comment puis-je aller au Mont-Saint-Michel depuis Paris ?
　　コマン　　　ピュイ ジュ　アレ　　オ　　モン　　サン　　ミシェル　ドゥピュイ　　パリ
Y a-t-il des navettes ?
　イヤティル　　デ　ナヴェットゥ

●パリからの日帰りのツアーはありますか？
Y a-t-il des voyages organisés d'une journée à partir de Paris ?
　イヤティル　　デ ヴォワイヤージュ　オルガニゼ　　　デュヌ　　ジュルネ　ア パルティル ドゥ　パリ

●はい，日帰り観光のツアーがあります．
Oui, il y a des excursions à la journée.
　ウィ　　イリヤ　　デ ゼクスキュルスィヨン　ア　ラ　ジュルネ

● ルーブル美術館の開館時刻と開館日を教えてください．

Pouvez-vous m'indiquer les horaires et les jours d'ouverture du Louvre ?

● ルーブル美術館は火曜日以外は9時から18時まで毎日開いています．

Le Louvre est ouvert tous les jours, sauf le mardi, de 9 heures à 18 h.

● 水曜日と金曜日は21時45分まで開いています．

Le mercredi et le vendredi, c'est ouvert jusqu'à 21h45.

● 無料ですか？

C'est gratuit ?

● いいえ，有料です．

Non, c'est payant.

● 展覧会のプログラムはありますか？

Avez-vous un programme des expositions ?

● 入場券はここで買えますか？

Peut-on acheter les billets d'entrée ici ?

À l'office du tourisme 131

役に立つ単語 －観光案内所で－

la *haute / basse* saison　シーズン / オフシーズン
ラ　オートゥ　バス　セゾン

un billet　チケット，切符
アン　ビエ

un pass　パス
アン　パス

une brochure　（冊子の）パンフレット
ユヌ　ブロシュール

un dépliant　（折りたたみの）パンフレット
アン　デプリヤン

une station balnéaire　海水浴場
ユヌ　スタスィヨン　バルネエール

une station de sports d'hiver　スキー場
ユヌ　スタスィヨン　ドゥ　スポール　ディヴェール

un site *touristique / pittoresque*　観光地
アン　スィットゥ　トゥーリスティック　ピトレスク

un endroit à visiter　見るべきところ
アン　ナンドロワ　ア　ヴィズィテ

un château　城
アン　シャトー

un monument　建造物
アン　モニュマン

un musée　美術館
アン　ミュゼ

un opéra　オペラ劇場
アン　ノペラ

une salle de concert　コンサートホール
ユヌ　サル　ドゥ　コンセール

le trajet　道順
ル　トラジェ

le séjour　滞在
ル　セジュール

la gastronomie　美食
ラ　ガストロノミ

la spécialité culinaire　名物料理
ラ　スペスィアリテ　キュリネール

une *promenade / une balade à pied*　散歩
ユヌ　プロムナードゥ　ユヌ　バラードゥ　ア　ピエ

une visite *guidée / libre*　案内付き / 自由観光
ユヌ　ヴィズィトゥ　ギデ　リーブル

une vue panoramique　パノラマ
ユヌ　ヴュ　パノラミック

Renseignements

- フランスは世界一観光客の多い国です．フランスで初めて観光案内所が開かれたのは 1889 年のグルノーブル市で，パリからアルプス山脈のスキー場に来た観光客のためでした．観光案内所はとても便利で親切に応対してくれるので，目的の町に着いたらまず観光案内所によってみましょう．

- パリ・ミュージアム・パスの公式サイトで，パリ・ミュージアム・パスを購入することもできます．
  http://www.parismuseumpass.com/

  このパスで，パリとその近郊の多数の美術館，城や観光名所を好きなだけ訪れることができます．このパスは，限られた日数でできるだけ多くの名所を訪問したい人にはとても便利でしょう．2 日，4 日，6 日間のパスがあります．このパスがあれば，ルーヴル美術館でチケットを買うための長い列に並ぶ必要もありません．「パリ・ミュージアム・パス」はオフィシャルサイトで購入し，出発前に郵便で送ってもらうことができます（送料 24 ユーロ）．しかしこの送料を避けたければ，パリの観光案内所，（パリ 1 区ピラミッド通り 25 番地）で受けとることもできます．またフランスに到着後シャルル・ド・ゴール空港のそれぞれのターミナルの観光案内所やこのパスのリストに載っている美術館で直接購入することもできます．日本での購入は次のホームページでできます．
  http://www.parismuseumpass-japon.com/

- 2016 年現在ユネスコが認定しているフランスの世界文化遺産は 41 あります．次のサイトを参照ください．
  http://worldheritagesite.xyz/europe/france/

  まだ訪問先が決まっていないようでしたら，こちらがおすすめのフランスの 15 観光スポットです．次のサイトを参照ください．
  https://retrip.jp/articles/7795/

À l'office du tourisme

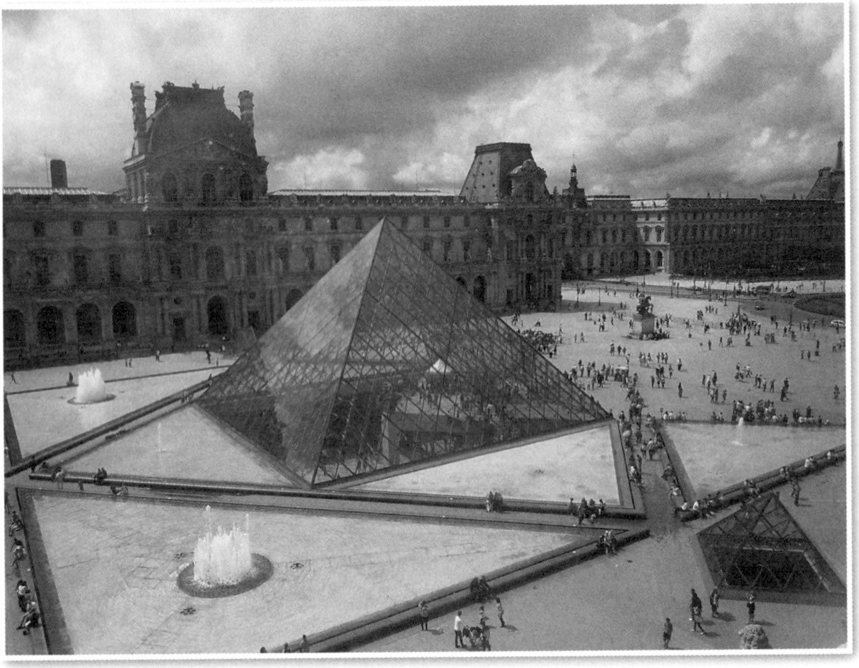

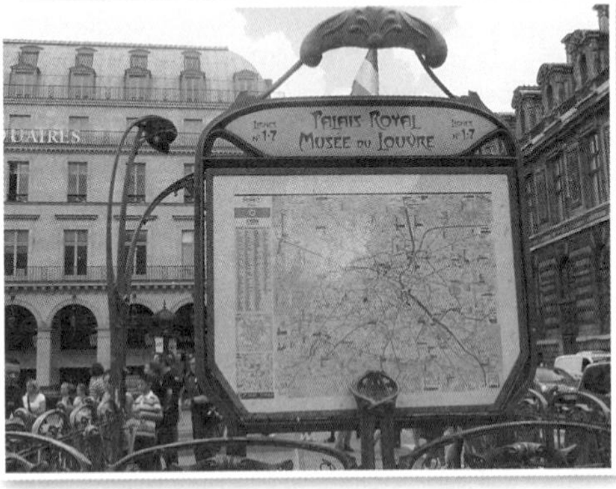
PALAIS-ROYAL
MUSÉE DU LOUVRE
N°1·7
N°1·7

Partie 5
Le restaurant
レストラン

5-1 レストランで
Au restaurant

33

Shô
> Bonjour, madame. Vous avez une table libre ?
> ボンジュール　マダム　ヴー　ザヴェ　ユヌ　ターブル　リーブル

La serveuse
> C'est pour une personne ?
> セ　プール　ユヌ　ペルソヌ

Shô
> Oui.
> ウィ

La serveuse
> Installez-vous où vous voulez, monsieur. Je vous apporte
> アンスタレ　ヴー　ウ　ヴー　ヴーレ　ムシィユー　ジュ　ヴー　ザポルトゥ
> la carte tout de suite.
> ラ　カルトゥ　トゥ　ドゥ　スイトゥ

翔　　　　　：こんにちは．空いているテーブルはありますか？
ウェートレス：お一人様ですか？
翔　　　　　：はい，そうです．
ウェートレス：お好きな席へどうぞ．すぐにメニューをお持ちします．

Le serveur
> Bonjour, madame. C'est pour combien de personnes ?
> ボンジュール　マダム　セ　プール　コンヴィヤン　ドゥ　ペルソヌ

Naomi
> Deux, s'il vous plaît. Mon amie arrive bientôt.
> ドゥ　スィル　ヴ　プレ　モ　ナミ　アリヴ　ビヤント

Le serveur
> **Vous préférez** une table en salle ou en terrasse ?
> ヴー　プレフェレ　ユヌ　タブル　アン　サル　ウ　アン　テラス

Naomi

En terrasse, s'il vous plaît. À l'ombre, si possible.
アン　テラス　スィル　ヴ　プレ　ア　ロンブル　スィ　ポスィーブル

Le serveur

Bien, suivez-moi, je vous prie... Voici votre table.
ビヤン　スュイヴェ　モワ　ジュ　ヴ　プリ　ヴワスィ　ヴォトル　ターブル

Je reviens avec la carte dans un instant.
ジュ　ルヴィヤン　アヴェク　ラ　カルトゥ　ダン　ザン　ナンスタン

ウェーター：こんにちは．何名様ですか？
直美　　　：2人です．友だちがまもなく来ます．
ウェーター：部屋の中の席がよろしいですか？テラスの席がよろしいですか？
直美　　　：テラスの方をお願いします．できれば，影の方がいいです．
ウェーター：かしこまりました．こちらへどうぞ…こちらです．すぐにメニューをお持ちします．

Shô

Pardon, madame, il vous reste une table libre ?
パルドン　マダム　イル　ヴー　レストゥ　ユヌ　ターブル　リーブル

La serveuse

Vous avez réservé ?
ヴ　ザヴェ　レゼルヴェ

Shô

Non.
ノン

La serveuse

Je suis désolée. Nous sommes complet ce soir.
ジュ　スュイ　デゾレ　ヌー　ソム　コンプレ　ス　ソワール

翔　　　　：すみません．空いているテーブルはありますか？
ウェートレス：ご予約されていますか？
翔　　　　：いいえ．
ウェートレス：すみません．今晩は満席です．

レストラン

Au restaurant　137

基本のひとこと

● ～のほうがよろしいでしょうか？
(Est-ce que) vous préférez ___A（名詞）___ **?**
エ ス ク ヴー プレフェレ

● ～なさりたいですか？
(Est-ce que) vous préférez ___B（不定詞）___ **?**
エ ス ク ヴー プレフェレ

A
- □ **une table en salle**　部屋の中のテーブル
  ユヌ　ターブル　アン　サル
- □ **une table en terrasse**　テラスのテーブル
  ユヌ　ターブル　アン　テラス
- □ **une place au comptoir**　カウンターの席
  ユヌ　プラス　オ　コントワール
- □ **une table au rez-de-chaussée**
  ユヌ　ターブル　オ　レ　ドゥ　ショセ
  1階のテーブル
- □ **une table au premier**　2階のテーブル
  ユヌ　ターブル　オ　プルミエ
- □ **une table à l'étage**　2階のテーブル
  ユヌ　ターブル　ア　レタージュ

B
- □ **vous assoir en salle**　部屋の席につく
  ヴー　ザソワール　アン　サル
- □ **vous assoir à la terrasse**　テラスの席につく
  ヴー　ザソワール　ア　ラ　テラス
- □ **vous assoir au comptoir**
  ヴー　ザソワール　オ　コントワール
  カウンターに座る
- □ **vous assoir à *l'intérieur* / *l'extérieur***
  ヴー　ザソワール　ア　ランテリゥール　レクステリゥール
  部屋の中に / 外に座る
- □ **rester au rez-de-chaussée**　1階に座る
  レステ　オ　レ　ドゥ　ショセ
- □ **monter *au premier* / *à l'étage***　2階に上がる
  モンテ　オ　プルミエ　ア　レタージュ
- □ **réserver pour un autre jour**　別の日を予約する
  レゼルヴェ　プール　アン　ノートル　ジュール
- □ **revenir plus tard**　後で来る
  ルヴニール　プリュ　タール
- □ **attendre votre tour**　順番を待つ
  アタンドル　ヴォトル　トゥール

役に立つフレーズ —レストランで—

●予約されてますか？
Vous avez réservé ?

●いいえ，予約はしていません．
Non, je n'ai pas réservé.

●はい，予約しました．
Oui, j'ai réservé.

●すみません．このテーブルは予約席です．
Désolé(e). Cette table est réservée.

●喫煙席それとも禁煙席をご希望ですか？
Désirez-vous une table fumeur ou non fumeur ?

●タバコを吸ってもいいですか？
Peut-on fumer, s'il vous plaît ?

●すみません．タバコを消していただけますか？法律で公的な場所での喫煙は禁止されています．
Je suis désolé(e), monsieur. Je vais vous demander d'éteindre votre cigarette car la loi interdit de fumer dans les lieux publics.

●別のお皿 / 別のフォーク / 小さなスプーン / 別のナプキン / 別のグラスをもらえますか？
Puis-je avoir *une autre assiette / une autre fourchette / une petite cuillère / une autre serviette / un autre verre*, s'il vous plaît ?

Au restaurant 139

● すぐお持ちいたします．
Je vous apporte cela tout de suite !
ジュ ヴー ザポルトゥ スラ トゥ ドゥ スュイトゥ

● お箸はありますか？
Avez-vous des baguettes, s'il vous plaît ?
アヴェ ヴー デ バゲットゥ スィル ヴ プレ

● すみません，ありません．
Désolé(e), nous n'en avons pas.
デゾレ ヌー ナン ナヴォン パ

● テーブルクロスを変えていただけますか？染みがついています．
Pouvez-vous changer la nappe, s'il vous plaît ? Il y a une tache dessus.
プヴェ ヴー シャンジェ ラ ナップ スィル ヴ プレ イリ ヤ ユヌ タッシュ ドゥスュ

● デカンタの水 / パンをもらえますか？
Peut-on avoir *une carafe d'eau / du pain*, s'il vous plaît ?
プ トン アヴォワール ユヌ カラフ ド デュ パン スィル ヴ プレ

● すみません，トイレはどこでしょうか？
Pardon, où sont les toilettes ?
パルドン ウ ソン レ トワレットゥ

● 廊下の奥（です）．/ 外に（なります）．/ 地下に（あります）．
Au fond du couloir. / À l'extérieur. / Au sous-sol.
オ フォン デュ クロワール ア レクステリュール オ スーソル

● トイレを貸してもらえますか？
Puis-je utiliser vos toilettes, s'il vous plaît ?
ピュイ ジュ ユティリゼ ヴォ トワレットゥ スィル ヴ プレ

● 水を1杯もらえますか？
Puis-je avoir un verre d'eau, s'il vous plaît ?
ピュイ ジュ アヴォワール アン ヴェール ド スィル ヴ プレ

● 日替わりメニューをお願いします．
Le plat du jour, s'il vous plaît !
ル プラ デュ ジュール スィル ヴ プレ

● お飲み物はいかがですか？

Désirez-vous quelque chose à boire ?
デズィレ　　ヴ　　　ケルク　　ショーズ　ア ボワール

● ステーキの焼き加減はいかがなさいますか？

Comment aimez-vous votre viande ?/ Quelle cuisson pour la viande ?
コマン　　　エメ　　ヴー ヴォトル ヴィアンドゥ　　　ケル　　キュイソン　プール ラ ヴィアンドゥ

● ウェルダンで / レアで / ミディアムでお願いします．

Je l'aime *bien cuite / saignante / à point*, s'il vous plaît.
ジュ　レム　　ビヤンキュイトゥ　　セニャントゥ　　ア ポワン　スィル　ヴ　　プレ

● 他にご注文はございますか？

Quelque chose d'autre ? / Vous désirez autre chose ?
ケルク　　ショーズ　　ドートル　　　ヴー　　デズィレ　オートル ショーズ

● いいえ，結構です．

Non, merci.
ノン　　メルスィ

役に立つ単語

一食卓セットー（Les couverts）
　　　　　　　　　　　　レ　クヴェール

une assiette (plate) 皿
ユ　ナスィエットゥ　プラトゥ

une assiette à soupe スープ皿
ユ　ナスィエットゥ　ア　スープ

une assiette creuse 深皿
ユ　ナスィエットゥ　クルーズ

une carafe　デカンタ
ユヌ　カラフ

un couteau　ナイフ
アン　クト

un couteau à poisson　魚用ナイフ
アン　クト　ア　プワソン

un couteau à fromage　チーズ用ナイフ
アン　クト　ア　フロマージュ

une cuillère à café　コーヒースプーン
ユヌ　キュイエール　ア　カフェ

une petite cuillère　コーヒースプーン
ユヌ　プティトゥ　キュイエール

une cuillère à soupe　スープ用スプーン
ユヌ　キュイエール　ア　スープ

une flûte à champagne　シャンパングラス
ユヌ　フリュットゥ　ア　シャンパーニュ

une fourchette　フォーク
ユヌ　フルシェットゥ

une nappe　テーブルクロス
ユヌ　ナップ

un porte-couteau　ナイフ置き
アン　ポルトゥ　クト

un saladier　サラダボール
アン　サラディエ

une salière　塩入れ
ユヌ　サリエール

le sel　塩
ル　セル

Au restaurant　141

une serviette ナプキン ユヌ　セルヴィエットゥ	du pain パン デュ　パン
une soucoupe （カップの）受け皿 ユヌ　スクプ	des pâtes パスタ デ　パットゥ
une tasse カップ ユヌ　タス	la pâtisserie 菓子 ラ　パティスリ
un verre à eau （水用）グラス アン　ヴェール　ア　オ	un plat 単品料理 アン　プラ
un verre à vin ワイングラス アン　ヴェール　ア　ヴァン	un plat principal メインディッシュ アン　プラ　プランスィパル

―メニュー（La carte）―
　　　　　　ラ　カルトゥ

un apéritif 食前酒 アン　ナペリティフ	un potage, ポタージュ アン　ポタージュ
les crudités 生野菜（サラダ） レ　クリュディテ	un consommé コンソメスープ アン　コンソメ
des crustacés 海の幸（エビ・カニ類） デ　クリュスタセ	des poissons 魚 デ　プワソン
les desserts デザート レ　デセール	la purée ピュレ ラ　ピュレ
un digestif 食後酒 アン　ディジェスティフ	le riz 米 ル　リ
une entrée オードブル ユ　ナントレ	un sorbet シャーベット アン　ソルベ
les frites フライドポテト レ　フリットゥ	une soupe スープ ユヌ　スープ
les fromages チーズ レ　フロマージュ	des viandes 肉料理 デ　ヴィヤンドゥ
les fruits フルーツ レ　フリュイ	les boissons 飲み物 レ　ボワソン
des fruits de mer 海の幸 デ　フリュイ　ドゥ　メール	un verre de vin rouge 赤ワイン1杯 アン　ヴェール　ドゥ　ヴァン　ルージュ
le gibier ジビエ（猟肉） ル　ジビエ	un verre de vin blanc 白ワイン1杯 アン　ヴェール　ドゥ　ヴァン　ブラン
une glace アイスクリーム ユヌ　グラス	un verre de rosé ロゼ1杯 アン　ヴェール　ドゥ　ロゼ
des grillades バーベキュー用の肉、グリル焼きした肉 デ　グリヤードゥ	une bouteille de vin rouge 赤ワイン1瓶 ユヌ　ブティユ　ドゥ　ヴァン　ルージュ
des hors d'œuvres オードブル デ　オールドゥヴル	de l'eau plate 水道水 ドゥ　ロ　プラ
des légumes 野菜 デ　レギュム	de l'eau minérale ミネラルウォーター ドゥ　ロ　ミネラル
	un jus de fruit フルーツジュース アン　ジュ　ドゥ　フリュイ

Renseignements

🍁 フランス全土の公共施設（主にバーやカフェ，レストラン，ホテル，屋根付きのテラス，カジノ，タバコの小売店，ディスコ）や交通機関は禁煙です．現行犯だと最高 450 ユーロの罰金です．パリの路上での吸い殻のポイ捨ては 68 ユーロの罰金（パリでは毎年 350 トンの喫煙者による廃棄物が収集されているらしいです）．
(2016 年 5 月現在)

🍁 フランス旅行中は，経費もかさばるでしょうし，お昼，夜とレストランで食事を取る必要はありません．レストランは夕食に取っておき，むしろ伝統的なハム・バターサンドイッチやツナ野菜サンド等はいかがでしょう．だいたい 5〜10 ユーロでどこでも売られている大きなこれらのサンドイッチで夕食まで十分持つでしょう．

🍁 食事のマナーについて
　＊招かれた時には，何事につけ主人が行う前にはけっしてしない，その家の主婦が始めるのを待ちましょう．
　＊料理の順に従って，お皿から遠いほうのナイフ・フォークから使います．
　＊お酒をつぐのは男性にまかせます．
　＊ワインをつがれる時は，グラスを持ち上げてはいけません．また，お皿を持って食べてもいけません．
　＊パスタやスープを食べる時に，すする音をたててはいけません．
　＊口に物が入っている時は話してはいけません．
　＊テーブルに肘をついてはいけません．
　＊ワインをもっとほしい時はグラスを空けます．反対にもういらない時はグラスにワインを少し残します．
　＊食べ終えたらお皿の上にナイフ，フォークをそろえておきます．
　＊テーブルに物（財布，鍵など）を置いてはいけません．
　＊食事中にテーブルでスマートフォンを使ってはいけません．日本のフランス料理店の静かなイメージとは反対に，フランスのレストランでの食事は，たくさん話をしながら会食を楽しむ場所です．
　＊食事の終わりの時にナプキンを折りたたんではいけません．

5-2 注文する
Commander

La serveuse
Vous avez choisi ?
ヴー　ザヴェ　ショワズィ

Shô
Pas encore. Je voudrais réfléchir encore un peu, s'il vous plaît.
パ　ザンコール　ジュ　ヴードレ　レフレシール　アンコール　アン　プゥ　スィル　ヴ　プレ

La serveuse
Très bien. Je repasserai plus tard. Prenez votre temps, monsieur.
トレ　ビヤン　ジュ　ルパスレ　プリュ　タール　プルネ　ヴォトル　タン　ムスィユー
…

Shô
S'il vous plaît !
スィル　ヴ　プレ

ウェートレス：お決まりですか？
翔　　　　　：まだです．もう少し考えたいのです．
ウェートレス：後でまたうかがいます．どうぞ，ごゆっくり．
…
翔　　　　　：すみません！

Le serveur
Vous avez décidé, mesdames ?
ヴー　ザヴェ　デスィデ　メダム

Naomi

Oui. En entrée, **nous prendrons** deux salades lyonnaises.
ウィ　アン　ナントレ　ヌー　プランドロン　ドゥ　サラドゥ　リヨネズ

En plat principal, le plat de viande pour mon amie et le
アン　プラ　プランスィパル　ル　プラ　ドゥ　ヴィヤンドゥ　プール　モ　ナミ　エ　ル

plat de poisson pour moi.
プラ　ドゥ　ポワソン　プール　モワ

Le serveur

Et comme dessert ?
エ　コム　デセール

Naomi

Pouvons-nous choisir après, s'il vous plaît ?
プヴォン　ヌー　ショワズィル　アプレ　スィル　ヴ　プレ

Le serveur

Oui, bien sûr, madame. Je vous apporte votre entrée.
ウィ　ビヤン　スュル　マダム　ジュ　ヴー　ザポルトゥ　ヴォトル　アントレ

ウェーター：お決まりですか？
直美　　　：はい．前菜は二人ともリヨン風サラダにします．メイン・ディッシュは友だちは
　　　　　　肉で，私には魚をお願いします．
ウェーター：デザートは？
直美　　　：後で選んでもいいですか？
ウェーター：もちろんです．ではオードブルをお持ちします．

Shô

Qu'est-ce que vous me recommandez comme vin ?
ケ　ス　ク　ヴー　ム　ルコマンデ　コム　ヴァン

La serveuse

Comme vin rouge, ce Bordeaux est excellent, et comme
コム　ヴァン　ルージュ　ス　ボルドー　エ　テクセラン　エ　コム

vin blanc, **je vous recommande** ce vin d'Alsace.
ヴァン　ブラン　ジュ　ヴー　ルコマンドゥ　ス　ヴァン　ダルザス

レストラン

Commander　145

Shô

Bien, **je prendrai** un verre de vin blanc, s'il vous plaît.
ビヤン ジュ プランドレ アン ヴェール ドゥ ヴァン ブラン スィル ヴ プレ

La serveuse

L'apéritif est offert par la maison.
ラペリティフ エ トフェル パル ラ メゾン

Shô

Merci, c'est gentil. Donnez-moi un Martini, alors.
メルスィ セ ジャンティ ドネ モワ アン マルティニ アロール

翔	：ワインは何をお勧めですか？
ウェートレス	：赤ワインはこのボルドーがとてもおいしいです．白ワインはこのアルザスワインをお勧めします．
翔	：では白ワインをグラスで1つお願いします．
ウェートレス	：アペリティフ（食前酒）がサービスです．
翔	：ありがとう．じゃ，マルティニをください．

Shô

Bonjour, madame.
ボンジュール マダム

La vendeuse

Bonjour, monsieur. C'est sur place ou à emporter ?
ボンジュール ムスィユー セ スュル プラス ウ ア アンポルテ

Shô

À emporter.
ア アンポルテ

La vendeuse

Qu'est-ce que vous prendrez, monsieur ?
ケ ス ク ヴー プランドレ ムスィユー

Shô

Donnez-moi un sandwich au fromage et une salade
ドネ モワ アン サンドウイシチュ オ フロマージュ エ ユヌ サラドゥ

lyonnaise, s'il vous plaît.
リヨネズ スィル ヴ プレ

La vendeuse

Vous prendrez une boisson et un dessert ?
ヴー　　ブランドレ　　ユヌ　　ボワソン　　エ　アン　　デセール

Shô

Un jus de pomme, s'il vous plaît.
アン　ジュ　ドゥ　　ポム　　スィル　ヴ　　プレ

Je ne prends pas de dessert.
ジュ　ヌ　　プラン　　パ　ドゥ　デセール

La vendeuse

Voilà, monsieur. Voici votre commande.
ヴォワラ　　ムスィユー　　ヴォワスィ ヴォトル　　コマンドゥ

Cela vous fait 9 euros, s'il vous plaît.
スラ　　ヴー　　フェ ヌフ　ウロ　　スィル　ヴ　　プレ

翔　：こんにちは．
店員：いらっしゃいませ．お持ち帰りですか？または店内でお召し上がりですか？
翔　：持ち帰りです．
店員：何になさいますか？
翔　：チーズ・サンドとリヨン風サラダをください．
店員：お飲み物とデザートはいかがなさいますか？
翔　：リンゴジュースをください．デザートはいりません．
店員：はい，どうぞ．ご注文の品です．9ユーロになります．

Commander　147

基本のひとこと

● 私／私たちは〜をいただきます．

Je prendrai / Nous prendrons ＿＿＿（名詞）＿＿＿．
ジュ　プランドレ　　ヌー　　プランドロン

● 〜をお勧めします．

Je vous recommande ＿＿＿（名詞）＿＿＿．
ジュ　ヴー　　ルコマンドゥ

- □ le menu A　メニューA
  ル　ムニュ　ア

- □ le plat de viande　肉料理
  ル　プラ　ドゥ　ヴィヤンドゥ

- □ le plat de poisson　魚料理
  ル　プラ　ドゥ　プワソン

- □ la quiche lorraine　キッシュ・ロレーヌ
  ラ　キッシュ　ロレーヌ

- □ la salade *niçoise/verte*
  ア　サラドゥ　ニソワーズ　ヴェルトゥ
  ニース風サラダ / グリーンサラダ

- □ le pâté maison　自家製パテ
  ル　パテ　メゾン

- □ la terrine faite maison　自家製テリーヌ
  ラ　テリヌ　フェットゥ　メゾン

- □ la tarte maison　自家製タルト
  ラ　タルトゥ　メゾン

- □ la glace faite maison
  ラ　グラス　フェットゥ　メゾン
  自家製アイスクリーム

- □ le sorbet au citron　レモンシャーベット
  ル　ソルベ　オ　スィトロン

- □ la macédoine de fruits　フルーツサラダ
  ラ　マセドワヌ　ドゥ　フリュイ

- □ un apéritif avec des amuse-gueules
  アン　ナペリティフ　アヴェック　デ　ザミューズ　グル
  食前酒とおつまみ

- □ le rosé　ロゼワイン
  ル　ロゼ

- □ le vin de terroir　地ワイン
  ル　ヴァン　ドゥ　テロワール

- □ le vin de table　テーブルワイン
  ル　ヴァン　ドゥ　ターブル

- □ un digestif avec le café　コーヒーと食後酒
  アン　ディジェスティフ　アヴェック　ル　カフェ

役に立つフレーズ －注文する－

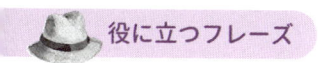

●すみません．注文してもいいですか？
S'il vous plaît ! *On peut commander ? / On peut passer commande ?*
スィル ヴ プレ オン プ コマンデ オン プ パセ コマンドゥ

●はい，すぐに参ります！
Oui, j'arrive tout de suite !
ウィ ジャリヴ トゥ ドゥ スュイトゥ

●（注文を）おうかがいしていますか？
On vous sert ? / On s'occupe de vous ?
オン ヴー セール オン ソキュプ ドゥ ヴー

●注文がまだですけれど．
Je n'ai toujours pas été servi(e).
ジュ ネ トゥジュール パ エテ セルヴィ

●ご注文をおうかがいします．
Puis-je prendre votre commande ?
ピュイ ジュ プランドル ヴォトル コマンドゥ

●日替わりメニューは何ですか？
Quel est le plat du jour ?
ケレ ル プラ デュジュール

●日替わりメニューは週末もありますか？
Vous avez un plat du jour le week-end aussi ?
ヴ ザヴェ アン プラ デュジュール ル ウィーケンドゥ オスィ

●いいえ，平日だけです．
Non, seulement en semaine.
ノン スルマン アン スメーヌ

●すみません，セルヴェール・ドゥ・カニュとは何ですか？
Pardon, qu'est-ce que c'est, une cervelle de canut ?
パルドン ケ ス ク セ ユヌ セルヴェル ドゥ カニュ

Commander 149

- ●メニューがわからないのです．

Je ne peux pas lire la carte. / Je ne comprends pas la carte.

ジュ ヌ プ パ リール ラ カルトゥ ジュ ヌ コンプラン パ ラ カルトゥ

- ●(私たち / 私に) 何がお勧めですか？

Qu'est-ce que vous *nous* / *me* recommandez ?

ケ ス ク ヴー ヌー ム ルコマンデ

- ●この料理をお勧めします．

Je vous recommande ce plat.

ジュ ヴ ルコマンドゥ ス プラ

- ●デザートは何がありますか？

Qu'est-ce que vous avez comme dessert ?

ケ ス ク ヴ ザヴェ コム デセール

- ●定食は飲み物かコーヒー，そしてデザート付きです．

Le menu comprend une boisson ou un café, et un dessert.

ル ムニュ コンプラン ユヌ ボワソン ウ アン カフェ エ アン デセール

- ●メイン・ディッシュは肉料理か魚料理が選べます．

Vous avez le choix entre un plat de viande et un plat de poisson

ヴ ザヴェ ル ショワ アントル アン プラ ドゥヴィヤンドゥ エ アン プラ ドゥ プワソン

comme plat principal.

コム プラ プランスィパル

- ●オードブル / メイン・ディッシュ / デザートは何になさいますか？

Que prendrez-vous *en entrée* / *en plat principal* / *en dessert* ?

ク プランドレ ヴー アン ナントレ アン プラ プランスィパル アン デセール

- ●前菜はサラダをお願いします．メインはステーキにします．

En entrée, je prends une salade. En plat principal, je prendrai

アン ナントレ ジュ プラン ユヌ サラドゥ アン プラ プランスィパル ジュ プランドレ

un steack.

アン ステーク

- ●同じものをお願いします．

La même chose, s'il vous plaît !

ラ メム ショーズ スィル ヴ プレ

● パンをもう少しいただけますか．
Puis-je ravoir du pain, s'il vous plaît ?
ピュイ ジュ ラヴォワール デュ パン スィル ヴ プレ

● すぐにお持ちいたします．
Je vous apporte cela tout de suite.
ジュ ヴー ザポルトゥ スラ トゥ ド スュイトゥ

● 注文を変更してもよろしいですか？
Puis-je changer ma commande ?
ピュイ ジュ シャンジェ マ コマンドゥ

● 申し訳ございません，不可能です．
Désolé(e), ce n'est pas possible.
デゾレ ス ネ パ ポスィーブル

● すみません，これは注文していません．
Pardon, mais je n'ai pas commandé cela.
パルドン メ ジュ ネ パ コマンデ スラ

● お店のスペシャリテは何ですか？
Quelle est la spécialité de la maison ?
ケレ ラ スペスィヤリテ ドゥ ラ メゾン

● 料理長のスペシャリテは何ですか？
Quelle est la spécialité du chef ?
ケレ ラ スペスィヤリテ デュ シェフ

● お飲み物のサイズはS，M，Lのどれになさいますか？
Quelle taille de boisson voulez-vous ? Petit, moyen ou grand (=S, M, L) ?
ケル タィユ ドゥ ボワソン ヴレ ヴー プティ モワヤン ウ グラン エスエムエル

● 友だちにはSを，私にはMをお願いします．
Pour mon amie, S s'il vous plaît, et M pour moi.
プール モ ナミ エス スィル ヴ プレ エ エム プール モワ

● こちらでお召し上がりですか？お持ち帰りですか？
Vous prenez votre repas ici ou c'est à emporter ?
ヴ プルネ ヴォトル ルパ イスィ ウ セ タ アンポルテ

レストラン

Commander 151

● パニーニを温めますか？
Faut-il réchauffer votre panini ?
フォ ティル ルショフェ ヴォトル パニニ

● いいえ，結構です．
Non, ce n'est pas la peine.
ノン ス ネ パ ラ ペーヌ

● トッピングはいかがですか？
Désirez-vous un topping ?
デズィレ ヴー アン トピング

● はい，ピクルスをお願いします．
Oui, ajoutez des cornichons, s'il vous plaît.
ウィ アジュテ デ コルニッション スィル ヴ プレ

● すみません，もう売り切れです．
Désolé(e), nous n'en avons plus.
デゾレ ヌー ナン ナヴォン プリュ

● マスタードはいかがですか？
Voulez-vous de la moutarde ?
ヴレ ヴー ドゥラ ムタールドゥ

● 他にご注文は？ / ご注文は以上ですか？
Quelque chose d'autre ? / Vous désirez autre chose ?
ケルク ショーズ ドートル ヴー デズィレ オートル ショーズ

● いいえ，以上です．これでいいです．
Non, merci, ce sera tout.
ノン メルスィ ス スラ トゥ

役に立つ単語 ー注文するー

ー肉類と鳥類ー （Les viandes et volailles）
レ ヴィヤンド エ ヴォラーイユ

la viande 肉
ラ ヴィヤンドゥ

le bœuf 牛肉
ル ブフ

le veau 子牛肉
ル ヴォ

le porc 豚肉
ル ポール

le mouton 羊肉
ル ムトン

152　5-2　注文する

l'agneau (*m.*) 子羊肉
ラニョ

le lapin ウサギ肉
ル ラパン

le poulet 若鶏肉
ル プレ

le coq 雄鶏
ル コック

la dinde シチメンチョウ
ラ ダンドゥ

le canard 鴨肉
ル カナール

l'oie ガチョウ
ロワ

la caille ウズラ（鶉）
ラ カイユ

le jambon ハム
ル ジャンボン

une saucisse （火を通して食べる）ソーセージ
ユヌ ソスィス

un saucisson サラミ
アン ソスィソン

ーエビ・カニ類ー（Les crustacés）
　　　　　　　　レ クリュスタセ

le crabe カニ
ル クラブ

la crevette エビ
ラ クルヴェットゥ

les coquillages 貝類
レ コキヤージュ

les coquilles St-Jacques ホタテ貝
レ コキーユ サンジャック

les fruits de mer 海の幸
レ フリュイ ド メール

les huîtres 牡蠣
レ ズュイートル

le homard オマールエビ
ル オマール

les moules ムール貝
レ ムール

ー魚ー（Les poissons）
　　　 レ プワソン

un anchois アンチョビ
アン ナンショワ

une anguille ウナギ
ユ ナンギーユ

une daurade タイ（鯛）
ユヌ ドラドゥ

une sardine イワシ（鰯）
ユヌ サルディヌ

un saumon サケ（鮭）
アン ソモン

un thon マグロ，ツナ
アン トン

une truite マス（鱒）
ユヌ トリュイットゥ

ー焼き方ー（La cuisson）
　　　　　 ラ キュイソン

bien cuit ウェルダン
ビヤン キュイ

à point ミディアム
ア プワン

saignant レア
セニャン

bleu 超レア
ブルー

cru 生
クリュ

cuit *au four / à la vapeur*
キュイ オ フール ア ラ ヴァプール
オーブン焼き / 蒸し焼き

rôti ロースト
ロティ

Commander 153

Renseignements

- 日本ではレストランで残した分を持ち帰ることもできますが，フランスでは普通それはできません．
- 食べる前に日本では「いただきます」と言いますが，フランスでは « **Bon appétit !** » と相手に向かって言います．
  （ボナ・ペティ）
- 日本のフランス料理店はかしこまったイメージがありますが，フランスのレストランでは遠慮なく，気楽にしゃべったり，笑ったり，口論したりします．

  フランスのレストランで出てくるフランス料理は日本のフランス料理（流行のヌーヴェル・キュイズィヌ）とは違うことが多いかもしれません．しかし 500 ～ 700 円の弁当やレストランでも 1000 円以下で食事のできる日本と比べると，お昼にレストランで食事をとるのは高くつくと言わざるをえないでしょう．フランス，パリで一番安いシンプルなメニューでも 12 ユーロはするでしょう．あまり観光客の行かないような界隈ではもっと安い店もあるでしょうが，手の込んだ料理だとそれ以上の値段を見込まなければなりません．

  パリにはたくさんの日本料理，中華料理，ヴェトナム料理店があることも知っておきましょう．

- パリでは日本料理店やアジア系の料理店は簡単に見つかります．たとえば，すし屋，ラーメン屋，焼き鳥屋などです．最近は弁当もブームになっていて，中身は和食に限りませんが，普通のレストランで弁当の形態をとった弁当というメニューがあります．最近は **Paris Gare de Lyon** 駅にも駅弁があります．
  （パリ　ガール　ドゥ　リヨン）

- パリの和菓子店，日本料理店に関する情報はこのサイト（フランス語のみ）を参照ください．

  https://www.parisasiatique.com/patisseries-japonaises-desserts-japonais-paris/

- 「ごちそうさまでした」を表すのに，« **C'était tres bon.** » か « **C'était délicieux.** »（とてもおいしかった）と言えます．
  （セテ　トレ　ボン）　　　　　　　　　　（セテ　デリスィユー）

5-2　注文する

5-3 レストランでの支払い
Régler la note

La serveuse

Vous prendrez un dessert ?
ヴー　プランドレ　アン　デセール

Shô

Non, merci. Juste un café et la note, s'il vous plaît.
ノン　メルスィ　ジュスタン　カフェ　エ　ラ　ノットゥ　スィル　ヴ　プレ

La serveuse

Très bien. Je vous apporte votre café tout de suite.
トレ　ビヤン　ジュ　ヴー　ザポルトゥ　ヴォトル　カフェ　トゥ　ドゥスュイトゥ

ウェートレス：デザートはどうなさいますか？
翔　　　　　：結構です．コーヒーとお勘定をお願いします．
ウェートレス：かしこまりました．コーヒーをすぐをお持ちします．

Naomi

L'addition, s'il vous plaît.
ラディスィヨン　スィル　ヴ　プレ

Le serveur

Tout de suite, madame.
トゥ　ドゥ　スュイトゥ　マダム

直美　　　：お勘定をお願いします．
ウェーター：はい．すぐにお持ちします．

Shô

C'était très bon !
セテ　トレ　ボン

Je peux payer par carte ?
ジュ　プ　ペイエ　パル　カルトゥ

Régler la note　155

La serveuse

Oui, monsieur. **Veuillez** composer votre code, s'il vous plaît.
ウィ　ムスィユー　ヴィエ　コンポゼ　ヴォトル　コードゥ　スィル　ヴ
プレ

Shô

Voilà.
ヴォワラ

La serveuse

C'est parfait, monsieur. Bonne journée !
セ　パルフェ　ムスィユー　ボヌ　ジュルネ

翔　　　　：とてもおいしかったです．カードで払えますか？
ウェートレス：はい．大丈夫です．暗証番号をお願いします．
翔　　　　：はい．
ウェートレス：ありがとうございました．よい一日を！

基本のひとこと

●〜で払ってもいいですか？

Je peux payer ___A___ .
　ジュ　プ　　ペイエ

●〜なさってください．

Veuillez ___B（不定詞）___ .
　ヴィエ

A
- par carte　カードで
  パル　カルトゥ
- par carte Visa　ヴィザカードで
  パル　カルトゥ　ヴィザ
- par Mastercard　マスターカードで
  パル　マステルカルドゥ
- avec cette carte bancaire
  アヴェク　セットゥ　カルトゥ　バンケール
  この（銀行）カードで
- avec un billet de 50 euros　50ユーロ紙幣で
  アヴェク　アン　ビエ　ドゥ　サンカントゥ　ウロ
- en espèces　現金で
  アン　ネスペース
- en deux fois　2回払いで
  アン　ドゥ　フォワ

B
- *signer ici*　ここにサインを
  スィニェ　イスィ
- *insérer votre carte*　カードを通す
  アンセレ　ヴォトル　カルトゥ
- *composer / taper* votre code secret
  コンポゼ　　タペ　　ヴォトル　コードゥ　スクレ
  暗証番号を打つ
- *appuyer sur la touche «confirmer»*
  アピュイエ　スュル　ラ　トゥシュ　コンフィルメ
  「確認」ボタンを押す
- *reprendre / retirer* votre carte
  ルプランドル　ルティレ　ヴォトル　カルトゥ
  カードをとる
- *recommencer*　もう一度やる
  ルコマンセ

Régler la note

役に立つフレーズ　ーレストランでの支払いー
38

● (お食事には) ご満足なされたでしょうか？
Vous avez bien mangé, messieurs dames ?
　ヴ　　ザヴェ　ビヤン　　マンジェ　　　メスィユ　　　　ダム

●お食事はいかがでしたか？
Comment était votre repas ?
　　コマン　　　　エテ　　ヴォトル　　ルパ

● (料理について) ご満足なされたでしょうか？
Ça vous a plu ?
　サ　　ヴ　　ザ　プリュ

●とてもおいしかったです．
C'était délicieux.
　　セテ　　　　デリスィユ

●シェフのソースがとてもおいしかったです．
J'ai bien aimé la sauce du chef.
　ジェ　ビヤン　　エメ　　ラ　　ソース　デュ　シェフ

●メイン・ディッシュが熱くなかったです．
Le plat principal n'était pas chaud.
　ル　　プラ　プランスィパル　　　ネテ　　　　パ　　　ショ

●メイン・ディッシュが塩辛かった / 甘かった / 辛すぎた / すっぱかった / 味がなかったです．
Le plat principal était *trop salé / trop sucré / trop piquant / trop*
　ル　プラ　プランスィパル　　エテ　　トロ　　サレ　　　トロ　　スュクレ　　　トロ　　ピカン　　　　トロ
acide / fade.
アスィドゥ　ファドゥ

● (サービスなど) いかがでしたか？
Ça s'est bien passé ?
　サ　　セ　　ビヤン　　パセ

●サービスが遅かったです．
Le service était lent.
　ル　セルヴィス　　エテ　　ラン

● 店長を呼んでください！
Je demande à voir / Je veux voir le directeur !
ジュ ドゥマンドゥ ア ヴォワール　ジュ ヴ ヴォワール ル ディレクトゥール

● 持ち帰りはできますか？
Peut-on emporter les plats, s'il vous plaît ?
プトン　　アンポルテ　レ　プラ　スィル　ヴ　　プレ

● タクシーを呼んでもらえますか？
Pouvez-vous appeler un taxi, s'il vous plaît ?
プヴェ　　ヴー　　アプレ　アン タクスィ スィル　ヴ　　プレ

● お勘定をしてください．
Je voudrais régler l'addition.
ジュ　ヴードレ　　レグレ　ラディスィヨン

● 支払いはレジですか？
Règle-t-on à la caisse ?
レグル　　トン ア ラ　　ケス

● サービス料込みです．
Le service est compris.
ル　セルヴィス　エ　　コンプリ

● 領収書が必要ですか？
Vous désirez un reçu ?
ヴー　　デズィレ　　アン ルスュ

● お支払いはいかがなさいますか？ご一緒ですか？別々ですか？
Vous réglez comment, ensemble ou séparément ?
ヴ　レグレ　　コマン　　アンサンブル　ウ　　セパレマン

● 別々で．
Séparément, s'il vous plaît.
セパレマン　　スィル　ヴ　　プレ

● （支払いの時）ちょうどです．
Tenez, voici l'appoint.
トゥネ　　ヴォワスィ　ラポワン

Régler la note　159

● おつりです．

Je vous rends votre monnaie.
ジュ　ヴー　ラン　ヴォトル　モネ

役に立つ単語　ーレストランでの支払いー

ー支払ー（La facturation）
ラ　ファクテュラスィヨン

l'addition / la note お勘定，会計
ラディスィヨン　ラ　ノットゥ

la carte bancaire （銀行）カード
ラ　カルトゥ　バンケール

en espèces / en liquide 現金
アン　ネスペース　アン　リッキドゥ

la facture 請求書
ラ　ファクテュール

l'appoint ちょうど
ラポワン

un paiement 支払い
アン　ペマン

un reçu 領収書
アン　ルスュ

une taxe 税金
ユヌ　タックス

la TVA 消費税
ラ　テヴェア

payer *ensemble / séparément*
ペイエ　アンサンブル　セパレマン
一緒に / 別々に払う

rendre la monnaie おつりを返す
ランドル　ラ　モネ

ー「食」に関する動詞ー

aller au restaurant レストランに行く
アレ　オ　レストラン

boire 飲む
ボワール

déguster 味見をする
デギュステ

déjeuner 昼食をとる
デジュネ

dîner (en ville) （外で）夕食をとる
ディネ（アン　ヴィル）

***faire / suivre* un régime** ダイエットをする
フェール　スュイーヴル　アン　レジム

manger 食べる
マンジェ

prendre *un verre / un pot* 一杯やる
プランドル　アン　ヴェール　アン　ポ

prendre son petit déjeuner 朝食をとる
プランドル　ソン　プティ　デジュネ

se rassasier 満腹する
ス　ラサズィエ

se régaler 堪能する
ス　レガレ

ーレストランでー（Au restaurant）
オ　レストラン

l'ambiance 雰囲気
ランビアンス

la *bonne / mauvaise* réputation
ラ　ボヌ　モヴェズ　レピュタスィヨン
よい / 悪い評判

un(e) client(e) お客
アン（ユヌ）クリアン（トゥ）

une réservation 予約
ユヌ　レゼルヴァスィヨン

le service サービス
ル　セルヴィス

une salle climatisée 冷房付きの部屋
ユヌ　サル　クリマティゼ

complet 満席
コンプレ

fermé 準備中
フェルメ

160　5-3　レストランでの支払い

ouvert 開店，営業中
ウヴェル

la gastronomie 美食
ラ　ガストロノミ

le menu コース，定食
ル　ムニュ

la carte メニュー
ラ　カルトゥ

la carte des vins ワインメニュー
ラ　カルトゥ　デ　ヴァン

le plat du jour 日替わりメニュー
ル　プラ　デュ　ジュール

le plat végétarien ヴェジタリアン料理
ル　プラ　ヴェジェタリャン

les spécialités de la maison
レ　スペスィヤリテ　ドゥ　ラ　メゾン
お店の得意料理

Renseignements

- フランスのカフェでは朝，注文したコーヒーと一緒にクロワッサンも持ってくることがありますが，欲しくなければ « Non, merci. »(ノン メルスィ)（いいえ，結構です.）と言えば簡単に断われます．断わらないと勘定につくことがあります．

- レストランに於いてもカフェでもチップはもう全く義務ではありません．現在ではサービス料金は勘定に含まれています．どうしてもということであれば，もちろん，給仕の人に幾らかの貨幣を残しあなたの気前の良さを示すことができます．反対にタクシーではチップは今でも必要です．

- レストランにもよりますが，レジでの支払いが普通ですが，テーブルでの支払いのお店もあります．

- 一般的にすべての料理が同時に出され，特に決まった順番なくいただく和食と違い，フランス料理はレストランでも家庭でも決まった順番で出されます．それぞれがその時を得てというわけです．食事は食前酒アペリティフとカナッペなどのおつまみ，軽い野菜料理か普通ソーセージやパテなどのシャルキュトリ（豚肉加工品）の前菜で始まり，魚か肉をメインにした，時には両方の主菜へと続き，そしてサラダ，チーズが来て，最後にデザート，お好みによりコーヒー付きもしくは無し．時には食後酒を勧められることもあるでしょう．もちろん食前酒も食後酒も決まりではありません．« Pas d'apéritif, s'il vous plaît ! »(パ ダペリティフ スィル ヴ プレ)「食前酒はけっこうです」．« Pas de digestif, s'il vous plaît ! »(パ ドゥ ディジェスティフ スィル ヴ プレ)「食後酒はけっこうです」と言いながら断ることができます．食事中にワインを飲まない場合も同じです．その場合はミネラルウォーターにするほうがよいでしょう，なぜなら甘味のある飲み物などは料理の味覚を損ねてしまうかもしれないからです．

Partie 6

Les magasins
ショッピング

6-1 パン屋で
À la boulangerie

Shô
Bonjour, madame. Je voudrais une baguette, s'il vous plaît.
ボンジュール　マダム　ジュ　ヴードレ　ユヌ　バゲットゥ　スィル　ヴ　プレ

La serveuse
Ce sera tout, monsieur ?
ス　スラ　トゥ　ムスィユー

Shô
Oui.
ウィ

La serveuse
Cela vous fera 95 centimes, s'il vous plaît.
スラ　ヴー　フラ　カトルヴァンカンズ　サンティーム　スィル　ヴ　プレ

翔　：こんにちは．バゲットを1本お願いします．
店員：それでよろしいですか？
翔　：はい．
店員：95サンチームになります．

Naomi
Bonjour.
ボンジュール

Le vendeur
Bonjour, madame. Qu'est-ce que ce sera ?
ボンジュール　マダム　ケ　ス　ク　ス　スラ

Naomi

Que de choix ! Je ne sais vraiment pas quoi prendre.
ク　ドゥ　ショワ　ジュ　ヌ　セ　ヴレマン　パ　クワ　プランドル

Qu'est-ce que vous me conseillez ?
ケス　ク　ヴー　ム　コンセィエ

Le vendeur

Je vous conseille les éclairs ou les mille-feuilles.
ジュ　ヴー　コンセィユ　レ　ゼクレール　ウ　レ　ミル　フィユ

直美：こんにちは．
店員：こんにちは．何になさいますか？
直美：たくさんあるわね．何にするか本当に迷うわ．何かお勧めがありますか？
店員：エクレアとミルフィーユはどうでしょう？

Shô

Pardon, madame, il vous reste des croissants ?
パルドン　マダム　イル　ヴー　レストゥ　デ　クロワッサン

La vendeuse

Désolée, ils sont tous vendus !
デソレ　イル　ソン　トゥス　ヴァンデュ

Shô

Vous avez des pains au chocolat ?
ヴー　ザヴェ　デ　パン　オ　ショコラ

La serveuse

Il en reste trois. Vous les prenez ?
イ　ラン　レスト　トロワ　ヴー　レ　プルネ

Shô

Oui, donnez-moi les 3 pains au chocolat, avec un pain de
ウィ　ドネ　モワ　レ　トロワ　パン　オ　ショコラ　アヴェン　アン　パン　トゥ

campagne, s'il vous plaît.
カンパーニュ　スィル　ヴ　プレ

翔　：すみません．クロワッサンはまだありますか？
店員：すみません．全部売り切れです．
翔　：パン・オ・ショコラはありますか？
店員：3個残っています．お求めになりますか？
翔　：はい．パン・オ・ショコラを3個とパン・ドゥ・カンパーニュをください．

ショッピング

A la boulangerie　165

基本のひとこと

● 〜をお勧めします．
Je vous conseille （名詞）．
ジュ　ヴー　コンセィユ

- le pain au seigle　ライムギパン
  ル　パン　オ　セーグル
- le pain au sésame　ゴマパン
  ル　パン　オ　セザーム
- le pain aux cinq céréales　五穀パン
  ル　パン　オ　サン　セレアル
- le pain aux noix　クルミパン
  ル　パン　オ　ノワ
- la brioche　ブリオシュ
  ラ　ブリオシュ
- le pain au chocolat　パン・オ・ショコラ
  ル　パン　オ　ショコラ
- le croissant　クロワッサン
  ル　クロワッサン
- le petit pain au lait　ミルクパン
  ル　プティ　パン　オ　レ
- la tartelette aux fruits　フルーツタルト
  ラ　タルトレットゥ　オ　フリュイ

役に立つフレーズ －パン屋で－

●焼きたてのパンがあります．
Nous avons des pains tout chauds.
ヌー　ザヴォン　デ　パン　トゥ　ショ

●焼きたてです．
Voilà la dernière fournée. / Ces pains sortent juste du four.
ヴォワラ ラ デルニエール　フルネ　　セ　パン　ソルトゥ　ジュストゥ デュ フール

●次の焼き上がりは10時です．
La prochaine fournée est à 10h.
ラ　プロシェヌ　フルネ　エ タ ディズゥール

●注文でケーキを作ってもらえますか？
Vous faites des gâteaux sur commande ?
ヴー　フェトゥ　デ　ガトー　スュル　コマンドゥ

●バースデーケーキを注文したいのですが．
Je voudrais commander un gâteau d'anniversaire, s'il vous plaît.
ジュ　ヴードレ　コマンデ　アン　ガトー　ダニヴェルセール　スィル　ヴ　プレ

●後で品物を取りに来てもよろしいですか？
Je peux repasser plus tard chercher *mes emplettes* / *mes achats* ?
ジュ　プ　ルパセ　プリュ タール　シェルシェ　メ　ザンプレットゥ　メ　ザシャ

●朝は何時にオープンしますか？
À quelle heure vous ouvrez le matin ?
ア　ケルゥール　ヴー　ズーヴレ　ル　マタン

●開店は6時半です．
Nous ouvrons à 6h30.
ヌー　ズーヴロン　ア スィズールトラントゥ

●何時に閉店ですか？
Vous fermez à quelle heure ?
ヴー　フェルメ　ア　ケルゥール

À la boulangerie　167

● 閉店は 19 時です．
Nous fermons à 19h.
<small>ヌー　　フェルモン　　ア ディズヌヴゥール</small>

● 何時まで開いていますか？
Vous êtes ouvert jusqu'à quelle heure ?
<small>ヴー　ゼットゥ　ウヴェール　ジュスカ　　　ケルゥール</small>

● パン屋さんは何曜日がお休みですか？
La boulangerie est fermée quel jour de la semaine ?
<small>ラ　　ブランジュリ　　エ　フェルメ　ケル　ジュール ドゥ ラ　スメーヌ</small>

● 水曜日がお休みです．
Nous fermons le mercredi.
<small>ヌー　　フェルモン　　ル　　メルクルディ</small>

● （閉店間近に）まだよろしいですか？
Vous êtes encore ouvert ?
<small>ヴー　ゼットゥ アンコール　ウヴェル</small>

● 商品は自家製です．
Nos produits sont faits maison.
<small>ノ　　プロデュイ　ソン　　フェ　　メゾン</small>

● ミルフィーユはありますか？
Vous avez des mille-feuilles ?
<small>ヴ　　ザヴェ　デ　　ミル　　フィユ</small>

168　6-1　パン屋で

役に立つ単語　　ーパン屋でー

une baguette　バゲット
ユヌ　バゲットゥ

un chausson aux pommes　リンゴパイ
アン　ショソン　オ　ポム

un croissant　クロワッサン
アン　クロワッサン

un éclair (au *café* / *chocolat*)
アン　ネクレール　オ　カフェ　ショコラ
（コーヒー / チョコレート）エクレア

un gâteau　ケーキ
アン　ガト

un macaron　マカロン
アン　マカロン

une madeleine　マドレーヌ
ユヌ　マドレーヌ

une meringue　メレンゲ
ユヌ　メラング

un pain　パン
アン　パン

un pain bio　天然酵母のパン
アン　パン　ビオ

un pain complet　全粒パン
アン　パン　コンプレ

un pain de campagne　パン・ド・カンパーニュ
アン　パン　ドゥ　カンパーニュ

un pain de mie　食パン
アン　パン　ドゥ　ミ

un pain aux raisins　レーズン
アン　パン　オ　レザン

un Paris-Brest　パリ・ブレスト
アン　パリ　ブレストゥ

des petits fours　プチ・フール
デ　プティ　フール

une part de tarte　タルト1切れ
ユヌ　パール　ドゥ　タルトゥ

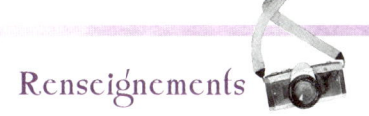

Renseignements

パン屋は日本と違って朝早い時間から（ふだんは7時からですが，所により6時からの店もある）開いています．
フランスのパン屋では日本と違い，パンを切ってもらって好きなだけ（半分だけでも）の量が買えます．もちろん，値段もその分安くなります．
また，新しいトレンドですが，最近の **Boulangerie Paul**（ブランジュリ ポール）や **Brioche Dorée**（ブリオシュ ドレ）というパン屋のチェーン店では店内で食べられるところもありますので，買ったパンをゆっくりとその場で楽しめます．

À la boulangerie　　169

6-2 デパートで
Au grand magasin

Shô

Bonjour, madame. Je cherche une veste d'été de taille M, s'il vous plaît.

La vendeuse

De quelle couleur ?

Shô

Je ne sais pas trop. Ça m'est égal.

La vendeuse

En quelle matière ?

Shô

En coton.

La vendeuse

Voilà le rayon des vestes, monsieur. Je vous laisse regarder.

翔　：こんにちは．夏物のMサイズのジャケットを探しているのですが．
店員：何色がよろしいですか？
翔　：よくわかりません．どの色でもいいです．
店員：どんな素材がよろしいですか？
翔　：コットンがいいです．
店員：こちらがジャケット・コーナーです．どうぞ，ご覧ください．

Le vendeur
Bonjour, madame. Je peux vous aider ?
ボンジュール　マダム　ジュ　プ　ヴー　ゼデ

Naomi
Oui, s'il vous plaît. Je cherche un parfum pas trop cher
ウィ　スィル　ヴ　プレ　ジュ　シェルシュ　アン　パルファン　パ　トロ　シェール
et pas trop fort.
エ　パ　トロ　フォール

Le vendeur
Je peux vous recommander ce parfum. Voulez-vous
ジュ　プ　ヴー　ルコマンデ　ス　パルファン　ヴレ　ヴー
l'essayer ?
レセイエ

Naomi
Oui, je veux bien… Hum, **il est trop** discret, je crois.
ウィ　ジュ　ヴ　ビャン　ウーン　イ　レ　トロ　ディスクレ　ジュ　クロワ

Le vendeur
Alors pourquoi pas ce parfum-là ?
アロール　プルコワ　パ　ス　パルファン　ラ

店員：こんにちは．何かお探しでしょうか？
直美：お願いします．あまり高くなくて，あまり匂いのきつくない香水を探しているのです．
店員：こちらはいかがでしょうか？お試しになってみますか？
直美：はい，お願いします．ちょっと香りが薄すぎますね．
店員：ではこちらの香水はいかがでしょうか？

ショッピング

Au grand magasin

Shô

Pardon, madame, **je peux essayer** ce pull-over ?
パルドン　マダム　ジュ　プ　エセイエ　ス　ピュル オヴェール

La vendeuse

Bien sûr, monsieur. Les cabines sont au fond
ビヤン　スュル　ムスィユー　レ　カビヌ　ソン　ト　フォン

du magasin.
デュ　マガザン

…

Ce pull-over vous va très bien. Vous le prenez ?
ス　ピュロヴェール　ヴー　ヴァ　トレ　ビヤン　ヴー　ル　プルネ

Shô

Non, **c'est trop** grand. Vous avez d'autres tailles ?
ノン　セ　トロ　グラン　ヴー　ザヴェ　ドートル　タイユ

La vendeuse

Un instant, s'il vous plaît. Je vais vérifier les stocks.
アンナンスタン　スィル　ヴ　プレ　ジュ　ヴェ　ヴェリフィエ　レ　ストック

翔　：すみません．このセーターを試着してもよろしいですか？
店員：もちろんです．試着室は店の奥の方です．
…
店員：よく似合っていらっしゃいますよ．お求めになりますか？
翔　：いいえ，大きすぎます．別のサイズがありますか？
店員：少々お待ちください．在庫を見てまいります．

Naomi

Vous auriez des chaussures de la marque Marco ?
ヴー　ゾリエ　デ　ショスュール　ドゥ　ラ　マルク　マルコ

Le vendeur

Vous faites quelle pointure ?
ヴー　フェットゥ　ケル　プワンテュール

Naomi

Du 28, s'il vous plaît. C'est pour mon fils.
デュ　ヴァントゥ ユィットゥ　スィル　ヴ　プレ　セ　プール　モン　フィス

Le vendeur

Suivez-moi, c'est par là.
スュイヴェ　モワ　セ　パル　ラ

…

C'est pour offrir ?
セ　プール　オフリル

Naomi

Oui, pouvez-vous me faire un paquet cadeau ?
ウィ　プヴェ　ヴー　ム　フェール　アン　パケ　カドー

Le vendeur

Oui, bien sûr.
ウィ　ビヤン　スュル

直美：マルコの靴はありますか？
店員：サイズはいくつですか？
直美：28 です．息子のためです．
店員：こちらへどうぞ．
…
店員：プレゼントですか？
直美：はい，プレゼント包装をお願いできますか？
店員：もちろんです．

基本のひとこと

● 〜すぎます．
Il est / C'est trop _____A（形容詞）_____ .
　イレ　　セ　　　トロ

● 〜を試着してもよろしいですか？
Je peux essayer _____B（名詞）_____ **, s'il vous plaît ?**
　ジュ　プ　　エセイエ　　　　　　　　　　　　　　スィル　ヴ　　プレ

A
- □ petit 小さい
  プティ
- □ court 短い
  クール
- □ grand 大きい
  グラン
- □ large / ample 大きい
  ラルジュ　アンプル
- □ serré きつい，狭い
  セレ
- □ moulant タイトな
  ムラン
- □ voyant 派手な
  ヴォワィャン

B
- □ ce vêtement この服
  ス　ヴェトゥマン
- □ cet habit この服
  セッタビ
- □ ce chapeau この帽子
  ス　シャポー
- □ ce pantalon このズボン
  ス　パンタロン
- □ cet accessoire このアクセサリー
  セッタクセソワール
- □ cette ceinture このベルト
  セットゥ　サンチュール
- □ ces chaussures この靴
  セ　ショスュール
- □ cette bague この指輪
  セットゥ　バーグ
- □ ce collier このネックレス
  ス　コリエ
- □ ce parfum この香水
  ス　パルファン
- □ ce pull このセーター
  ス　ピュル
- □ cette robe このワンピース
  セットゥ　ロブ
- □ ce manteau このコート
  ス　マント
- □ cette eau de toilette このオーデコロン
  セットー　　ドゥ　トワレットゥ

174　6-2　デパートで

役に立つフレーズ －デパートでー
42

●何かお探しですか？
Puis-je vous aider ?
ピュイ ジュ ヴー ゼデ

●何をお探しですか？
Qu'est-ce que vous cherchez ?
ケ ス ク ヴー シェルシェ

●何か特にお探しですか？
Cherchez-vous quelque chose de particulier ?
シェルシェ ヴー ケルク ショーズ ドゥ パルティキュリエ

●いいえ．見ているだけです．
Non, merci. *Je regarde juste.* / *Je ne fais que regarder.*
ノン メルスィ ジュ ルガルドゥ ジュストゥ ジュ ヌ フェ ク ルガルデ

●はい，スカートを探しています．
Oui, je cherche une jupe.
ウィ ジュ シェルシュ ユヌ ジュプ

●素材は何ですか？
C'est en quelle matière ?
セ タン ケル マティエール

●革 / 綿 / ウールです．
C'est *du cuir / du coton / de la laine.*
セ デュ キュイール デュ コトン ドゥ ラ レーヌ

●どうぞ，ごゆっくり．いつでもお声をおかけください．
Prenez votre temps. Nous sommes à votre disposition.
プルネ ヴォトル タン ヌー ソム ア ヴォトル ディスポズィスィヨン

ショッピング

Au grand magasin

- 試着室はどこですか？
Où sont les cabines d'essayage ?
ウ　ソン　レ　カビヌ　デセィヤージュ

- サイズはいくつですか？　＊pointure は靴のサイズを示す言葉です．
Vous faites *quelle taille / quelle pointure* ?
ヴー　フェトゥ　ケル　タイユ　ケル　ポワンテュール

- M / 36 です．
Je fais *du M / 36*.
ジュ フェ デュ エム　トラントゥスィス

- フランス式のサイズはわかりません．
Je ne connais pas ma taille française.
ジュ ヌ　コネ　パ　マ　タイユ　フランセーズ

- （お客様は）S / L でしょうかね．
Vous devez faire du *S / L*.
ヴー　ドヴェ　フェール　デュ　エス　エル

- 半袖のブラウス / スカート / 上着 / ドレスはありますか？
Avez-vous *une chemisette / une jupe / une veste / une robe* ?
アヴェ　ヴー　ユヌ　シュミゼットゥ　ユヌ ジュップ　ユヌ ヴェストゥ　ユヌ　ロブ

- このデザインはいかがですか？
Comment trouvez-vous ce modèle ? / Que pensez-vous de ce modèle ?
コマン　トルヴェ　ヴー ス　モデール　ク　パンセ　ヴー ドゥス　モデール

- あなたはどう思いますか？
Donnez-moi votre avis, s'il vous plaît.
ドネ　モワ　ヴォトル　アヴィ　スィル　ヴ　プレ

- お似合いです．
Cela vous va très bien.
スラ　ヴー　ヴァ トレ　ビヤン

- もっと小さな / 大きなサイズはありますか？
Avez-vous une taille *plus petite / plus grande* ?
アヴェ　ヴー　ユヌ　タイユ　プリュ　プティトゥ　プリュ　グランドゥ

●私のサイズのものはありますか？
Avez-vous quelque chose à ma taille ?
_{アヴェ ヴー ケルク ショーズ ア マ タイユ}

●すみません，お客様のサイズはありません．
Désolé(e), nous n'avons pas votre taille.
_{デゾレ ヌー ナヴォン パ ヴォトル タイユ}

●同じモデルで，別の色がありますか？
Avez-vous le même modèle dans une autre couleur ?
_{アヴェ ヴー ル メーム モデール ダン ズュノートル クールゥール}

●こちらのモデルをお試しください．お似合いだと思いますよ．
Essayez ce modèle. Cela devrait vous aller.
_{エセイェ ス モデール スラ ドゥヴレ ヴー ザレ}

●すみません．このデザインはもうありません．
Désolé(e), nous n'avons plus ce modèle.
_{デゾレ ヌー ナヴォン プリュス ス モデール}

●自由に試してもいいですか？
Peut-on essayer librement ?
_{プトン エセイエ リーブルマン}

●このデザインは何というブランドですか？
Ce modèle est de quelle marque ?
_{ス モデール エ ドゥ ケル マルク}

●ビニール袋は必要ですか？
Voulez-vous un sac plastique ?
_{ヴレ ヴ アン サック プラスティック}

●マイバッグをお持ちですか？
Avez-vous votre propre sac ?
_{アヴェ ヴー ヴォトル プロプル サック}

●はい，持っています．
Oui, c'est bon.
_{ウィ セ ボン}

Au grand magasin

● いいえ，（袋を）1枚ください．
Non, donnez-m'en un, s'il vous plaît.
　ノン　　ドネ　　マン　アン スィル　ヴ　　プレ

● ビニール袋は 10 サンチームでございます．
Les sacs plastiques font 10 centimes.
　レ　　サック　プラスティク　フォン ディ　サンティーム

● プレゼント用ですか？
C'est pour un cadeau ?
　セ　　プール アン　　カド

● プレゼント包装にしてもらえますか？
Pouvez-vous me faire un paquet cadeau, s'il vous plaît ?
　プヴェ　　ヴー　　ム フェール アン　　パケ　　　カド　　スィル　ヴ　　プレ

● 後日の商品の交換は可能ですか？
On peut échanger les articles plus tard ?
　オン　プ　　エシャンジェ　　レ　ザルティクル　プリュ　タール

● この品物を取り換えたいのですが．
Je voudrais échanger cet article.
　ジュ　　ヴードレ　　エシャンジェ　セッタルティクル

● レシートをお持ちですか？
Vous avez le ticket de caisse ?
　ヴ　　ザヴェ　ル　ティケ　ドゥ　　ケス

● 交換するためには，同じモデルの商品にするか，同じ値段の商品券にするかです．
À l'échange, vous pouvez soit prendre un modèle équivalent, soit
　ア　レシャンジュ　　ヴー　　プヴェ　　ソワ　プランドル　アン　モデル　　エキヴァラン　　ソワ

recevoir un bon d'achat de même valeur.
ルスヴォワール アン ボン　ダシャ　ドゥ　メム　ヴァルゥール

● 当店では商品の交換や返金はいたしておりません．
La maison n'accepte ni les échanges ni les remboursements.
　ラ　　メゾン　　ナクセプトゥ　ニ　レ　ゼシャンジュ　ニ　レ　　ランブールスマン

●商品を日本まで送ってもらえますか？
Pouvez-vous envoyer mes achats au Japon ?
プヴェ　ヴー　アンヴォワイエ　メ　ザシャ　オ　ジャポン

役に立つ単語　ーデパートでー

ー紳士服ー（Vêtements HOMMES）
ヴェットマン　オム

un anorak　ウィンドブレーカー
アン　ナノラック

un manteau　オーバー，コート
アン　マント

un blouson　ジャンパー
アン　ブルゾン

une veste　上着
ユヌ　ヴェストゥ

un gilet　チョッキ，ベスト
アン　ジレ

un imperméable　レインコート
アン　ナンペルメアーブル

un smoking　タキシード
アン　スモキング

un costume / un complet　スーツ
アン　コスチューム　アン　コンプレ

un chandail　厚手のセーター
アン　シャンダイユ

une chemise　ワイシャツ
ユヌ　シュミーズ

un polo　ポロシャツ
アン　ポロ

un pull(-over)　セーター
アン　ピュル（ロヴェール）

un T-shirt　Tシャツ
アン　ティシュルトゥ

un survêtement　トラック・スーツ
アン　スュルヴェットゥマン

un bermuda　バーミュダ
アン　ベルミュダ

un jean　ジーンズ
アン　ジーン

un pantalon　ズボン
アン　パンタロン

un short　ショートパンツ
アン　ショルトゥ

un caleçon　パンツ
アン　カルソン

un pyjama　パジャマ
アン　ピジャマ

un sous-vêtement　下着
アン　スー　ヴェットゥマン

un slip　ブリーフ，ショーツ
アン　スリップ

un maillot de bain　水着
アン　マイヨ　ドゥ　バン

un maillot de corps　アンダーシャツ
アン　マイヨ　ドゥ　コール

un maillot thermolactyl　防寒下着
アン　マイヨ　テルモラクティル

ー婦人服ー（Vêtements FEMMES）
ヴェットゥマン　ファム

un bas　ストッキング
アン　バ

des chaussettes　靴下
デ　ショセットゥ

un collant　タイツ
アン　コラン

un cardigan　カーディガン
アン　カーディガン

un chemisier　シャツブラウス
アン　シュミズィエ

un ensemble　アンサンブル
アン　ナンサンブル

une chemise de nuit　ネグリジェ
ユヌ　シュミーズ　ドゥ　ニュイ

ショッピング

Au grand magasin　179

une robe de chambre 部屋着
ユヌ　ロブ　ドゥ　シャンブル

une culotte ショーツ
ユヌ　キュロットゥ

un soutien-gorge ブラジャー
アン　スーティヤン　ゴルジュ

une jupe スカート
ユヌ　ジュップ

une mini-jupe ミニスカート
ユヌ　ミニ　ジュップ

une robe ドレス，ワンピース
ユヌ　ロブ

une robe *de soirée / du soir* ドレス
ユヌ　ロブ　ドゥ　ソワレ　デュ　ソワール

une robe décolletée デコルテ
ユヌ　ロブ　デコルテ

un tailleur 女性用のスーツ
アン　タイユール

une tenue de cérémonie 礼服
ユヌ　トゥニュ　ドゥ　セレモニ

un manteau de fourrure 毛皮のコート
アン　マント　ドゥ　フリュール

ー靴類ー（Aux pieds）
　　　　　　オ　ピエ

des bottes ブーツ
デ　ボットゥ

des chaussons / des pantoufles スリッパ
デ　ショッソン　　デ　パントゥーフル

des chaussures 靴
デ　ショスュール

des chaussures à talon aiguille ハイヒール
デ　ショスュール　ア　タロン　エギュイユ

des lacets 靴ひも
デ　ラセ

des sandales サンダル
デ　サンダル

des semelles 底敷き
デ　スメル

des tennis / des baskets スポーツシューズ
デ　テニス　　デ　バスケットゥ

des tongs ビーチサンダル
デ　トング

ーアクセサリーー（Accessoires）
　　　　　　　　アクセソワール

un béret ベレー帽
アン　ベレ

un bonnet 縁なし帽
アン　ボネ

des bretelles サスペンダー
デ　ブルテル

une casquette キャップ
ユヌ　カスケットゥ

une ceinture ベルト
ユヌ　サンテュール

un châle ショール
アン　シャール

un chapeau 帽子
アン　シャポー

une cravate ネクタイ
ユヌ　クラヴァットゥ

un diadème ティアラ
アン　ディヤデーム

une écharpe マフラー，スカーフ
ユ　ネシャルプ

un éventail 扇子
アン　ネヴァンタイユ

un foulard スカーフ
アン　フラール

des gants 手袋
デ　ガン

des lunettes メガネ
デ　リュネットゥ

des lunettes de soleil サングラス
デ　リュネットゥ　ドゥ　ソレイユ

une montre 腕時計
ユヌ　モントル

un mouchoir ハンカチ
アン　ムシュワール

un nœud papillon 蝶ネクタイ
アン　ヌー　　パピヨン

un parapluie 傘
アン　パラプリュイ

un porte-clé キーホルダー
アン　ポルトゥ　クレ

un porte-feuille 財布
アン　ポルトゥ　フィユ

un porte-monnaie 小銭入れ
アン　ポルトゥ　モネ

un sac à main ハンドバッグ
アン　サッ　カ　マン

－宝石－（Les bijoux）
レ　ビジュー

une alliance 結婚指輪
ユ　ナリヤーンス

un anneau / une bague 指輪
アン　ナノー　　ユヌ　バーグ

une boucle d'oreille イヤリング
ユヌ　ブークル　ドレィユ

un bouton de manchette カフスボタン
アン　ブトン　ドゥ　マンシェットゥ

un bracelet ブレスレット
アン　ブラスレ

une broche ブローチ
ユヌ　ブロシュ

une chaîne (*en or / en argent*)
ユヌ　シェーヌ　　アン　ノール　アン　ナルジヤン
（金／銀の）ネックレス

un collier ネックレス
アン　コリエ

un diamant ダイヤモンド
アン　ディアマン

une émeraude エメラルド
ユ　ネムロード

une épingle à cravate タイピン
ユ　ネパングル　ア　クラヴァットゥ

une gourmette 名前を刻んだブレスレット
ユヌ　グルメットゥ

une médaille メダル
ユヌ　メダイユ

un pendentif ペンダント
アン　パンダンティフ

une pierre précieuse 貴石
ユヌ　ピエール　プレスィユーズ

une perle 真珠
ユヌ　ペールル

un rubis ルビー
アン　リュビ

－色－（Couleurs）
クールゥール

noir(e) 黒い
ノワール

gris(e) 灰色の，グレーの
グリ（ーズ）

blanc(he) 白い
ブラン（シュ）

marron 茶色の，ブラウンの
マロン

rouge 赤い
ルージュ

rose ピンクの
ローズ

orange オレンジの
オランジュ

bleu(e) 青い
ブルゥー

vert(e) 緑色の
ヴェール（ト）

jaune 黄色の
ジョーヌ

violet(te) 紫色の
ヴィオレ（トゥ）

ショッピング

Au grand magasin　181

Renseignements

🎒 パリのオペラ地区のデパートでは（ときおり他の観光地でも）日本語が堪能な店員がいます．

🎒 日本人から見るとフランスの店員はそっけない，悪くすると不親切と見えるかもしれません．しかしそれはお客とお店の関係のとらえ方の違いからくるものと思われます．日本では極端に言えば，お客様は神様，お店に入るときも無言で見て回ることも普通にあるかもしれません．しかしフランスではお客もお店の人も対等な人間同士，お店に入るときは客の方からも « Bonjour, madame. »（ボンジュール マダム）と普通に挨拶し合います．時に気が合うと，話し込むこともあります．

相手に物を尋ねるときは « Excusez-moi, madame. »（エクスキュゼ モワ マダム），お願いするときは « S'il vous plaît. »（スィル ヴ プレ）と必ず付け加えましょう．

🎒 パリのデパート：

レ ガルリー ラファイエットゥ
Les Galeries Lafayettes

ル プランタン
Le Printemps

ル ベーアシュヴェ
Le BHV

ル ボンマルシェ
Le Bon Marché

フランスの大手スーパー：

モノプリ
Monoprix

ルクレール
Leclerc

カルフール
Carrefour

アンテルマルシェ
Intermarché

カズィノ
Casino

ディスカウント：

リドゥル　リドゥールプライス　ウデ
Lidl, Leader Price, ED

🎒 のみの市での買い物も一味違って楽しいものです．

ル マルシェ オ ピュス ドゥ サント ワン
Le marché aux puces de Saint-Ouen（クリニャンクール駅）

ル マルシェ オ ピュス ドゥ モントルゥイユ
Le marché aux puces de Montreuil

🎒 フランスと日本のサイズについては下記のサイトをご参照ください．

http://jams-parisfrance.com/info/clothessizefrance/

6-3 スーパーで
Au supermarché

Le vendeur

Madame, **voulez-vous goûter** nos tartelettes à la rhubarbe ? Elles sont bonnes, vous savez ! Trois tartelettes pour le prix de deux !

Naomi

Oui, je veux bien.

Le vendeur

Tenez, madame.

Naomi

C'est vrai qu'elles sont bonnes ! C'est un nouveau produit ?

Le vendeur

Non, ce sont des tartelettes de tradition faites maison !

Naomi

Ah oui ? J'en prendrai trois alors.

Le vendeur

Très bien, madame. Cela vous fait 6,50 euros.

店員：ルバーブのタルトを味見してみませんか？　おいしいですよ！　3個で2個のお値段です．
直美：はい，いただきます．
店員：どうぞ．
直美：本当だ，おいしいわ！　新しい製品ですか？
店員：いいえ，自家製の伝統的なタルトですよ．
直美：ああ，そうですか．それでは3ついただきましょう．
店員：かしこまりました．6ユーロ50になります．

Naomi

Pardon, monsieur. Je voudrais acheter des pêches, mais
パルドン　　ムスィユー　　ジュ　ヴードレ　　アシュテ　デ　　ペッシュ　　メ
je ne sais pas comment marche la balance électronique.
ジュ ヌ　セ　パ　　コマン　　マルシュ　ラ　　バランス　　エレクトロニック

Le vendeur

Posez votre sachet sur la balance. Cherchez le bouton
ポゼ　ヴォトル　サシェ　スュル ラ　バランス　　シェルシェ　　ル　ブトン
"pêche" et appuyez dessus. Ensuite, l'étiquette du prix
ペッシュ　エ　アピュイエ　　ドゥスュ　　アンスュイトゥ　レティケットゥ　デュ　プリ
sort. Collez-la sur le sachet. Et vous passez à la caisse
ソール　コレ　ラ スュル ル　サシェ　　エ　ヴー　　パセ　ア ラ　ケス
pour régler !
プール　レグレ

直美：すみません．桃を買いたいのですが，どういうふうにこのはかりを使えばいいのかわかりません．
店員：桃を入れた袋をはかりの上に載せてください．「桃」と書いてあるボタンを探して，それを押してください．値段のラベルが出てきます．袋に貼ってください．そしてレジでお支払いください．

Naomi

Bonjour, monsieur. Je voudrais 300 grammes de
ボンジュール　　ムスィユー　　ジュ　ヴードレ　　トロワ サン　グラム　　ドゥ
taboulé, s'il vous plaît.
タブレ　　スィル　ヴ　　プレ

Le vendeur

Et avec ceci ?
エ　アヴェック　ススィ

Naomi

Donnez-moi 6 tranches de jambon blanc et 3 tranches
ドネ　　モワ　スィ　トランシュ　ドゥ　ジャンボン　　ブラン　エ　トロワ　トランシュ

de jambon cru, s'il vous plaît. **Je prendrai** aussi
ドゥ　ジャンボン　クリュ　スィル　ヴ　　プレ　　ジュ　プランドレ　　オスィ

un saucisson pas trop gros.
アン　ソスィソン　　　パ　　トロ　　グロ

Le vendeur

Comment voulez-vous vos tranches de jambon ?
コマン　　　ヴレ　　ヴー　ヴォ　トランシュ　ドゥ　ジャンボン

Très fines ou un peu épaisses ?
トレ　フィヌ　ウ　アン　プ　　エペッス

Naomi

Fines, s'il vous plaît.
フィヌ　スィル　ヴ　　プレ

Le vendeur

Autre chose, madame ?
オートル　ショーズ　　マダム

Naomi

Non, ce sera tout.
ノン　ス　スラ　トゥー

直美：こんにちは．タブレを300グラムください．
店員：他には？
直美：ハムを６枚と生ハムを３枚ください．あまり大きくないサラミもください．
店員：ハムはどのように切りますか？　薄くですか，厚めですか？
直美：薄めでお願いします．
店員：他には何か？
直美：いいえ，それで結構です．

ショッピング

Au supermarché　185

基本のひとこと

● 〜を味見してみませんか？

Voulez-vous goûter ［ A （名詞） ］ ?
　ヴレ　　　ヴー　　　グテ

● 〜をください．

Je prendrai ［ B （名詞） ］ **, s'il vous plaît.**
　ジュ　プランドレ　　　　　　　　　　　　スィル　ヴ　プレ

A

- ☐ **cette sauce** このソース
  セットゥ　ソース
- ☐ **ce nouveau produit** この新しい製品
  ス　ヌーヴォー　プロデュイ
- ☐ **cette viande** この肉
  セットゥ　ヴィヤンドゥ
- ☐ **cette fondue** このフォンデュ
  セットゥ　フォンデュ
- ☐ **ces saucisses** このソーセージ
  セ　ソスィス
- ☐ **cette terrine** このテリーヌ
  セットゥ　テリーヌ
- ☐ **ce dessert** このデザート
  ス　デセール
- ☐ **ce nouveau parfum de glace**
  ス　ヌーヴォー　パルファン　ドゥ　グラス
  この新しいフレーバーのアイスクリーム
- ☐ **ce produit surgelé** この冷凍食品
  ス　プロデュイ　スュルジュレ
- ☐ **ce riz indien** このインド米
  ス　リ　アンディヤン

B

- ☐ **cent grammes de pâté de canard**
  サン　グラム　ドゥ　パテ　ドゥ　カナール
  鴨のパテ 100 グラム
- ☐ **deux cents grammes de bœuf**
  ドゥ　サン　グラム　ドゥ　ブフ
  牛肉 200 グラム
- ☐ **trois cents grammes de poulet**
  トロワ　サン　グラム　ドゥ　プレ
  鶏肉 300 グラム
- ☐ **quatre cents grammes de veau**
  カトル　サン　グラム　ドゥ　ヴォー
  子牛肉 400 グラム
- ☐ **cinq cents grammes de porc** 豚肉 500 グラム
  サン　サン　グラム　ドゥ　ポール
- ☐ **six tranches de jambon** ハム 6 枚
  スィ　トランシュ　ドゥ　ジャンボン
- ☐ **sept portions de tarte aux pommes**
  セットゥ　ポルスィヨン　ドゥ　タルトゥ　オ　ポム
  リンゴタルト 7 切れ
- ☐ **un morceau de gâteau** ケーキ 1 切れ
  アン　モルソー　ドゥ　ガトー
- ☐ **une part de quiche** キッシュ 1 切れ
  ユヌ　パール　ドゥ　キシュ
- ☐ **un paquet de chips** ポテトチップ 1 袋
  アン　パケ　ドゥ　シップス
- ☐ **une barquette de fraises** イチゴ 1 パック
  ユヌ　バルケットゥ　ドゥ　フレーズ
- ☐ **deux boîtes de cassoulet** カスレ 2 缶
  ドゥ　ボワトゥ　ドゥ　カスレ
- ☐ **un kilo de pommes de terre**
  アン　キロ　ドゥ　ポム　ドゥ　テール
  ジャガイモ 1 キロ
- ☐ **deux litres de vin de table**
  ドゥ　リットル　ドゥ　ヴァン　ドゥ　ターブル
  テーブルワイン 2 リットル
- ☐ **une bouteille de vin rouge** 赤ワイン 1 本
  ユヌ　ブテイユ　ドゥ　ヴァン　ルージュ
- ☐ **un bloc de foie gras** フォワグラ 1 ブロック
  アン　ブロック　ドゥ　フォワ　グラ
- ☐ **un sachet de thé** ティーバッグ 1 つ
  アン　サシェ　ドゥ　テ
- ☐ **un demi** ビール 500ml
  アン　ドゥミ
- ☐ **une demi-bouteille d'eau** 水 500ml
  ユヌ　ドゥミ　ブティユ　ドー

役に立つフレーズ　ースーパーでー
(44)

● すみません，ここに / レジに並んでいるのですか？
Pardon, monsieur. Vous faites la queue *ici* / *à la caisse* ?
パルドン　ムスィユー　ヴー　フェトゥ　ラ　ク　イスィ　ア　ラ　ケス

● すみません，紅茶売り場はどこでしょう？
Excusez-moi, où puis-je trouver du thé ?
エクスキュゼ　モワ　ウ　ピュイ　ジュ　トルヴェ　デュ　テ

● コーヒー・紅茶売り場はちょうどあそこです．
Le rayon café et thé, c'est juste là-bas, madame.
ル　レィヨン　カフェ　エ　テ　セ　ジュストゥ　ラ　バ　マダム

● （ご注文は）何か他にありますか？
Désirez-vous autre chose ? / Il vous faut autre chose ?
デズィレ　ヴー　オートル　ショーズ　イル　ヴ　フォ　オートル　ショーズ

● （ご注文は）何か他にありますか？
Et avec ceci ? / Et avec cela ? / Et avec ça ? / Autre chose ?
エ　アヴェク　ススィ　エ　アヴェク　スラ　エ　アヴェク　サ　オートル　ショーズ

● いくつほしいですか？
Combien en voulez-vous ? / Vous en voulez combien ?
コンビヤン　アン　ヴレ　ヴー　ヴー　ザン　ヴレ　コンビヤン

● 1個でも買えますか？
Peut-on acheter à la pièce ?
プトン　アシュテ　ア　ラ　ピエス

● 長持ちしますか？
Est-ce que cela se conserve longtemps ?
エ　ス　ク　スラ　ス　コンセルヴ　ロンタン

● いいえ．生鮮食品です．早めにお召し上がりください．
Non. C'est un produit frais. Mangez-le rapidement.
ノン　セ　タン　プロデュイ　フレ　マンジェ　ル　ラピドゥマン

Au supermarché

●冷蔵庫で保存できません．
Cela ne se conserve pas au frigo.

●日の当たらない乾燥した場所で保存してください．
Gardez ceci au sec dans un endroit non exposé à la lumière.

●ここで支払いをするのですか？
Doit-on payer ici ?

●いいえ，レジで他のものと一緒にお支払いください．
Non, réglez à la caisse avec vos autres courses.

●リヨン風サラダ 300 グラムでいくらですか？
Combien *font* / *coûtent* 300 grammes de salade lyonnaise ?

●マイバッグをお持ちですか？
Vous avez votre propre sac ?

●レジ袋をもらえますか？
Je peux avoir un sac plastique ?

●1 枚 10 サンチームです．
C'est 10 centimes le sac.

●何も買っていません．ここから出ていいですか？
Je n'ai rien acheté. Je peux *passer* / *sortir* par là, s'il vous plaît ?

●はい，どうぞ．
Oui, allez-y, *monsieur* / *madame*.

188　6-3　スーパーで

● いいえ，こちらからお願いします．
Non, prenez cette sortie-là, s'il vous plaît.
　ノン　　プルネ　セットゥ ソルティ　ラ スィル　ヴ　　プレ

● すみません，袋の中身を見せていただけますでしょうか．
Pardon, *monsieur / madame*. Je vais vous demander de bien vouloir
パルドン　　ムスィユー　　マダム　　ジュ ヴェ ヴー ドゥマンデ ドゥ ビヤン ヴロワール
montrer le contenu de votre sac, s'il vous plaît.
モントレ　ル コントゥニュ ドゥ ヴォトル サック スィル　ヴ　　プレ

役に立つ単語　ースーパーでー

一果物ー (Les fruits)
レ　フリュイ

un abricot 杏
アン ナブリコ

un ananas パイナップル
アン ナナナ（ス）

la banane バナナ
ラ　バナヌ

la cerise サクランボ
ラ　スリーズ

la fraise イチゴ
ラ　フレーズ

la framboise ラズベリー
ラ　フランボワーズ

le kiwi キウィ
ル　キウイ

le litchi ライチ
ル　リーチ

la mandarine ミカン
ラ　マンダリーヌ

le melon メロン
ル　ムロン

la myrtille ブルーベリ
ラ　ミルティユ

une orange オレンジ
ユ　ノランジュ

la pastèque スイカ
ラ　パステーク

la pêche 桃
ラ　ペッシュ

la poire 梨
ラ　ポワール

la pomme リンゴ
ラ　ポム

la prune プラム
ラ　プリュヌ

le raisin ブドウ
ル　レザン

la tomate トマト
ラ　トマトゥ

ー野菜ー (Les légumes)
レ　レギュム

un artichaut アーティチョーク
アン ナルティショ

une asperge アスパラガス
ユ　ナスペルジュ

une aubergine ナス
ユ　ノベルジヌ

le céleri セロリ
ル　セルリ

le chou キャベツ
ル　シュ

le chou-fleur カリフラワー
ル　シュ フルゥール

le concombre キュウリ
ル　コンコンブル

les flageolets フラジョレ豆
レ　フラジョレ

les haricots blancs 白インゲン
レ　アリコ　　　　ブラン

Au supermarché　189

les haricots verts サヤインゲン
レ　アリコ　　ヴェール

un oignon タマネギ
アン　ノニョン

les petits pois グリーンピース
レ　プティ　ポワ

le poireau ポロネギ
ル　ポワロー

la pomme de terre ジャガイモ
ラ　ポム　　ドゥ　テール

le radis ラディッシュ
ル　ラディ

la salade サラダ菜
ラ　サラドゥ

ースパイスー（Les épices）
　　　　　　　レ　ゼピス

l'ail ニンニク
ライユ

le basilic バジル
ル　バズィリック

le curry カレー
ル　キュリー

le gingembre 生姜
ル　ジャンジャンブル

le romarin ローズマリー
ル　ロマラン

le thym タイム
ル　タン

ーその他ー（Autres）
　　　　　　オートル

le fromage チーズ
ル　フロマージュ

les pâtes パスタ
レ　パートゥ

le poisson 魚
ル　プワソン

la purée ピュレ
ラ　ピュレ

le riz お米
ル　リ

la sauce ソース
ラ　ソース

la viande 肉
ラ　ヴィヤンドゥ

le yaourt ヨーグルト
ル　ヤウールトゥ

ー売り場ー（Les rayons）
　　　　　　　レ　レイヨン

le rayon épicerie お惣菜売り場
ル　レイヨン　エピスリ

le rayon charcuterie 豚肉加工品売り場
ル　レイヨン　シャルキュトゥリ

le rayon boucherie 肉売り場
ル　レイヨン　ブシュリ

le rayon pâtisserie 菓子売場
ル　レイヨン　パティスリ

le rayon boulangerie パン売り場
ル　レイヨン　ブランジュリ

le rayon desserts デザート売り場
ル　レイヨン　デセール

le rayon fromage crémerie 乳製品売り場
ル　レイヨン　フロマージュ　クレムリ

le rayon hygiène 衛生用品売り場
ル　レイヨン　イジェーヌ

le rayon papeterie 文房具売り場
ル　レイヨン　パペトゥリ

le rayon accessoires アクセサリー売り場
ル　レイヨン　アクセソワール

le rayon vêtements 衣料品売り場
ル　レイヨン　ヴェトゥマン

le rayon lingerie 下着売り場
ル　レイヨン　ランジュリ

le rayon cosmétique 化粧品売り場
ル　レイヨン　コスメティック

Renseignements

- 野菜や果物は計量での販売です．袋に詰めて，はかりの上に載せます．商品の表示ボタンを押すと，値段の書かれたラベルが出てきます．
- パリやその郊外では万引きが多いので，お店で買い物袋の中身を検査されることがあります．時には客が持ちこんだ袋は買い物が済むまで預かるという場合もあります．

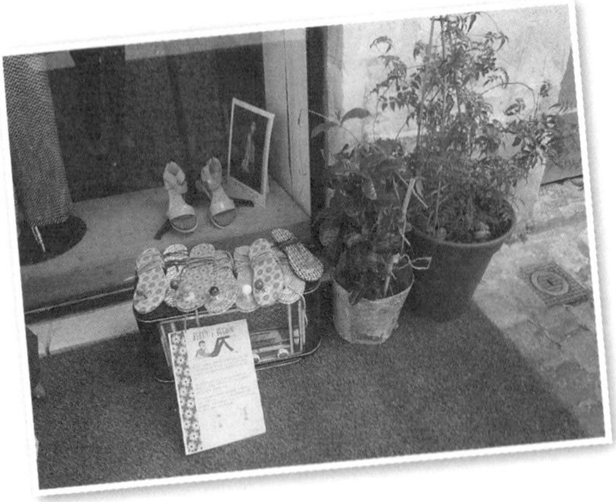

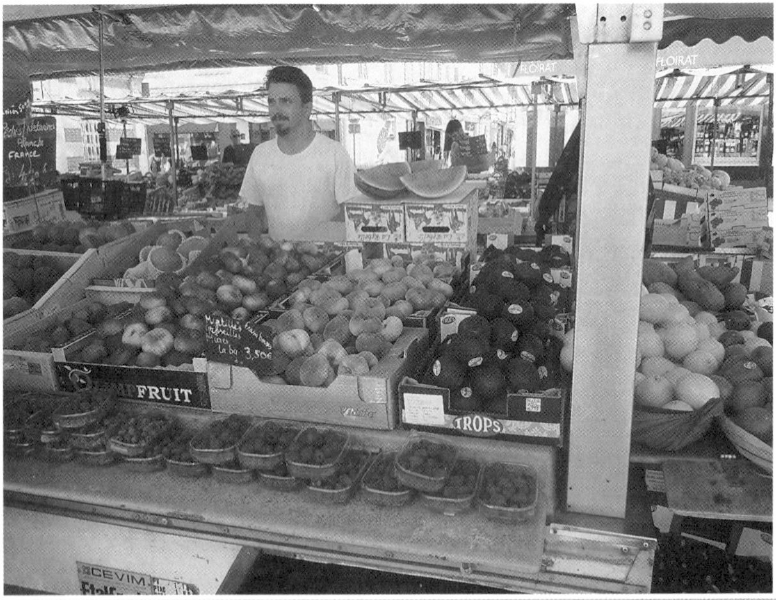
FLOIRAT
FLOIRAT
TROPS
CEVIM

Partie 7
En cas de problème
困った時

7-1 薬局で
À la pharmacie

Le pharmacien
Qu'est-ce qui ne va pas ?
ケ ス キ ヌ ヴァ パ

Naomi
Je ne me sens pas bien. J'ai le nez qui coule et je tousse
ジュ ヌ ム サン パ ビヤン ジェ ル ネ キ クール エ ジュ トゥース
sans cesse.
サン セス

Le pharmacien
Avez-vous de la fièvre ?
アヴェ ヴー ドゥ ラ フィエーヴル

Naomi
Oui.
ウィ

Le pharmacien
C'est sans doute un mauvais rhume. En attendant, je vous
セ サン ドゥートゥ アン モヴェ リュム アン ナタンダン ジュ ヴー
donne ces médicaments. Vous devriez aller voir un
ドヌ セ メディカマン ヴー ドゥヴリエ アレ ヴォワール アン
médecin rapidement si votre état ne change pas.
メドゥサン ラピドゥマン スィ ヴォトル エタ ヌ シャンジュ パ

薬剤師：どうなさいましたか？
直美　：気分が悪いのです．鼻水が出ていますし，せきが止まりません．
薬剤師：熱がありますか？
直美　：はい．
薬剤師：悪い風邪でしょうね．とりあえず，この薬を飲んでください．よくならなければ，早くお医者さんに行った方がいいですよ．

Naomi

Bonjour. **Vous vendez** des serviettes hygiéniques ?
ボンジュール　ヴー　ヴァンデ　デ　セルヴィエットゥ　イジエニック

Vous auriez aussi de la crème protectrice pour les lèvres
ヴー　ゾリエ　オスィ　ドゥ ラ　クレーム　プロテクトリス　プール　レ　レーヴル

et des pansements, s'il vous plaît ? Je ne les trouve pas.
エ デ　パンスマン　スィル ヴ プレ　ジュ ヌ レ トルーヴ パ

Le vendeur

Oui, un instant, madame... Voilà, madame.
ウィ　アン ナンスタン　マダム　ヴォワラ　マダム

直美：こんにちは．（生理用）ナプキンはありますか？　リップ・クリームとバンド・エイドも
　　　ありますか？　見当たらないのですが．
店員：はい，少々お待ちください…こちらになります．

Shô

Bonjour, madame. Depuis hier soir, j'ai la diarrhée
ボンジュール　マダム　ドゥピュイ イエル ソワール ジェ ラ ディアレ

et j'ai aussi vomi une fois. **J'ai** encore **mal** au ventre
エ ジェ オスィ ヴォミ ユヌ フォワ ジェ アンコール マロ　ヴァントル

maintenant.
マントゥナン

La pharmacienne

Vous avez mangé quelque chose d'avarié, peut-être ?
ヴー　ザヴェ　マンジェ　ケルク　ショーズ　ダヴァリエ　プテートル

Shô

J'ai mangé des huîtres.
ジェ マンジェ デ ズュィートル

困った時

À la pharmacie　195

La pharmacienne

Eh bien, c'est sûrement ça, monsieur.
エ ビヤン セ スュルマン サ ムスィユー

Tenez, prenez ces gélules et cela ira vite mieux.
トゥネ プルネ セ ジェリュル エ スラ イラ ヴィトゥ ミュー

翔　　：こんにちは．昨夜から下痢しているのです．そして，一度戻しました．まだお腹が痛いのです．
薬剤師：何か悪いものを食べたのでしょうか？
翔　　：牡蠣を食べました．
薬剤師：きっとそのせいでしょう．このカプセルをお飲みください．すぐによくなると思います．

Le vendeur

Bonjour, madame. Je peux vous aider ?
ボンジュール マダム ジュ プ ヴー ゼデ

Naomi

Oui, s'il vous plaît. Je descends juste d'avion et comme je
ウィ スィル ヴ プレ ジュ デサン ジュストゥ ダヴィヨン エ コム ジュ

suis restée assise trop longtemps, **j'ai mal** aux reins.
スィ レステ アスィーズ トロ ロンタン ジェ マロ ラン

Vous vendez des corsets ?
ヴー ヴァンデ デ コルセ

Le vendeur

Oui, vous avez plusieurs choix dans ce rayon.
ウィ ヴ ザヴェ プリュズィユール ショワ ダン ス レイヨン

Naomi

Très bien. Lequel vous me conseillez ?
トレ ビヤン ルケル ヴー ム コンセィエ

Le vendeur

Ce corset est confortable pour la marche comme en
ス コルセ エ コンフォルターブル プール ラ マルシュ コム アン

position assise !
ポズィスィヨン アスィーズ

Donnez-moi ausi des compresses, s'il vous plaît.
ドネ　　モワ　オスィ　デ　　　コンプレス　　　スィル　ヴ　　プレ

店員：こんにちは．何をお求めですか？
直美：はい，お願いします．飛行機を降りたばかりなのですが，座りっぱなしだったので腰が痛いのです．コルセットを売っていますか？
店員：はい．この棚にたくさん種類がございます．
直美：はい．どれをお勧めですか？
店員：このコルセットは歩くときでも座っているときでも快適ですよ．
直美：湿布もお願いします．

À la pharmacie　197

基本のひとこと

● ～は売っていますか？
Vous vendez ____A（名詞）____ **s'il vous plaît ?**
ヴー　ヴァンデ　　　　　　　　　　　　スィル　ヴ　プレ

● ～が痛いです．
J'ai mal ____B____ .
ジェ　マル

A
- des pansements　デ パンスマン
  ばんそうこう，包帯，バンドエイド
- des bains de bouche　うがい薬
  デ バン ドゥ ブーシュ
- des pastilles pour la gorge　トローチ
  デ パスティーユ プール ラ ゴルジュ
- des répulsifs pour les insectes　虫よけ
  デ レピュルスィフ プール レ ザンセクトゥ
- de la crème protectrice pour les lèvres
  ドゥ ラ クレーム プロテクトリス プール レ レーヴル
  リップ・クリーム
- du savon hypoallergénique
  デュ サヴォン イポアレルジェニク
  抗アレルギーせっけん
- de la crème hydratante　保湿クリーム
  ドゥ ラ クレム イドラタントゥ
- de la crème anti-démangeaison
  ドゥ ラ クレム アンティ デマンジェゾン
  かゆみどめ
- des produits de beauté　化粧品
  デ プロデュイ ドゥ ボテ
- du dentifrice　歯磨き
  デュ ダンティフリス
- des brosses à dents　歯ブラシ
  デ ブロス ア ダン
- des couches　紙おむつ
  デ クーシュ
- du lait en poudre　粉ミルク
  デュ レ アン プードル

B
- à la tête / au crâne　頭
  ア ラ テットゥ オ クラン
- aux dents　歯
  オ ダン
- au pied　足
  オ ピエ
- au ventre　お腹
  オ ヴァントル
- à l'estomac　胃
  ア レストマ
- aux reins / au dos　腰
  オ ラン オ ド
- au genou　膝
  オ ジュヌー
- à l'épaule　肩
  ア レポール
- à la jambe　脚
  ア ラ ジャンブ
- à la cheville　足首
  ア ラ シュヴィーユ
- à la gorge　のど
  ア ラ ゴルジュ

役に立つフレーズ　ー薬局でー

46

● すみません．この辺に薬局がありますか？
Pardon, y a-t-il une pharmacie dans les environs ?
　パルドン　イヤティル　ユヌ　ファルマスィ　ダン　レ　ザンヴィロン

● どこの薬局が今日の当番ですか？
Quelle est la pharmacie de garde aujourd'hui ?
　ケレ　ラ　ファルマスィ　ドゥ　ガルドゥ　オジュルデュイ

● 今日の当番のお医者さんは誰か教えていただけますか？
Pouvez-vous me dire qui est le médecin de garde ?
　プヴェ　ヴー　ム　ディール　キ　エ　ル　メドゥサン　ドゥ　ガルドゥ

● この薬はありますか？
Vous auriez ce médicament, s'il vous plaît ?
　ヴー　ゾリエ　ス　メディカマン　スィル　ヴ　プレ

● 処方箋を見せてください．
Votre ordonnance, s'il vous plaît.
　ヴォトル　オルドナンス　スィル　ヴ　プレ

● 申し訳ありません．処方箋なしではその薬はお出しできません．
Je suis désolé(e). Nous ne délivrons pas ce médicament sans
　ジュ スュイ　デゾレ　ヌー　ヌ　デリヴロン　パ　ス　メディカマン　サン
ordonnance.
　ゾルドナンス

● まずお医者さんに行って，処方箋をお持ちの上また来てください．
Vous devriez d'abord voir un médecin, puis revenir avec une
　ヴー　ドヴリエ　ダボール　ヴォワール アン メドゥサン　ピュイ　ルヴニール　アヴェック
ordonnance.
　ノルドナンス

● ばんそうこうはありますか？
Je voudrais des pansements, s'il vous plaît.
　ジュ　ヴドレ　デ　パンスマン　スィル　ヴ　プレ

À la pharmacie　199

●ばんそうこうは 20 枚入りにしますか？　50 枚入りにしますか？
Vous voulez une boîte de 20 pansements ou de 50 pansements ?
　　ヴー　　ヴレ　　ユヌ ボワットゥ ドゥ ヴァン　パンスマン　　ウ　ドゥ サンカントゥ　パンスマン

● 20 錠，40 錠入りの箱があります．
Nous avons des boîtes de 20 et 40 comprimés.
　ヌー　　ザヴォン　デ　　ボワット ドゥ ヴァン エ　カラントゥ　　コンプリメ

●どこか痛いでしょうか？
Vous avez mal quelque part ?
　ヴー　　ザヴェ　マル　　ケルク　　パール

●いいえ，痛みは感じません．
Non, *je ne sens pas de douleur.* / *je ne sens rien.*
　ノン　　ジュ ヌ　　サン　　パ　ドゥ ドゥルゥール　　ジュ ヌ　　サン　　リヤン

●この薬はいつ飲めばいいですか？
Quand dois-je prendre ce médicament ?
　カン　　ドワージュ　プランドル　ス　　メディカマン

●一日に何回この錠剤を飲めばよいですか？
Combien de fois par jour dois-je prendre ces comprimés ?
　コンビヤン　ド　フォワ パール ジュール ドワージュ　プランドル　　セ　　　コンプリメ

● 3 日間この錠剤を食後に飲んでください．
Prenez un comprimé juste après le repas pendant trois jours.
　プルネ　　アン　　コンプリメ　ジュストゥ アプレ　ル　ルパ　　パンダン　　トロワ ジュール

●空腹時にこの薬を飲まないでください．
Ne prenez pas ce médicament à jeun.
　ヌ　　プルネ　　パス　　メディカモン　ア　ジャン

●何かアレルギーがありますか？
Vous êtes allergique à quelque chose ? / Vous avez des allergies ?
　ヴー　ゼットゥ アレルズィック　ア　　ケルク　　ショーズ　　　ヴー　　ザヴェ　デ　　ザレルジ

● 私はほこり / グルテン / 海の幸 / 花粉 / ダニ / 卵にアレルギーがあります．
Je suis allergique *à la poussière* / *au gluten* / *aux fruits de mer* /
au pollen / *aux acariens* / *aux œufs*.

● この薬はどんな効果がありますか？
Quels effets a ce médicament ?

● この薬は胃痛 / 歯痛 / 消化不良に効きます．
Ce médicament est bon pour *les maux d'estomac* / *le mal de dent* /
la digestion.

● 副作用はありますか？
Y a-t-il des effets secondaires ?

● この薬をアルコールと一緒に飲んでも大丈夫ですか？
Peut-on prendre ce médicament avec de l'alcool ?

● いいえ，アルコールと一緒には飲まないでください．
Non, évitez l'alcool avec les médicaments.

● この薬は眠気を誘いますので，車の運転は避けてください．
Ce médicament présente des risques de somnolence.
Évitez de conduire.

● 副作用があったときはすぐにこの薬をやめてください．
Cessez tout de suite ce médicament en cas d'effets
secondaires.

À la pharmacie

● ジェネリックの薬がよろしいですか？
Vous désirez un médicament générique ?

● はい，お願いします．
Oui, s'il vous plaît.

● 食前 / 食後にこの薬を飲んでください．
Prenez ce médicament *avant* /*après* les repas.

● どれくらいの間この薬を飲めばいいですか？
Pendant combien de temps dois-je prendre ce médicament ?

● 症状がなくなるまでこの薬を飲んでください．
Prenez ce médicament jusqu'à la disparition des symptômes.

● この薬を1週間以上飲まないでください．それ以上（症状が続く場合）はお医者さんに相談してください．
Ne prenez pas ce médicament plus d'une semaine. Au-delà, voyez un médecin.

● 保険のために領収書が必要です．
Il me faut un reçu pour mon assurance.

● 領収書のお名前は何と書きましょうか？
À quel nom dois-je écrire votre reçu ?

● ～の名前でお願いします．～と書きます．
Au nom de … Ça s'écrit …

7-1 薬局で

役に立つ単語　ー薬局でー

ー薬ー（Les médicaments）
レ　メディカマン

un antibiotique 抗生物質
アン　ナンティビオティック

un anti-inflammatoire 抗炎症剤
アン　ナンティアンフラマトワール

un comprimé 錠剤
アン　コンプリメ

une crème クリーム
ユヌ　クレーム

une pommade 軟膏
ユヌ　ポマードゥ

un désinfectant 消毒剤
アン　デザンフェクタン

une gélule カプセル
ユヌ　ジェリュル

des gouttes (pour les yeux) 目薬
デ　グットゥ　　プール　レ　ズィユー

un sirop シロップ
アン　スィロ

un suppositoire 座薬
アン　スュポズィトワール

un bandage 包帯
アン　バンダージュ

un pansement ばんそうこう
アン　パンスマン

un plâtre ギプス
アン　プラートル

des béquilles 杖
デ　ベキーユ

un fauteuil roulant 車椅子
アン　フォトゥイユ　ルーラン

une compresse 湿布
ユヌ　コンプレス

un contraceptif / un moyen de contraception
アン　コントラセプティフ　アンモワヤン　ドゥ　コントラセプスィヨン
避妊薬，避妊具

un préservatif コンドーム
アン　プレゼルヴァティフ

ー症状ー（Les symptômes）
レ　サンプトム

des boutons 吹き出物
デ　ブトン

une allergie アレルギー
ユ　ナレルジー

des démangeaisons かゆみ
デ　デマンジェゾン

de l'urticaire じんましん
ドゥ　リュルティケール

les yeux qui pleurent 涙目
レ　ズィユー　キ　プルール

la diarrhée 下痢
ラ　ディアレ

la constipation 便秘
ラ　コンスピタスィヨン

une crampe こむら返り
ユヌ　クランプ

une douleur 痛み
ユヌ　ドゥルウル

une paralysie 麻痺
ユヌ　パラリズィ

des rhumatismes リューマチ
デ　リュマティスム

l'arthrite 関節炎
ラルトリトゥ

une crise (d'asthme/d'épilepsie)
ユヌ　クリーズ　ダスム　　デピレプスィ
ぜんそく / てんかんの発作

des éternuements くしゃみ
デ　ゼテルニュマン

la fatigue 疲労
ラ　ファティグ

l'insomnie 不眠症
ランソムニ

la somnolence 眠気
ラ　ソムノランス

la fièvre 熱
ラ　フィエーヴル

困った時

À la pharmacie　203

une hémorragie 出血 ユ　ネモラジ	se faire une entorse 捻挫をする ス　フェール　ユ　ナントルス
l'hypertension 高血圧 リペールタンスィヨン	être enceinte 妊娠している エートル　アンサントゥ
l'hypotension 低血圧 リポタンスィヨン	se couper （指などを）切る ス　クペ
une infection 感染 ユ　ナンフェクスィヨン	une coupure 切り傷 ユヌ　クピュール

―化粧品―（Les produits de beauté）
　　　　　　　　レ　プロデュイ　ドゥ　ボーテ

une inflammation 炎症 ユ　ナンフラマスィヨン	une mousse à raser シェービングクリーム ユヌ　ムース　ア　ラゼ
une blessure けが ユヌ　ブレスュール	un rasoir カミソリ アン　ラゾワール
une ampoule 水ぶくれ，まめ ユ　ナンプル	une mousse coiffante ヘアームース ユヌ　ムース　コワファントゥ
le mal de gorge のどの痛み ル　マル　ドゥ　ゴルジュ	un gel coiffant ヘアージェル アン　ジェル　コワファン
des maux de tête 頭痛 デ　モ　ドゥ　テトゥ	un spray ヘアースプレー アン　スプレー
des nausées 吐き気 デ　ノゼ	un colorant pour les cheveux 毛染め アン　コロラン　プール　レ　シュヴー
le nez bouché 鼻づまり ル　ネ　ブシェ	une crème solaire 日焼け止め ユヌ　クレーム　ソレール
le rhume des foins 花粉症 ル　リュム　デ　フォワン	un déodorant デオドラント アン　デオドラン
la toux せき ラ　トゥ	un rouge à lèvres 口紅 アン　ルージュ　ア　レーヴル
les vertiges めまい レ　ヴェルティージュ	des cotons-tiges 綿棒 デ　コトン　ティージュ
les vomissements 吐き気 レ　ヴォミスマン	un coupe-ongles 爪切り アン　ク　ポングル
tousser せきが出る トゥセ	
se blesser けがする ス　ブレセ	

Renseignements

- フランスの薬局のロゴマークは緑の十字，それとカップに蛇が巻き付いているマークです．
- フランスの薬局は化粧品も売っています．また，日本には処方箋を扱わないドラッグストアがありますが，フランスではすべての薬局で処方箋を扱います．

  診療所や薬局は日曜日はお休みですが，毎週交代で当番の診療所や薬局が緊急の患者のために開いています．薬局のウィンドーに割り当ての診療所や薬局が掲示されています．

- 出発前の海外旅行保険加入は必要です．個人の常備薬の準備もお忘れなく．旅行中に病気になってしまったらホテルのフロント，または薬局で相談しましょう．

  診療を必要とする場合はホテルや海外旅行保険の会社に連絡をとり病院や医者を紹介してもらいましょう．

- 緊急の場合は病院の救急医療サービス（**les Urgences**）へ行くか，**le SAMU**（救急医療サービス）電話番号 15，携帯電話からは 112 へ連絡をとりましょう．

7-2 急病
En cas de maladie

Shô

Appelez les urgences, s'il vous plaît !
アプレ　レ　ズュルジャンス　スィル　ヴ　プレ

Faites vite, mon ami s'est évanoui !
フェトゥ　ヴィトゥ　モン　ナミ　セ　テヴァヌイ

翔：救急車を呼んでください！　急いでください、友だちが気を失いました！

Le médecin

Bonjour, monsieur, qu'est-ce que je peux faire pour vous ?
ボンジュール　ムスィユー　ケ　ス　ク　ジュ　プ　フェール　プール　ヴー

Shô

Je ne sais pas ce que j'ai. **J'ai** des maux de tête et de gorge
ジュ　ヌ　セ　パ　ス　ク　ジェ　ジェ　デ　モ　ドゥ　テットゥ　エ　ドゥ　ゴルジュ

depuis deux jours. Je n'en peux plus.
ドゥピュイ　ドゥ　ジュール　ジュ　ナン　プ　プリュ

Le médecin

Bon. Je vais prendre votre température... Oh, vous avez
ボン　ジュ　ヴェ　プランドル　ヴォトル　タンペラテュール　オー　ヴ　ザヴェ

39 !... Vous avez d'autres symptômes ?
トラントヌフ　ヴー　ザヴェ　ドートル　サンプトム

Shô

Oui, **j'ai** des douleurs aux articulations.
ウィ　ジェ　デ　ドゥルゥール　オ　ザルティキュラスィヨン

Le médecin

Je vais examiner votre gorge. Ouvrez la bouche, s'il vous plaît … Vous avez la gorge bien rouge. Faisons un test pour la grippe.

医者：こんにちは．どうなさいましたか？
翔　：よくわからないのです．2日前から頭とのどが痛いのです．もう耐えられません．
医者：では熱を測ってみましょう．39度もありますね．別の症状がありますか？
翔　：はい．関節に痛みがあります．
医者：のどを見てみましょう．口を開けてください．…のどが赤いですね．インフルエンザの検査をしましょう．

Le médecin

C'est à vous, madame. Qu'est-ce qui ne va pas ?

Naomi

J'ai des maux d'estomac depuis hier et je n'ai pas dormi de la nuit !

Le médecin

Vous avez la diarrhée ?

Naomi

Oui. Je n'arrête pas d'aller aux toilettes !

Le médecin

Combien de fois êtes-vous allée aux toilettes depuis ce matin ?

困った時

En cas de maladie　207

Naomi
Cinq ou six fois.
サンク ウ スィ フォワ

Le médecin
Vous avez de la fièvre ?
ヴー ザヴェ ドゥ ラ フィエーヴル

Naomi
Je ne crois pas.
ジュ ヌ クロワ パ

Le médecin
Ça vous fait mal, ici ?
サ ヴー フェ マル イスィ

Naomi
Aïe ! Oh oui, alors !
アイ オー ウィ アロール

Le médecin
Bien. Il faut manger moins. Prenez ces médicaments trois fois par jour après les repas pendant quatre jours et cela passera.
ビヤン イル フォ マンジェ モワン プルネ セ メディカマン トロワ フォワ パル ジュール アプレ レ ルパ パンダン カトル ジュール エ スラ パスラ

医者：次の方！　どうなさいましたか？
直美：昨日から胃が痛いのです．昨日から眠っていないのです．
医者：下痢をしていますか？
直美：トイレを往復しています．
医者：今朝から何回トイレに行きましたか？
直美：５回か６回です．
医者：熱がありますか？
直美：ないと思います．
医者：ここは痛いですか？
直美：痛っ！　痛いです！
医者：わかりました．控えめに食べてください．この薬を食後に一日３回４日間飲んでください．これで治るでしょう．

基本のひとこと

●〜です．（症状を表す表現）

J'ai ＿＿＿（名詞）＿＿＿．
ジェ

- un mal de dents aigu 激しい歯痛
  アン マル ドゥ ダン エギュ
- des boutons partout 全身に吹き出物
  デ ブトン パルトゥ
- le nez qui coule 鼻水が流れる
  ル ネ キ クール
- de la toux せきが出る
  ドゥ ラ トゥー
- de la fièvre 熱がある
  ドゥ ラ フィエーヴル
- du sang dans les selles 血便
  デュ サン ダン レ セル
- du sang dans les urines 血尿
  デュ サン ダン レ ズリヌ
- une lombalgie 腰痛
  ユヌ ロンバルジィ
- des hauts le cœur 気分が悪い
  デ オー ル クゥール
- une douleur sourde 鈍痛
  ユヌ ドゥルゥール スールドゥ

En cas de maladie

役に立つフレーズ －急病－

●どうなさいましたか？
Qu'est-ce que vous avez ?
　　ケ　　ス　ク　　ヴー　ザヴェ

●どこが悪いのか言ってください．
Dites-moi ce qui ne va pas !
　ディトゥ　モワ　ス　キ　ヌ　ヴァ　パ

●やけどをしました．
Je me suis brûlé(e).
　ジュ　ム　スュイ　ブリュレ

●捻挫をしました．
Je me suis fait une entorse.
　ジュ　ム　スュイ　フェ　ユ　ナントルス

●気分が悪いです．
Je me sens mal. / Je ne me sens pas bien.
　ジュ　ム　サン　マル　　ジュ　ヌ　ム　サン　パ　ビヤン

●頭がくらくらします．
J'ai la tête qui tourne.
　ジェ　ラテットゥ　キ　トゥルヌ

●めまいがします．
J'ai des vertiges.
　ジェ　デ　ヴェルティジュ

●吐き気がします．
J'ai envie de vomir.
　ジェ　アンヴィ　ドゥ　ヴォミール

●気を失いそうです．
Je crois que je vais m'évanouir. / Je vais perdre connaissance.
　ジュ　クロワ　ク　ジュ　ヴェ　メヴァヌィール　　ジュ　ヴェ　ペルドル　コネサンス

● 吐きそうです．
Je vais vomir.
ジュ ヴェ ヴォミール

● 彼女がソファに倒れ込みそうです．
Elle va s'affaler sur le divan.
エル ヴァ サファレ スュル ル ディヴァン

● 彼が床に倒れ込みそうです．
Il va s'effondrer sur le sol.
イル ヴァ セフォンドゥレ スュル ル ソル

● 出血しています．
Je saigne.
ジュ セーニュ

● 落ち着いてください！
Gardez votre calme !
ガルデ ヴォトル カルム

● しっかりしてください！
Restez conscient(e) !
レステ コンスィヤン(トゥ)

● 意識を保っていてください．
Restez éveillé(e) !
レステ エヴェィエ

● 座ってもいいですか？
Je peux m'assoir, s'il vous plaît ?
ジュ プ マソワール スィル ヴ プレ

● 横になってもいいですか？
Je peux m'allonger, s'il vous plaît ?
ジュ プ マロンジェ スィル ヴ プレ

● ベッドに座って/横になってください．
Asseyez-vous / Allongez-vous sur le lit !
アセィエ ヴー アロンジェ ヴー スュル ル リ

困った時

En cas de maladie 211

● この椅子 / ベッドで休んでください．
Reposez-vous sur cette chaise / sur ce lit !
　ルポセ　　　ヴー　スュルセットゥ　シェーズ　　　スュル ス リ

● あなたの症状を詳しく言ってください．
Décrivez-moi vos symptômes !
　デクリヴェ　　　モワ　ヴォ　　サンプトム

● 日本でこの症状でお医者さんにかかっていますか？
Êtes-vous suivi(e) par un médecin pour ce problème au Japon ? /
　エットゥ　ヴー　スュイヴィ　パル アン　メドゥサン　　プール　ス　プロブレム　　オ　ジャポン
Avez-vous un médecin traitant au Japon ?
　アヴェ　　ヴー　アン　メドゥサン　　トレタン　　オ　ジャポン

● この症状は初めてですか？
Est-ce la première fois que vous avez ces symptômes ?
　エ　ス ラ　プルミエール　フォワ　ク　　ヴー　ザヴェ　セ　　サンプトム

● 手術を受けたことがありますか？
Avez-vous déjà subi une opération ?
　アヴェ　　ヴ　デジャ スュビ　ユ　ノペラスィヨン

● いいえ，全くありません．
Non, jamais.
　ノン　　ジャメ

● はい，子どもの頃盲腸を手術しました．
Oui, enfant, j'ai été opéré(e) de l'appendicite.
　ウィ　アンファン　ジェ エテ　　オペレ　　ドゥ ラパンディスィトゥ

● 私は高血圧／低血圧です．
J'ai de *l'hypertension* / *l'hypotension*.
　ジェ ドゥ　リペールタンスィヨン　　　リポタンスィヨン

● 私はペースメーカーを使用しています．
Je porte un pace-maker.
　ジュ ポルトゥ アン　　ペス　メクゥール

●私は子宮筋腫の治療をしました．
J'ai été soignée pour un myome utérin.
ジェ エテ ソワニェ プール アン ミョーム ウテラン

●私は胃潰瘍を患っています．
J'ai un ulcère à l'estomac.
ジェ アン ヌルセル ア レストマ

●私は糖尿病を患っています．
Je suis diabétique.
ジュ スュイ ディアベティク

●エイズを患っています．
J'ai le sida.
ジェ ル スィダ

●私は心筋梗塞を起こしたことがあります．
J'ai eu une crise cardiaque.
ジェ ウ ユヌ クリズ カルディアック

役に立つ単語　ー急病ー

être suivi par un médecin 通院する
エートル スュイヴィ パル アン メドゥサン

consulter 診察する
コンスュルテ

ausculter 聴診する
オスキュルテ

hospitaliser 入院する
オスピタリゼ

prescrire 処方する
プレスクリール

opérer 手術する
オペレ

subir une intervention chirugicale
スュビール ユ ナンテルヴァンスィヨン シリュルジカル
手術を受ける

désinfecter 消毒する
デザンフェクテ

guérir 治る，回復する
ゲリール

soigner 治療する
ソワニェ

transfuser 輸血する
トランスフュゼ

vacciner ワクチンを接種する
ヴァクスィネ

faire une radio レントゲンを撮る
フェール ユヌ ラディオ

passer un scanner スキャナーを撮る
パセ アン スカネール

faire un examen de sang 血液検査をする
フェール アン ネグザマン ドゥ サン

faire un examen d'urine 尿検査をする
フェール アン ネグザマン デュリヌ

困った時

En cas de maladie　213

mesurer la tension 血圧を測る
ムズュレ　ラ　タンスィヨン

mesurer le poids 体重を測る
ムズュレ　ル　ポワ

mesurer le tour de taille ウエスト・腹囲を測る
ムズュレ　ル　トゥール　ドゥ　タイユ

aller *bien/mal/mieux*
アレ　ビヤン　マル　ミュ
元気だ / 悪くなる / よくなる

avoir mal à... 〜が痛い
アヴォワール　マル　ア

avoir une maladie 病気になっている
アヴォワール　ユヌ　マラディ

être atteint de 〜にかかっている
エートル　アタン　ドゥ

être malade 病気だ
エートル　マラドゥ

se dégrader / se détériorer 悪化する
ス　デグラデ　ス　デテリオレ

souffrir (d'une maladie) 病気に苦しんでいる
スフリル　ドュヌ　マラディ

tomber malade 病気になる
トンベ　マラドゥ

une injection / une piqûre 注射
ユ　ナンジェクスィヨン　ユヌ　ピキュール

une vaccination ワクチン
ユヌ　ヴァクスィナスィヨン

un médicament homéopathique
アン　メディカマン　オメオパティック
ホメオパシー剤

une bactérie バクテリア
ユヌ　バクテリ

une épidémie （伝染病の）流行
ユ　ネピデミ

une infection 感染症
ユ　ナンフェクスィヨン

un virus ウィルス
アン　ヴィルス

la grippe インフルエンザ
ラ　グリプ

un rhume 風邪
アン　リュム

une intoxication alimentaire 食中毒
ユ　ナントクスィカスィヨン　アリマンテール

un empoisonnement 中毒
ア　ナンプワゾヌマン

une gastro-entérite 胃腸炎
ユヌ　ガストロ　アンテリトゥ

une crise cardiaque 心臓発作
ユヌ　クリーズ　カルディアック

un tour de rein ぎっくり腰
アン　トゥール　ドゥ　ラン

une fracture 骨折
ユヌ　フラクテュル

une brûlure やけど
ユヌ　ブルゥリュル

un bouton 吹き出物
アン　ブトン

une maladie de peau 皮膚病
ユヌ　マラディ　ドゥ　ポ

une maladie digestive 消化器の病気
ユヌ　マラディ　ディジェスティヴ

une maladie *génétique / héréditaire*
ユヌ　マラディ　ジェネティティク　エレディテール
遺伝性の病気

une maladie infectieuse (virale) 感染病
ユヌ　マラディ　アンフェクティユーズ　ヴィラル

une maladie mentale 精神病
ユヌ　マラディ　マンタル

une maladie respiratoire 呼吸系の病気
ユヌ　マラディ　レスピラトワール

une MST (Maladie Sexuellement Transmissible)
ユヌ　エムエステ　マラディ　セクスュエルマン　トランス
ミスィーブル
性感染症

un parasite 寄生虫
アン　パラズィットゥ

un cancer がん
アン　カンセール

une tumeur (*bénigne / maligne*)
ユヌ　テュムゥール　ベニニュ　マリニュ
（良性 / 悪性）腫瘍

Renseignements

- 緊急か手術でなければ，フランス人は（総合）病院（**hôpital**オピタル）には行きません．個人がやっている診療所（**un cabinet médical, un médecin**　アン カビネ メディカル　アン メドゥサン）に行きます．
- フランスでの緊急事態の連絡電話番号は下記のとおりです．

15	救急車	**une ambulance** ユ ナンビュランス
17	警察	**la police** ラ ポリス
18	消防署	**les pompiers** レ ポンピエ
112	すべての緊急事態	**toutes les urgences** トゥートゥ レ ズュルジャンス

- 緊急時に役立つ詳細な情報（日本領事館，日本語を話す医者，常時開店している薬局，等）は次のサイトを参照．

  http://franceseikatsu.com/docs/france_kinkyu.pdf

7-3 盗難・紛失の時
En cas de vol ou de perte

49

Shô

Au voleur ! **On m'a volé** mon appareil photo !
オ ヴォルゥール オン マ ヴォレ モン ナパレイユ フォト

Une passante

Vous devriez aller tout de suite au commissariat pour
ヴー ドゥヴリエ ザレ トゥ ドゥスュイトゥ オ コミサリア プール

signaler le vol, monsieur. Il y a un commissariat deux rues
シニャレ ル ヴォル ムスィユー イ リ ヤ アン コミサリア ドゥー リュ

plus loin. Je vous y accompagne, si vous voulez.
プリュ ロワン ジュ ヴー ズィ アコンパーニュ スィ ヴー ヴレ

翔　　：泥棒だ！カメラを盗まれた！
通行人：被害届を出しにすぐに警察に行った方がいいです．2本目の道に警察署があります．
　　　　よろしければ，そちらまでお連れしましょう．

Shô

Bonjour, madame, je voudrais signaler un vol.
ボンジュール マダム ジュ ヴードレ シニャレ アン ヴォル

l'agent

Vous êtes la personne volée ?
ヴー ゼットゥ ラ ペルソヌ ヴォレ

Shô

Oui. Je suis touriste, de passage à Paris.
ウィ ジュ スュイ トゥリストゥ ドゥ パッサージュ ア パリ

l'agent

Qu'est-ce qu'on vous a pris ?
ケ ス コン ヴー ザ プリ

Shô

Mon appareil photo Canon.
モン　ナパレィユ　フォト　キヤノン

l'agent

Ça s'est passé où ?
サ　セ　パセ　ウ

Shô

Au pied des marches qui montent au Sacré-Cœur.
オ　ピエ　デ　マルシュ　キ　モントゥ　オ　サクレ　クゥル

l'agent

... Voilà, votre déclaration de vol est enregistrée. Nous
ヴォワラ　ヴォトル　デクララスィヨン　ドゥ ヴォル　エ　タンレジストレ　ヌー

vous contacterons quand nous aurons retrouvé votre bien.
ヴー　コンタクトゥロン　カン　ヌー　ゾロン　ルトルヴェ　ヴォトル　ビヤン

Bonne journée, monsieur.
ボヌ　ジュルネ　ムスィユー

翔　　：こんにちは．盗難届を出したいのです．
警察官：被害者はあなたですか？
翔　　：はい，そうです．観光でパリに来ているのです．
警察官：何を盗まれたのですか？
翔　　：キヤノンのカメラです．
警察官：どこで被害にあったのですか？
翔　　：サクレ・クール寺院に上る階段の下です．
警察官：はい，これで被害届は受理されました．盗難物が見つかりましたら，連絡いたします．
　　　　よい一日を．

Naomi

Pardon, monsieur, **j'ai perdu** mon portefeuille.
パルドン　ムスィユー　ジェ　ペルデュ　モン　ポルトゥフイユ

L'agent de la RATP

Où est-ce que vous l'avez perdu ?
ウ　エ　ス　ク　ヴー　ラヴェ　ペルデュ

Naomi

Dans une rame du métro, je crois.
ダン　ズユヌ　ラム　デュ　メトロ　ジュ　クロワ

En cas de vol ou de perte　217

L'agent de la RATP

Vous devriez d'abord aller voir au bureau des objets
ヴー　　ドゥヴリエ　　ダボール　　アレ　ヴォワール　オ　　ビュロー　　デ　　ゾブジェ
trouvés de la RATP.
トルヴェ　　ドゥ　ラ　エルアテペ

直美　　　　　　　：すみません．財布をなくしたのです．
パリ交通公団の職員：どこでなくしたのですか？
直美　　　　　　　：地下鉄の車両の中だと思います．
パリ交通公団の職員：まずはパリ交通公団の遺失物取扱所に行ってみてください．

基本のひとこと

● 〜を盗まれました． / 〜をなくしました．
On m'a volé / j'ai perdu　　A（名詞）　　,
　オン　マ　ヴォレ　ジェ　ペルデュ

● 〜したほうがいいです．
Vous devriez　　B（不定詞）　　.
　ヴー　ドゥヴリエ

A
- **mon porte-monnaie** 財布（小銭入れ）
  モン　ポルトゥ　モネ
- **mon argent liquide** 現金
  モン　ナルジャン　リキッドゥ
- **mon passeport** パスポート
  モン　パスポール
- **mon portefeuille** 財布
  モン　ポルトゥフイユ
- **mon appareil photo** カメラ
  モン　ナパレィユ　フォト
- **mon sac à main** ハンドバッグ
  モン　サッカマン
- **mes effets personnels** 私的な持ち物
  メ　ゼフェ　ペルソネル
- **mon (*ordinateur*/*téléphone*) portable**
  モン　ノルディナトゥール　テレフォヌ　ポルターブル
  ノートパソコン/携帯電話
- **mon smartphone** スマートフォン
  モン　スマルトゥフォヌ
- **ma tablette** タブレット
  マ　タブレットゥ
- **ma carte de crédit** クレジットカード
  マ　カルトゥ　ドゥ　クレディ

- **mes papiers** 身分証明書
  メ　パピエ
- **ma valise** スーツケース
  マ　ヴァリーズ
- **mes bijoux** 宝石
  メ　ビジュー
- **mes objets de valeur** 貴重品
  メ　ゾブジェ　ドゥ　ヴァルール
- **ma montre** 時計
  マ　モントル

B
- **porter plainte** 被害届を出す
  ポルテ　プラントゥ
- **vous dépêcher / faire vite** 急ぐ
  ヴー　デペシェ　フェール　ヴィトゥ
- **ne pas perdre de temps** 時間を無駄にしない
  ヌ　パ　ペルドル　ドゥ　タン
- **porter réclamation** クレームをつける
  ポルテ　レクラマスィヨン
- **aller à la police** 警察へ行く
  アレ　ア　ラ　ポリス
- **prévenir votre ambassade** 大使館に連絡する
  プレヴゥニール　ヴォトル　アンバサドゥ

En cas de vol ou de perte

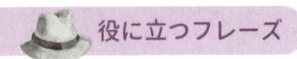

役に立つフレーズ —盗難・紛失の時—
50

●（私は）頭を殴られました．
On m'a frappé(e) / J'ai été frappé(e) à la tête.
オン マ フラッペ ジェ エテ フラッペ ア ラ テットゥ

●（私は）ナイフ / 武器で脅迫されました．
On m'a menacé(e) *avec un couteau / avec une arme.*
オン マ ムナセ アヴェク アン クトー アヴェク ユ ナルム

●（私は）盗難／暴力／強制わいせつ（強姦）の被害にあいました．
J'ai été victime *d'un vol / d'une agression / d'un viol.*
ジェ エテ ヴィクティム ダン ヴォル デュ ナグレスィヨン ダン ヴィオル

●（私は）盗難 / 暴力 / 強制わいせつ（強姦）を目撃しました．
J'ai été témoin *d'un vol / d'une agression / d'un viol.*
ジェ エテ テモワン ダン ヴォル デュ ナグレスィヨン ダン ヴィオル

●犯人の特徴を言ってください．
Décrivez votre agresseur ! / Comment était votre agresseur ?
デクリヴェ ヴォトル アグレスゥール コマン エテ ヴォトル アグレスゥール

●写真で犯人を見分けることができますか？
Sauriez-vous reconnaître votre agresseur sur une photo ?
ソリエ ヴー ルコネートル ヴォトル アグレスール スュル ユヌ フォト

●犯人の顔を思い出せません．
Je ne me rappelle plus du visage de l'agresseur.
ジュ ヌ ム ラペル プリュ デュ ヴィザージュ ドゥ ラグレスゥール

●どこで暴力にあったのですか？
Où s'est passée l'agression ?
ウ セ パセ ラグレスィヨン

●地下鉄 / 通り / 電車 / 地下道 / 公園です．
Dans le métro. / Dans la rue. / Dans le train. / Dans le passage
ダン ル メトロ ダン ラ リュ ダン ル トラン ダン ル パサージュ
souterrain. / Au parc.
ステラン オ パルク

220　7-3　盗難・紛失の時

● (私は) 道で / ATM の前で / ホテルの出口で暴力を振るわれました．
J'ai été agressé(e) *dans la rue / devant le distributeur / à la sortie de l'hôtel*.

● ここで被害届にサインをしてください．
Signez votre déposition, ici.

役に立つ単語 ー盗難・紛失の時ー

ー犯罪ー (les crimes et délits)

un criminel 犯罪者
un délinquant 軽犯罪者
un assassin / un tueur 殺人者
un voleur 泥棒
le vol à la tire かっぱらい
un pick-pocket スリ
un casseur / un vandale 暴動者
un émeutier 暴徒扇動者
un récidiviste 再犯者
un terroriste テロリスト
un trafiquant de drogue / stupéfiants 麻薬密売人
un violeur 強姦者
un abus 悪用，悪質販売
une arnaque 詐欺

un escroc 詐欺師
un faux taxi 不法タクシー
illégal 不法な
une infraction 犯罪
un excès de vitesse スピード違反
un stationnement gênant 迷惑駐車
le délit de fuite ひき逃げ
la conduite en état d'ivresse 飲酒運転
une amende 罰金
une déclaration de *perte/vol/viol* (紛失・盗難・強姦の) 届
un accusé 被告
un suspect 容疑者
une arrestation 逮捕
un gendarme 憲兵
la gendarmerie nationale 国家憲兵隊

En cas de vol ou de perte

la police municipale 市立警察
ラ　ポリス　ミュニスィパル

la police nationale 国家警察
ラ　ポリス　ナスィヨナル

un policier 警察官
アン　ポリスィエ

un juge 裁判官
アン　ジュジュ

un tribunal 裁判所
アン　トリビュナル

un procès 裁判
アン　プロセ

un avocat 弁護士
アン　ナヴォカ

une remise en liberté 釈放
ユヌ　ルミズ　　アン　リベルテ

une prison 刑務所
ユヌ　プリゾン

une sentence 判決
ユヌ　サンタンス

ー盗まれたものー（Les objets volés）
　　　　　　　　　　レ　ゾブジェ　ヴォレ

un smartphone スマートフォン
アン　スマルトゥフォヌ

un portable 携帯電話
アン　ポルターブル

une tablette タブレット
ユヌ　タブレットゥ

un iPad アイパッド
アン　イ　パドゥ

un iPod アイポッド
アン　イ　ポドゥ

un ordinateur コンピューター
アン　ノルディナトゥール

un ordinateur portable ノートパソコン
アン　ノルディナトゥール　ポルターブル

une carte de crédit クレジットカード
ユヌ　カルトゥ　ドゥ　クレディ

l'argent お金
ラルジャン

un porte-monnaie 小銭入れ
アン　ポルトゥモネ

un portefeuille 財布
アン　ポルトゥフイユ

un passeport パスポート
アン　パスポール

un sac カバン
アン　サック

une valise スーツケース
ユヌ　ヴァリーズ

une montre 腕時計
ユヌ　モントル

des bijoux 宝石
デ　ビジュー

une voiture 自動車
ユヌ　ヴォワテュール

un mot de passe パスワード
アン　モ　ドゥ　パス

un code secret 暗証番号
アン　コード　スクレ

Renseignements

- パリはスリの巣窟？　地下鉄や人ごみの中では（ときどき博物館の中でも）うっかりしている観光客を狙うスリがいるので，どんな時でも注意を払いましょう．荷物は肌身離さず持つようにしましょう．
- 地下鉄や美術館等で忘れ物をしたときは，その施設の遺失物取扱所へ行きましょう．しかし残念なことに貴重品は戻らないことが多いことを覚悟していた方がよいかもしれません．
- 旅に出る前に在仏日本大使館の安全情報を参照してください．

http://www.fr.emb-japan.go.jp/jp/anzen/index.htm

- 国内の治安任務は警察（**la police**）と憲兵隊（**la gendarmerie**）が担います．警察は内務省の所轄下にあり多様な警察業務を行います．また憲兵隊は国防省の所轄下にあり国内の憲兵機能と一般警察機能を兼ね備えます．大きな市町村には警察がありますが，人口1万人未満の地方自治体では憲兵隊のみが配置されています．

  国家警察には複数の部局があり一般に街で見かける警察官以外にも，デモの秩序維持を行い，海岸や山での救助を担う共和国保安機動（**les CRS**）や空港，港，国境で警備する入国管理・密入国者雇用防止対策総局（**le DICCILEC**）があり，それぞれ制服が幾分違うので気がつくかもしれません．

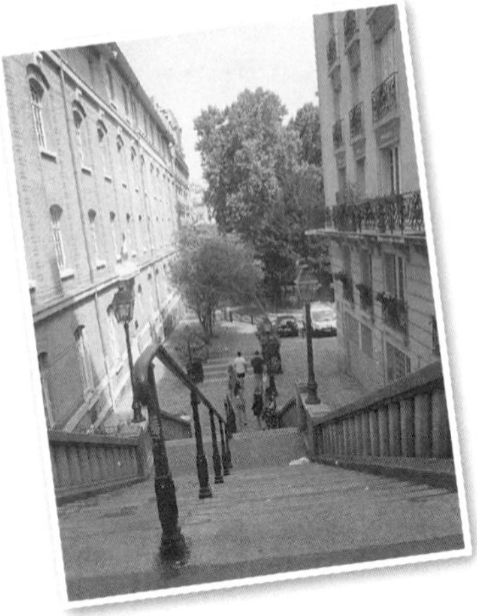

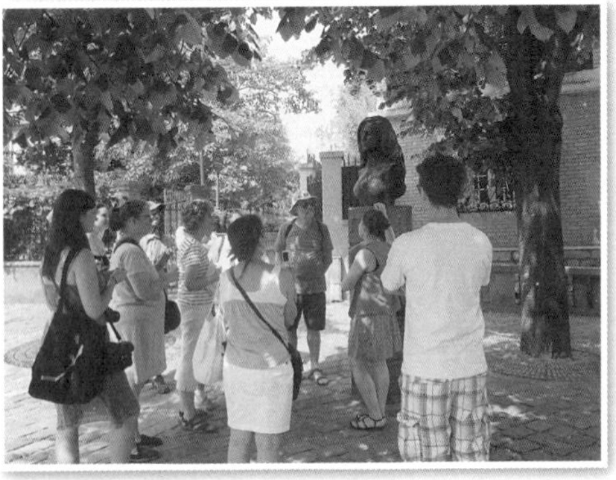

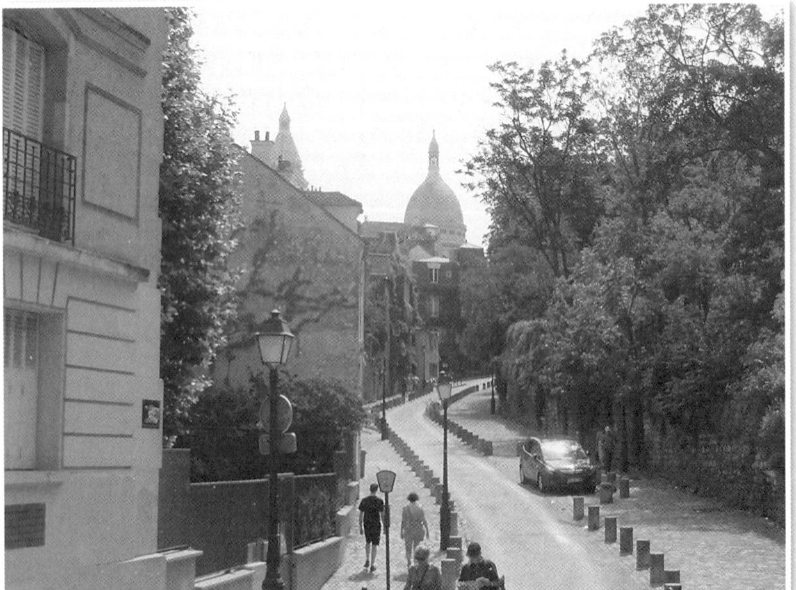

Partie 8

Le retour

帰国の前に

8-1 空港でのチェックイン
L'enregistrement

Naomi

Excusez-moi, monsieur. Je voudrais faire l'enregistrement,
エクスキュゼ　モワ　　ムスィユー　　ジュ　ヴードレ　　フェール　　ランルジストルマン

mais je ne sais pas comment marche la machine
メ　ジュ　ヌ　セ　パ　　コマン　　マルシュ　ラ　マシーヌ

automatique.
オトマティック

L'agent au sol

Très bien. Je vais vous montrer. D'abord, choisissez votre
トレ　ビヤン　ジュ　ヴェ　ヴー　モントレ　　ダボール　　ショワズィセ　　ヴォトル

opération, puis appliquez votre billet électronique ici.
オペラスィヨン　　ピュイ　アプリケ　　ヴォトル　ビエ　　エレクトロニック　イスィ

Maintenant, confirmez votre vol. Voilà, c'est fini !
マントゥナン　　コンフィルメ　　ヴォトル ヴォル　ヴォワラ　セ　フィニ

Naomi

Merci, monsieur.
メルスィ　　ムスィユー

L'agent au sol

Je vous en prie. Bon vol, madame.
ジュ　ヴー　ザン　プリ　ボン　ヴォル　　マダム

直美：すみません．チェックインをしたいのですが，自動チェックイン機の使い方がわからないのです．
係員：わかりました．ご説明いたします．まずは操作項目を選んでください．それからeチケットをここに当ててください．その後，あなたのフライトナンバーをご確認ください．はい，これで終了です．
直美：ありがとうございます．
係員：どういたしまして．よいご旅行を．

Shô

Bonjour, madame. **Pour** le vol Air France AF272
ボンジュール　　マダム　　　プール　ル ヴォル エール　フランス　アエフ　ドゥサンソワッサントゥドゥーズ

pour Tôkyô, s'il vous plaît.
プール　トーキョー　スィル　ヴ　プレ

L'hôtesse au sol

Montrez-moi votre billet, s'il vous plaît.
モントレ　モワ　ヴォトル　ビエ　スィル　ヴ　プレ

Shô

Voilà.
ヴォワラ

L'hôtesse au sol

Vous préférez une place côté fenêtre ou côté couloir ?
ヴー　プレフェレ　ユヌ　プラス　コテ　フネートル　ウ　コテ　クロワール

Shô

Couloir.
クロワール

L'hôtesse au sol

Au milieu ou à l'arrière de l'appareil ?
オ　ミリュ　ウ ア　ラリエール　ドゥ　ラパレィユ

Shô

Ça m'est égal.
サ　メ　テガル

L'hôtesse au sol

Voilà votre carte d'embarquement, porte M 50.
ヴォワラ　ヴォトル　カルトゥ　ダンバルクマン　ポルトゥ エム　サンカントゥ

Veuillez vous présenter à la porte dix minutes avant
ヴイエ　ヴー　プレザンテ　ア ラ　ポルトゥ　ディ　ミニュトゥ　アヴァン

l'embarquement.
ランバルクマン

翔　：こんにちは．東京行きエールフランス AF272 便に乗りたいのです．
係員：お客様のチケットをお願いいたします．
翔　：はい．
係員：窓際の席と通路側の席ではどちらがよろしいでしょうか？

翔　：通路側です．
係員：中央部の席ですか？　後方席ですか？
翔　：どちらでもいいです．
係員：搭乗券です，ゲートは M50 です．搭乗 10 分前までにゲートの方にお越しください．

Naomi

Pardon monsieur, je voudrais enregistrer cette valise.
パルドン　　ムスィユー　　ジュ　ヴードレ　　アンレジストレ　セットゥ ヴァリーズ

L'agent

Posez-la ici, s'il vous plaît… Ah, elle dépasse le poids
ポゼ　ライスィ スィル　ヴ　プレ　　アー　エル　デパッス　ル　ポワ

maximum autorisé. **Je vais vous demander de bien**
マクスィモーム　オトリゼ　　ジュ ヴェ　ヴー　　ドゥマンデ　ドゥ ビヤン

vouloir l'alléger, s'il vous plaît.
ヴロワール　ラレジェ　スィル　ヴ　プレ

Naomi

Bien. Est-ce que je peux enlever des choses et les prendre
ビヤン　エ　ス　ク　ジュ　プ　アンルヴェ　デ　ショーズ　エ　レ　プランドル

en cabine ?
アン　カビヌ

L'agent

Oui, mais faites vite, madame.
ウィ　　メ　フェトゥ ヴィトゥ　　マダム

直美：すみません．このスーツケースを預けたいのですが．
係員：こちらに置いてください．重量制限をオーバーしていますね．もっと軽くしてもらえますか．
直美：わかりました．荷物を出して手荷物にしてもよろしいですか？
係員：はい，でも急いでやってください．

Shô

Est-ce que je peux prendre cette valise en cabine ?
エ　ス　ク　ジュ　プ　　プランドル　セットゥ ヴァリーズ アン　カビヌ

228　　8-1　空港でのチェックイン

L'agent

Elle fait plus de dix kilos ?
エル　フェ　プリュ　ドゥ　ディ　キロ

Shô

Non.
ノン

L'agent

Alors c'est bon, monsieur.
アロール　セ　ボン　ムスィユー

帰国の前に

翔　：このスーツケースを機内に持ち込めますか？
係員：10 キロ以上ありますか？
翔　：いいえ．
係員：それでしたら大丈夫です．

L'enregistrement

基本のひとこと

● ～のためです．

Pour [　　A（名詞）　　]**, s'il vous plaît.**
プール　　　　　　　　　　　　　スィル　ヴ　プレ

● ～くださるようにお願いいたします．

Je vais vous demander de bien vouloir [　B（不定詞）　].
ジュ ヴェ ヴー ドゥマンデ ドゥ ビヤン ヴルワール

A
- le vol à destination de Tôkyô
  ル ヴォル ア デスティナスィヨン ドゥ トキョ
  東京行きの飛行機
- un billet d'avion　航空チケット
  アン ビエ ダヴィヨン
- un billet de train　電車のチケット
  アン ビエ ドゥ トラン
- une place　席
  ユヌ プラス
- un remboursement　払い戻し
  アン ランブールスマン
- un appel international　国際通話
  アン ナペル アンテルナスィヨナル
- une connexion internet
  ユヌ コネクスィヨン アンテルネットゥ
  インターネット接続
- un oubli　忘れ物
  アン ヌブリ
- un objet perdu　なくした物
  アン ノブジェ ペルデュ
- un vol　盗難
  アン ヴォル
- une réclamation　クレーム
  ユヌ レクラマスィヨン

B
- vous lever de votre siège　席を立つ
  ヴー ルヴェ ドゥ ヴォトル スィエージュ
- vous assoir à une autre place　別の席に座る
  ヴー ザソワール ア ユヌ ノートル プラス
- laisser passer les autres passagers
  レセ パセ レ ゾートル パサジェ
  乗客を通す
- laisser passer les employés　乗務員を通す
  レセ パセ レ ザンプロワィエ
- enlever des choses de votre valise
  アンルヴェ デ ショーズ ドゥ ヴォトル ヴァリーズ
  スーツケースから物を取り出す
- alléger votre valise　スーツケースを軽くする
  アレジェ ヴォトル ヴァリーズ
- garder votre calme　冷静を保つ
  ガルデ ヴォトル カルム
- faire moins de bruit　静かにする
  フェール モワン ドゥ ブリュイ
- redresser votre dossier (de siège)
  ルドレセ ヴォトル ドスィエ ドゥ スィエージュ
  座席の位置を元に戻す

8-1　空港でのチェックイン

役に立つフレーズ　—空港でのチェックイン—

52

● JAL / エールフランスのカウンターはどこでしょうか？
Où est le comptoir *de la JAL / d'Air France*, s'il vous plaît ?
　ウ　エ　ル　コントワール　ドゥ ラ ジャル　デール　フランス　スィル　ヴ　プレ

● チェックインですか？
C'est pour *le check-in / l'enregistrement* ?
　セ　プール　ル　チェキン　　　ランルジストルマン

● どちらまでですか？
Quelle est votre destination ?
　　ケレ　　　ヴォトル　デスティナスィヨン

● 東京成田行きに乗ります．
Je prends le vol pour Tokyo-Narita.
ジュ　プラン　ル ヴォル　プール　トキョ　　ナリタ

● パスポートとエアーチケットをください．
Donnez-moi votre passeport et votre *ticket d'avion / billet*
ドネ　　モワ　ヴォトル　　パスポール　エ ヴォトル　ティケ　ダヴィヨン　　ビエ
électronique, s'il vous plaît.
エレクトロニク　　スィル　ヴ　プレ

● 予約番号を教えてください．
Quel est votre numéro de réservation ?
　ケレ　　ヴォトル　ニュメロ　ドゥ レゼルヴァスィヨン

● 私の予約番号は … です．
Mon numéro de réservation est ...
モン　ニュメロ　ドゥ レゼルヴァスィヨン　エ

● このフライトはオーバーブッキングです．
Ce vol est en surréservation.
ス ヴォル エ タン スューレゼルヴァスィヨン

● このフライトは満席です．
Ce vol est complet.
ス ヴォル エ　コンプレ

帰国の前に

L'enregistrement　231

● 後の便に変わっていただけませんでしょうか？
Cela vous dérangerait-il de prendre un vol plus tard ?
スラ　ヴー　デランジュレティル　ドゥ　プランドル　アン ヴォル プリュ　タール

● 仕方がないですね．（選択の余地はないですね．）
Je n'ai pas le choix, n'est-ce pas ?
ジュ ネ　パ　ル シュワ　ネ　ス パ

● 席を変わっていただけませんでしょうか？
Cela vous dérangerait-il de changer de place ?
スラ　ヴー　デランジュレティル　ドゥ　シャンジェ　ドゥ　プラス

● 預け入れる荷物はございますか？
Vous avez des bagages à enregistrer ?
ヴー　ザヴェ　デ　バガージュ　ア　アンルジストレ

● はい，このスーツケースです．
Oui, cette valise.
ウィ　セットゥ ヴァリーズ

● 機内に持ち込むお手荷物はございますか？
Avez-vous des bagages en cabine ?
アヴェ　ヴー　デ　バガージュ　アン　カビヌ

● はい．このバッグです．
Oui. Ce sac.
ウィ　ス サック

● あなたのカバンは大きいですね．お渡しください．重さを計りましょう．
Votre sac est gros. Passez-le-moi, je vais le peser, s'il vous plaît.
ヴォトル サック エ　グロ　パッセ　ル モワ ジュ ヴェ ル プゼ スィル ヴ プレ

● お荷物をこちらに置いてください．
Veuillez placer vos bagages ici.
ヴイエ　プラセ　ヴォ　バガージュ イスィ

232　8-1　空港でのチェックイン

●前方の席にしてほしいのですが．
Je voudrais une place *à l'avant* / *à l'arrière* de la cabine.
<small>ジュ　ヴードレ　ユヌ　プラス　ア　ラヴァン　ア　ラリエール　ドゥ ラ　カビヌ</small>

●通路側 / 窓側の席が残っていますか？
Il reste une place *côté couloir* / *côté fenêtre* ?
<small>イル レストゥ ユヌ　プラス　コテ　クロワール　コテ　フネートル</small>

●すみません．（横）列の真ん中の席しか残っていません．
Je suis désolé(e). Il ne reste que des places en milieu de rangée.
<small>ジュ スュイ　デゾレ　イル ヌ レストゥ ク　デ　プラス　アン　ミリィユ　ドゥ　ランジェ</small>

●東京から沖縄への乗り換えのときに荷物を受け取らなければなりませんか？
Dois-je récupérer les bagages lors de la correspondance à Tokyo pour
<small>ドワージュ　レキュペレ　レ　バガージュ　ロール ドゥ ラ　コレスポンダンス　ア　トキョ　プール</small>
Okinawa ?
<small>オキナワ</small>

●ヘルシンキを経由します．そこで荷物を受け取らなければなりませんか？
Mon vol passe par Helsinki. Dois-je récupérer mes bagages là-bas ?
<small>モン ヴォル パス　パル　エルスィンキ　ドワージュ　レキュペレ　メ　バガージュ ラ　バ</small>

●ヘルシンキに降りるのでなければ，その必要はありません．東京まで荷物を預かります．
Non, ce n'est pas la peine si vous ne restez pas à Helsinki.
<small>ノン　ス ネ　パ ラ　ペヌ スィ ヴー　ヌ　レステ　パ ア エルスィンキ</small>
Je vous enregistre vos bagages jusqu'à Tokyo.
<small>ジュ ヴー　ザンルジストル　ヴォ　バガージュ　ジュスカ　トキョ</small>

<small>帰国の前に</small>

L'enregistrement　233

● エコノミーの席を予約したのですが，ビジネスクラスに変更することができますか？
J'ai réservé en économique, mais je voudrais changer en classe
　ジェ　レゼルヴェ　アン　ネコノミック　　　メ　ジュ　ヴードレ　　シャンジェ　アン　クラース
affaires, s'il vous plaît.
アフェール　スィル　ヴ　プレ

● 足が不自由なのです．通路側の席にしてもらえますか？
J'ai des problèmes pour marcher. Est-ce que je peux avoir une place
ジェ　デ　プロブレム　プール　マルシェ　　エ　ス　ク　ジュ　プ　アヴォワール　ユヌ　プラス
côté couloir, s'il vous plaît ?
コテ　クロワール　スィル　ヴ　プレ

● これが搭乗券とお荷物預かり証です．
Voici votre carte d'embarquement et votre tag bagage.
ヴォワスィ ヴォトル カルトゥ　　ダンバルクマン　　エ ヴォトル タグ バガージュ

● 搭乗は何時に始まりますか？
À quelle heure commence l'embarquement ?
ア　ケ　　ルゥール　　コマンス　　　　ランバルクマン

● 搭乗口は何番ゲートでしょうか？
À quelle porte d'embarquement dois-je me présenter ?
ア　ケル　　ポルトゥ　　ダンバルクマン　　ドワー ジュ　ム　プレザンテ

● この便の搭乗ゲートはどこでしょうか？
Où est le hall d'embarquement de ce vol, s'il vous plaît ?
ウ　エ　ル　オール　　ダンバルクマン　　ドゥ ス ヴォル スィル　ヴ　プレ

● 出発ゲートは M50 番です．
Veuillez vous présenter à la porte d'embarquement numéro M 50.
ヴィエ　　ヴー　　プレザンテ　ア ラ ポルトゥ　　　ダンバルクマン　　　ニュメロ　エム　サンカントゥ

● マイレージをつけていただけますか？
Pouvez-vous enregistrer mes miles ?
プヴェ　　ヴー　　アンルジストレ　　メ　　マイル(ス)

● マイレージをつけてもらえましたか？
Avez-vous enregistré mes miles ?
アヴェ　　ヴー　　アンルジストレ　　メ　　マイル(ス)

● (e) チケットをなくしたのです．どうしたらいいのでしょう？
J'ai perdu mon billet (électronique) ! Qu'est-ce que je dois faire ?
ジェ ペルデュ モン ビエ エレクトロニック ケ ス ク ジュ ドワ フェール

●着いたばかりなのです．遅くなりましたが，まだ搭乗できますか？
Je viens d'arriver. Il est un peu tard, mais je peux toujours monter
ジュ ヴィヤン ダリヴェ イ レ アン プ タール メ ジュ プ トゥジュール モンテ
dans le vol ?
ダン ル ヴォル

●乗り換えに遅れてしまいました．
J'ai raté ma correspondance.
ジェ ラテ マ コレスポンダンス

●搭乗ゲートに急いでください．搭乗手続きがもうすぐ終わってしまいます．
Dépêchez-vous de vous rendre à votre hall d'embarquement !
デペシェ ヴー ドゥ ヴー ランドル ア ヴォトル オール ダンバルクマン
La procédure d'embarquement va bientôt se terminer.
ラ プロセデュール ダンバルクマン ヴァ ビヤント ス テルミネ

●よいご旅行を！
Bon voyage !
ボン ヴォワィヤージュ

● 11 時 00 分東京・羽田空港行きの AF272 便は，悪天候につきキャンセルになりました．
Le vol AF 272 à destination de Tokyo-Haneda, départ prévu à 11h00,
ル ヴォル アエフ ドゥサンソワサントゥドゥーズ ア デスティナスィヨン ドゥ トキョ アネダ デパール プレヴュ ア オンズゥール
est annulé pour cause de mauvaises conditions météorologiques.
エ タニュレ プール コーズ ドゥ モヴェーズ コンディスィヨン メテオロロジック

● 13 時 45 分関西空港行きの AF292 便は，故障によりおよそ1時間遅れて出発いたします．
Le départ du vol AF 292 à destination d'Osaka Kansai International,
ル デパール デュ ヴォル アエフ ドゥサンカトルヴァンドゥーズ ア デスティナスィヨン ドサカ カンサイ アンテルナスィヨナル
départ prévu à 13h45, est *retardé* / *reporté* d'une heure environ en
デパール プレヴュ ア トレズゥール カラントゥサンク エ ルタルデ ルポルテ デュヌゥール アンヴィロン アン
raison d'une panne technique.
レゾン デュヌ パンヌ テクニック

帰国の前に

L'enregistrement 235

● 関西空港行き AF292 便の搭乗口は変更になります．13 時 45 分関西空港行きの AF292 便はゲート L25 から出発します．

Changement de porte d'embarquement du vol AF 292 à destination d'Osaka Kansai International. Le vol AF 292 à destination d'Osaka Kansai International, départ prévu à 13h45, partira de la porte L 25.

● 故障により，11 時 00 分東京・羽田空港行きの AF272 便のチェックインは約 30 分後に行われます．

En raison d'un incident technique, l'enregistrement pour le vol AF 272 à destination de Tokyo-Haneda, départ prévu à 11h00, est retardé de 30 minutes environ.

● 不審荷物のため，第 1 ターミナルは一時的に閉鎖になります．ターミナルの出発到着便はしばらくの間中断されます．

En raison d'un colis suspect, le terminal 1 est momentanément fermé au public. Les vols au départ et à l'arrivée du terminal sont suspendus pour une durée indéterminée.

● ストライキのため，業務は一時的に支障をきたしております．

En raison d'un mouvement social, le service est momentanément perturbé.

● たいへんご迷惑をおかけして申し訳ありません．

Nous vous prions d'accepter nos excuses pour la gêne occasionnée.

● AF292 便のお客様はお急ぎエールフランスのカウンターにお越しください．

Les passagers du vol AF 292 sont invités à se présenter au
 レ　　　パサジェ　　　デュヴォルアエフ　ドゥサンカトルヴァンドゥーズ　ソン　タンヴィテ　ア　ス　プレザンテ　オ
comptoir de la compagnie Air France immédiatement.
 コントワール　ドゥ　ラ　　　コンパニ　　　エール　フランス　　　イメディアトゥマン

●空港内に荷物を置きっぱなしにしないようにお願いします．

Nous rappelons aux usagers de ne pas laisser les bagages non
 ヌー　　ラプロン　　　オ　　ズュザジェ　ドゥ　ヌ　パ　　レセ　　　レ　　バガージュ　　ノン
accompagnés à l'intérieur de l'aéroport.
 ナコンパニェ　　ア　ランテリゥール　ドゥ　ラエロポール

L'enregistrement 237

役に立つ単語 －空港でのチェックイン－

un aéroport 空港
アン　ナエロポール

la tour de contrôle 管制塔
ラ　トゥール　ドゥ　コントロール

une piste (*d'atterrissage, de décollage*)
ユヌ　ピストゥ　ダテリサージュ　ドゥ　デコラージュ
滑走路

un avion 飛行機
アン　ナヴィヨン

une ligne internationale 国際線
ユヌ　リニュ　アンテルナスィヨナル

une ligne *intérieure/domestique* 国内線
ユヌ　リニュ　アンテリユール　ドメスティック

le transit / le transfert 乗り換え
ル　トランズィットゥ　ル　トランスフェール

un vol international 国際便
アン　ヴォル　アンテルナスィヨナル

un vol intérieur/domestique 国内便
アン　ヴォル　アンテリユール　ドメスティック

un terminal ターミナル
アン　テルミナル

une porte d'embarquement 搭乗ゲート
ユヌ　ポルトゥ　ダンバルクマン

le personnel au sol 地上勤務員
ル　ペルソネル　オ　ソル

une compagnie aérienne 航空会社
ユヌ　コンパニ　アエリエンヌ

le comptoir d'une compagnie
ル　コントワール　デュヌ　コンパニ
航空会社のカウンター

un guichet d'enregistrement 搭乗カウンター
アン　ギシェ　ダンルジストルマン

la surréservation ダブルブッキング
ラ　スュルレゼルヴァスィヨン

une boutique hors taxe (Duty Free)
ユヌ　ブティック　オル　タックス（ディユティフリー）
免税店

la TVA 消費税
ラ　テヴェア

les objets trouvés 拾得物
レゾブジェ　トルヴェ

un tapis roulant 動く歩道
アン　タピ　ルラン

un bagage 荷物
アン　バガージュ

un tag bagage 手荷物の荷札
アン　タグ　バガージュ

une carte d'embarquement 搭乗券
ユヌ　カルトゥ　ダンバルクマン

un attaché-case アタシュケース
アン　ナタシェ　ケズ

un bagage à main 手荷物
アン　バガージュ　ア　マン

un sac à dos リュック
アンサッカ　ド

un colis suspect 不審物
アン　コリ　スュスペ

Renseignements

パリから **CDG** 空港までの行き方は 46 ページを参照.

8-2 セキュリティーチェック
Le contrôle de sécurité

L'officier

Vous avez un ordinateur dans vos bagages ?
ヴー　ザヴェ　アン　ノルディナトゥール　ダン　ヴォ　バガージュ

Shô

Non.
ノン

L'officier

Posez vos bagages ici, s'il vous plaît.
ポゼ　ヴォ　バガージュ　イスィ　スィル　ヴ　プレ

…

C'est bon. **Vous pouvez** récupérer vos bagages.
セ　ボン　ヴー　プヴェ　レキュペレ　ヴォ　バガージュ

係員：荷物の中にパソコンが入っていますか？
翔　：いいえ．
係員：荷物をここに置いてください．
…
係員：よろしいです．荷物をお取りください．

Le policier

Personne suivante !
ペルソヌ　スュイヴァントゥ

Naomi

Bonjour.
ボンジュール

Le policier

Bonjour, madame. Ouvrez votre sac, s'il vous plaît.
ボンジュール　マダム　ウヴレ　ヴォトル　サック　スィル　ヴ　プレ

Naomi

Oui, un instant, s'il vous plaît. Voilà.
ウィ　アン　ナンスタン　スィル　ヴ　プレ　ヴォワラ

Le policier

Merci. **Qu'est-ce qu'il y a dans** cette trousse ?
メルスィ　ケ　ス　キ　リ ヤ　ダン　セットゥ　トゥルス

Naomi

Des affaires de toilette.
デ　ザフェール　ドゥ　トワレットゥ

Le policier

C'est bon. **Vous pouvez** la refermer.
セ　ボン　ヴー　プヴェ　ラ　ルフェルメ

Vous pouvez passer, madame.
ヴー　プヴェ　パセ　マダム

係員：次の方，お進みください．
直美：こんにちは．
係員：こんにちは．カバンを開けてもらえますか？
直美：はい．お待ちください．どうぞ．
係員：ありがとうございます．このポーチには何が入っていますか？
直美：洗面用具などです．
係員：結構です．閉じてもよろしいですよ．お進みください．

L'officier

Enlevez votre ceinture, s'il vous plaît !
アンルヴェ　ヴォトル　サンテュール　スィル　ヴ　プレ

Shô

Oh, pardon.
オ　パルドン

L'officier

Votre carte d'embarquement et votre passeport, s'il vous plaît.
ヴォトル　カルトゥ　ダンバルクマン　エ　ヴォトル　パスポール　スィル　ヴ　プレ

Shô

Voilà.
ヴォワラ

L'officier

La porte M 50 se trouve à votre droite.
ラ ポルト エム サンカントゥ ス トルーヴ　ア ヴォトル ドロワトゥ

Merci, madame.
メルスィ　　マダム

Shô

帰国の前に

係員：ベルトを外してください．
翔　：ああ，すみません．
係員：あなたの搭乗券とパスポートをお願いします．
翔　：はい．
係員：M50 のゲートは右手にあります．
翔　：ありがとうございました．

L'officier

Votre passeport, s'il vous plaît.
ヴォトル　　パスポール　　スィル　ヴ　　プレ

... C'est bon, passez.
　　　セ　　ボン　　　パセ

係員：パスポートをお願いします．
　　　…はい，結構です，進んでください．

Le contrôle de sécurité

基本のひとこと

● ～していただけますか？
Vous pouvez ___A（不定詞）___ ?
ヴー　プヴェ

● ～の中には何が入っていますか？
Qu'est-ce qu'il y a dans ___B（名詞）___ ?
ケ　ス　キ　リヤ　ダン

● ～を抜いて / 外して / 取り出してください．
Enlevez ___C（名詞）___ .
アンルヴェ

A
- me montrer votre passeport
  ム　モントレ　ヴォトル　パスポール
  パスポートを見せる
- ouvrir votre valise スーツケースを開ける
  ウヴリール　ヴォトル　ヴァリーズ
- parler plus lentement もっとゆっくり話す
  パルレ　プリュ　ラントゥマン
- répéter 繰り返す
  レペテ
- venir par ici こちらに来る
  ヴニール　パール　イスィ

B
- ce flacon この小瓶
  ス　フラコン
- cette bouteille このボトル
  セットゥ　ブテイユ
- ce récipient この入れ物
  ス　レスィピヤン
- ce sac このカバン
  セ　サック
- cette poche このポケット
  セットゥ　ポッシュ
- ce tube このチューブ
  ス　テューブ

C
- vos lunettes メガネ
  ヴォ　リュネトゥ
- votre chapeau 帽子
  ヴォトル　シャポー
- les affaires de vos poches
  レ　ザフェール　ドゥ　ヴォ　ポッシュ
  ポケットの中の物
- les ordinateurs de vos bagages
  レ　ゾルディナトゥール　ドゥ　ヴォ　バガージュ
  荷物からパソコン
- les objets coupants de vos bagages
  レ　ゾブジェ　クパン　ドゥ　ヴォ　バガージュ
  荷物から刃物
- votre téléphone portable 携帯電話
  ヴォトル　テレフォヌ　ポルターブル
- vos clés de votre poche ポケットから鍵
  ヴォ　クレ　ドゥ　ヴォトル　ポッシュ

役に立つフレーズ －セキュリティーチェック－

●刃物はお持ちですか？
Avez-vous des objets tranchants ?
アヴェ ヴー デ ゾブジェ トランシャン

●可燃物はお持ちではないですか？
Avez-vous des objets inflammables ?
アヴェ ヴー デ ゾブジェ アンフラマブル

●いいえ．そういうものは全くありません．
Non, je n'ai rien de tout cela.
ノン ジュ ネ リヤン ドゥ トゥ スラ

●ナイフを持っています．機内では禁止されていますか？
J'ai un couteau. C'est interdit en cabine ?
ジェ アン クト セ タンテルディ アン カビヌ

●はい，渡してください．目的地に着いたら，返されます．
Oui, je vous demande de me le remettre. On vous le rendra une fois
ウィ ジュ ヴー ドゥマンドゥ ドゥ ム ル ルメトル オン ヴー ル ランドラ ユヌ フォワ
arrivés à destination.
アリヴェ ア デスティナスィヨン

●透明プラスチック製袋に入っていない液体類は機内に持ち込むことはできません．
Les liquides qui ne sont pas mis dans un sachet ne sont pas admis en
レ リキッドゥ キ ヌ ソン パ ミ ダン ザン サシェ ヌ ソン パ アドゥミ アン
cabine.
カビヌ

●液体の物はございますか？
Avez vous des liquides avec vous ?
アヴェ ヴー デ リキッドゥ アヴェク ヴー

●いいえ．／はい，この袋に入っています．
Non. / *Oui*, ils sont dans ce sachet.
ノン ウィ イル ソン ダン ス サシェ

帰国の前に

Le contrôle de sécurité

●あらゆる液体やジェル類やスプレー類は容量 100ml 以下の容器に入れてください．
Tous les liquides, gels et aérosols doivent être contenus
トゥー　レ　リキッドゥ　ジェル エ　アエロソル　ドワーヴ テートル　コントゥニュ
dans des récipients de 100 millilitres maximum.
ダン　デ　レスィピヤン　ドゥ サン　ミリリットル　マクスィモム

●荷物を横にしてもよろしいですか？
Je peux mettre votre bagage sur le côté ?
ジュ　プ　メトル　ヴォトル　バガージュ スュル ル コテ

●カバンの中に壊れやすい物が入っています．
Il y a des objets fragiles dans mon sac.
イリヤ　デ　ゾブジェ　フラジィル　ダン　モン　サック

●これを機内に持ち込むことができますか？
Est-ce que je peux embarquer avec cet objet, s'il vous plaît ?
エ　ス　ク ジュ　プ　アンバルケ　アヴェク セットブジェ スィル ヴ　プレ

●ネックレスを外してください．
Enlevez / Ôtez votre collier, s'il vous plaît.
アンルヴェ　オテ　ヴォトル　コリエ　スィル ヴ　プレ

●あなたのカバン / スーツケース / コートを見てもよろしいですか？
Je peux voir *votre sac / votre valise / votre manteau*, s'il vous plaît ?
ジュ プ ヴォワール ヴォトル サック　ヴォトル ヴァリーズ　ヴォトル　マント　スィル ヴ　プレ

●はい，もちろんです．
Oui, bien sûr.
ウィ　ビヤン スュル

●荷物 / 化粧ケース / ハンドバッグを開けてください．
Ouvrez *vos bagages / votre trousse de toilette / votre sac à main.*
ウヴレ　ヴォ　バガージュ　ヴォトル　トゥルス　ドゥ トワレットゥ　ヴォトル　サッカ　マン

●あなたのコートを見せてください．
Montrez-moi votre manteau !
モントレ　モワ ヴォトル　マント

● ここにあなたの持ち物を置いてください．
Posez / Mettez vos effets personnels ici.
<small>ポゼ　　メテ　ヴォ　ゼフェ　　ペルソネル　　イスィ</small>

● 金属製品をこのトレイに入れてください．
Mettez vos objets métalliques sur ce plateau.
<small>メテ　ヴォ　ゾブジェ　メタリック　スュル　ス　プラトー</small>

● カバンをベルトコンベアーに置いてください．
Posez votre sac sur le tapis.
<small>ポゼ　ヴォトル サック スュル　ル　タピ</small>

● すみません，持ち物を入れるトレイがありません．
Pardon, il n'y a plus de plateau pour poser les affaires !
<small>パルドン　イル　ニ　ヤ　プリュ　ドゥ　プラト　　プール　　ポゼ　レ ザフェール</small>

● お持ち物をこのかごに入れてください．
Utilisez ces paniers pour mettre vos affaires.
<small>ユティリゼ　セ　　バニエ　　プール　メトル　　ヴォ　ザフェール</small>

● パスポートと搭乗券を見せてください．
Votre passeport et votre carte d'embarquement, s'il vous plaît.
<small>ヴォトル　　パスポール　エ ヴォトル カルトゥ　　ダンバルクマン　　　スィル ヴ　　プレ</small>

● カバンにはパソコンやタブレット，カメラなどが入っていますか？
Avez-vous un ordinateur portable, une tablette ou un appareil photo
<small>アヴェ　　ヴー　　アン ノルディナトゥール ポルターブル　　ユヌ　タブレットゥ　ウ　アン　ナパレイユ　　フォト</small>
dans votre sac ?
<small>ダン　ヴォトル サック</small>

● はい，すぐに出します．
Oui, je le sors tout de suite.
<small>ウィ　ジュ ル　ソール　トゥ ドゥ スュイトゥ</small>

● 金属探知機をお通りください．
Passez sous le détecteur de métaux.
<small>パセ　　スー　ル　デテクトゥール ドゥ　　メト</small>

帰国の前に

Le contrôle de sécurité　245

- ●少々お待ち下さい．金属製品をお持ちですか？

  Un instant, s'il vous plaît. Vous avez un objet métallique sur vous ?

- ●いいえ，ないはずです．

  Non, je ne crois pas.

- ●ああ，ポケットから鍵を出し忘れたのです．

  Ah oui, j'ai oublié d'enlever les clés de ma poche.

- ●もう一度金属探知機をお通りください．

  Repassez sous *le détecteur / le portique*.

- ●その小袋 / カバン / ポシェットには何が入っていますか？

  Qu'est-ce qu'il y a dans *ce sachet / ce sac / cette pochette* ?

- ●化粧品などです．

  Seulement des affaires de toilettes.

- ●ちょっと待ってください，スーツケースの鍵が見つからないのです．

  Un instant, s'il vous plaît, je ne trouve pas la clé de la valise.

- ●スーツケースを閉じてもいいですか？

  Je peux refermer la valise ?

- ●よろしいです，進んでください．

  C'est bon, passez !

役に立つ単語

―セキュリティーチェック―

le contrôle de sécurité
ル コントロール ドゥ セキュリテ
セキュリティーチェック

la douane 税関
ラ ドゥワヌ

un douanier / une douanière 税関係員
アン ドゥワニエ ユヌ ドゥワニエール

la police aux frontières 出入国管理
ラ ポリス オ フロンティエール

un portique de sécurité 金属探知機
アン ポルティック ドゥ セキュリテ

une inspection sanitaire 検疫
ユ ナンスペクスィヨン サニテール

un sac plastique transparent
アン サック プラスティック トランスパラン
透明プラスティック製袋

une capacité maximum de 100 millilitres
ユヌ カパスィテ マキスィモム ドゥ サン ミリリットル
容量100ml制限

des affaires personnelles 持ち物，私物
デ ザフェール ペルソネル

un médicament prescrit sur ordonnance
アン メディカマン プレスクリ スュル オルドナンス
処方薬

un aérosol スプレー
アン ナエロソル

―機内―

l'équipage 乗務員
レキパージュ

le commandant de bord 機長
ル コマンダン ドゥ ボール

le personnel de cabine 客室乗務員スタッフ
ル ペルソネル ドゥ カビヌ

un agent de bord 客室乗務員
アン ナジャン ドゥ ボール

une aile 翼
ユ ネル

le hublot 窓
ル ユブロ

l'avant de l'appareil 飛行機の前方
ラヴァン ドゥ ラパレイユ

la queue de l'appareil 飛行機の後方
ラ クー ドゥ ラパレイユ

un réacteur エンジン
アン レアクトゥール

la soute (à bagages) 貨物室
ラ スートゥ ア バガージュ

une allée 通路
ユ ナレ

une rangée 座席の列
ユヌ ランジェ

l'appareil 機体
ラパレィユ

la cabine 客室
ラ カビヌ

la cabine de pilotage 操縦室
ラ カビヌ ドゥ ピロタージュ

la classe affaires ビジネスクラス
ラ クラース アフェール

la classe économique エコノミークラス
ラ クラース エコノミック

une ceinture de sécurité シートベルト
ユヌ サンテュール ドゥ セキュリテ

le compartiment à bagages 荷物入れ
ラ コンパルティマン ア バガージュ

un siège 座席
アン スィエージュ

le dossier d'un siège 背もたれ
ル ドスィエ ダン スィエージュ

des écouteurs イヤホーン
デ ゼクトゥール

la pochette du siège 座席ポケット
ラ ポシェットゥ デュ スィエージュ

un repose-pied 足置き
アン ルポーズ ピエ

un sac pour le mal de l'air
アン サック プール ル マル ドゥ レール
エチケット袋

une tablette 座席テーブル
ユヌ タブレットゥ

帰国の前に

Le contrôle de sécurité 247

ネイティブが教える
カタコトから一歩進んだフランス語
― 旅行会話編 ―（MP3 CD-ROM 付）

2016 年 9 月 1 日　初版発行

著者	フランク・デルバール（Franck DELBARRE）
	アレクサンドル・グラ（Alexandre GRAS）
	大湾　宗定
DTP・印刷・製本	株式会社フォレスト
発行	株式会社 駿河台出版社
	〒101-0062 東京都千代田区神田駿河台 3-7
	TEL 03-3291-1676 / FAX 03-3291-1675
	http://www.e-surugadai.com
発行人	井田　洋二

許可なしに転載，複製することを禁じます．落丁本，乱丁本はお取り替えいたします．
ISBN　978-4-411-00541-0　C1085

JCOPY　＜（社）出版者著作権管理機構 委託出版物＞

本書の無断複写は，著作権法上での例外を除き，禁じられています．複写される場合は，そのつど事前に，（社）出版者著作権管理機構（電話 03-3513-6969，FAX 03-3513-6979，e-mail: info@jcopy.or.jp）の許諾を得てください．